近代以来的东亚海洋安全秩序变迁
1840—1990

束必铨◎著

图书在版编目（CIP）数据

近代以来的东亚海洋安全秩序变迁：1840—1990 /
束必铨著. --北京：世界知识出版社，2024.9.

ISBN 978-7-5012-6844-3

Ⅰ.E815

中国国家版本馆 CIP 数据核字第 2024TS4967 号

责任编辑	蒋少荣
责任出版	赵　玥
责任校对	张　琨

书　　名	**近代以来的东亚海洋安全秩序变迁：1840—1990**
	Jindai Yilai De Dongya Haiyang Anquan Zhixu Bianqian：1840-1990
作　　者	束必铨
出版发行	世界知识出版社
地址邮编	北京市东城区干面胡同 51 号（100010）
网　　址	www.ishizhi.cn
电　　话	010-65233645（市场部）
经　　销	新华书店
印　　刷	北京虎彩文化传播有限公司
开本印张	787 毫米×1092 毫米　1/16　16⅛印张
字　　数	232 千字
版次印次	2024 年 9 月第一版　2024 年 9 月第一次印刷
标准书号	ISBN 978-7-5012-6844-3
定　　价	78.00 元

本书出版受到上海社会科学院重要学术成果出版资助项目的资助。

序

古往今来，地区海洋安全秩序的塑造与维系，均与区域内国家间海上权力格局与规范安排密切相关。近代以来的东亚海洋秩序演变同样如此。其中，海权构成一国海上力量的全部，制海权则为海权在军事领域的动态性运用，海洋强国间争夺、维护并行使制海权，则是决定地区力量对比与海洋安全秩序走势，乃至国家命运兴衰的关键。

纵观近代以来东亚海洋安全秩序的变迁，无不体现在海洋强国在地区权力格局中的升降和对规则发挥作用的强弱上。从制海权角度看，东亚地区作为大国制海权博弈的竞技场，见证了大国的崛起、成长与衰落，制海权争夺或竞争贯穿其中，决定着地区海上力量格局变化、海洋强国地位更替与国际海洋秩序的发展。对于制海权的理解，可以从以下三个层面进行。

首先，军事意义上意味着可以获得海上作战行动的自由权和掌握海上军事斗争的战略主动权，保证海上作战胜利，维护国家海防安全；其次，经济意义上是能够有效维护国家海上通道安全，促进国家海洋经济发展，支撑国家贸易立国的外向型经贸发展模式；最后，也是最重要的，就是在地缘战略意义上，它直接影响着地区海洋安全秩序的塑造，以及国家在该秩序中的地位安排、利益分配和话语权力等。这三者相互促进，彼此巩固。

东亚制海权博弈的历史有时表现为一系列惨烈的海战，有时则是一场场惊心动魄的海上对峙，有时也是一幕幕有惊无险的军事威慑，或者是一次次以实力为支撑的国际海洋法博弈。这些均体现出各国对于海洋利用的不同认知与作为，赋予制海权不同的时代内涵与外延，也推动着地区海洋安全秩序的调整，但始终打上了海洋霸权国海权思想与个体利益主导的烙印。

本书聚焦于近代以来东亚海洋秩序的发展变迁，以制海权为切入点，构筑海洋安全秩序与制海权关系框架，通过对美日制海权争夺、美苏制海权竞争两个阶段大国制海权指导思想、利益纷争与军事对抗的梳理，以它们不同时期展开的制海权争夺与竞争为分析重点，提出在地缘政治背景下，国家如何依据对自身政治属性、地理特质和时代特征等要素的理解，制定体现本国海洋安全秩序观的政治、军事战略，发展并运用强大的海军力量，同竞争对手展开制海权博弈，将本国的利益与力量扩展至海外，并通过构筑新的海洋秩序确保利益的安全。

就制海权与海洋安全秩序关系来说，制海权在不同国家表现出不同的认知模式、指导思想、发展形式和运用方式，这影响着国家制海权建设特性的差异，以及制海权博弈的结果，最终形成不同的地区海洋秩序模式（分为霸权安全秩序、均势安全秩序、集体安全秩序、安全共同体秩序和等级秩序等五种类型）与秩序状态（高、中、低不同程度的有序与失衡）。海洋秩序模式与状态有时并不是截然分明的，可能会呈现多种秩序模式与状态交织的特征。因此，制海权建设与博弈结果对于地区海洋秩序往往具有颠覆性。

美日制海权建设肇始于西方海外殖民扩张的时代，弱肉强食、适者生存的"丛林法则"支配着该时期的大国间关系。马汉式的海权论，即选择通过战列舰决战的海战方式决定胜负，成为它们制海权建设与武力争夺的指导思想，其目的就是获得主导地区权力格局、利益分配和地区秩序安排的"海洋霸权"。

这种极端排他性制海权争夺的结果就是日本试图建立基于"大东亚共荣圈"理念的海洋安全秩序迷梦破产,美国主导的以"权力+规范"为基础的"自由主义"海洋安全秩序得以确立。这表明,东亚地区作为全球海洋秩序的重要组成部分,没有能够摆脱西方中心主义主导下的海洋霸权秩序,地区内没有能够内生出符合区域国家共同利益,且得到多数国家支持的安全共同体秩序。

随后,冷战时期美苏制海权建设与军事竞争的时代环境发生重大变化。经历两次世界大战之后,美国走向海洋强国的巅峰,但其主导的国际秩序随即遭遇陆权大国苏联的挑战。海洋也成为美苏军事较量的主要场域。尽管战后苏联奉行的是"陆主海从"的防御性军事战略,苏联在东亚地区也无法与美国的制海优势相匹敌,但苏联并没有放弃对美国主导的海洋安全秩序发起挑战。两国在海上不同时期的对抗反映出两种海洋秩序观的较量,并且两国逐步将对抗的区域从东亚扩展至太平洋和印度洋。这表现为美苏之间的军备竞赛、代理人战争和海上演练等军事活动。

然而,美苏在核武、导弹与军事卫星等方面的技术进步,相互确保摧毁的核威慑态势,改变了国家对于传统制海权内涵的理解与运用,也使海洋安全秩序朝着均势型方向发展成为可能。其中,美苏《关于防止公海及其上空意外事件的协定》为大国突破传统的以战争方式解决利益分歧提供了新的路径,而避免诉诸战争由此成为大国管控制海权博弈的底线。这就形成相对有序的主导性海洋均势安全秩序。同时,该时期东亚民族解放运动也催生出许多独立主权国家,它们成为捍卫公平正义,维护以国际法为基础的国际海洋秩序的主要力量。这逐渐孕育出东亚安全共同体秩序的雏形,为冷战后时期海洋安全秩序的调整奠定基础。

此外,通过对这段历史的研究,本书将对传统制海权博弈模式进行审视。近代以来的东亚海洋秩序变迁充斥着大国利益争夺与军事对抗。

美日作为海洋国家的代表，美苏作为海陆国家的代表，它们提供了两种大国制海权博弈的模式。热战与冷战模式的共同特征都是强化制海权攻势，实现排他性控制，具有进攻性、扩张性和对抗性。其争夺的目标都是确保本国海上行动自由，限制对方的行动自由，建立充分体现本国权力格局和反映本国利益安排的海洋秩序。

不同点就在于美日制海权争夺是你死我活式的，双方都试图完全剥夺对方使用海洋的权力，目的是建立绝对排他性的霸权主导下的海洋安全秩序。美苏则由于两国均为超级大国，拥有足以摧毁对方的核武力量和远程导弹力量。这使任何大国都无法在任何时候对海洋建立起绝对排他性控制，而只能在某个时间段内对某个局部区域形成相对有效制海权，促成相对稳定的均势性海洋秩序，但如果其中一方力量发生改变，这种脆弱的力量平衡就会被打破，海洋秩序状态就会有滑向无序的风险。

无论如何，美国作为两种制海权博弈模式的参与者和胜利者，始终信奉权力政治与实力外交，在应对竞争对手时基本沿袭这种惯性模式，采取竞争乃至对抗的方式。美国本质基于实力的制海权博弈模式至今从未改变。冷战后时期，美国海洋霸权地位面临不同方面的挑战，亦经历制海权从使用到维护的发展阶段，表现为海军战略从"由海向陆"到"回归制海"的转变。美国海洋霸权的衰落与重振霸主地位的雄心，不仅会重塑美国与地区国家在东亚乃至更大范围内的制海权博弈进程，更会加剧东亚海洋安全秩序调整的复杂性和不稳定性。

此外，近代以来的东亚海洋秩序变迁也给予我们更多启示。

第一，海洋良序必然是权力格局与规范安排协同并进的。无论是美日"海洋霸权秩序"，还是美苏"海洋均势秩序"，都存在着高烈度的竞争与对抗，美日缺乏有效规范管理危机，美苏规范管理又存在诸多缺陷，这导致了海洋秩序中的权力格局失衡、规范机制失范的情况，海洋秩序受到削弱也就在所难免。

第二，有序海洋秩序的塑造与维护的前提是相关大国善用制海权。制海权运用由其政治属性等要素决定，美、日、苏都存在不同程度制海权运用不当的情况，对制海权的不当运用最终给本国国家利益和地区和平带来深重灾难，使地区海洋秩序在被破坏后重新洗牌。反之，制海权运用得当的国家则可以有效维护国家领土主权、海防安全与海洋发展权益等，进而有能力塑造安全共同体秩序，成为海洋良序的坚定建设者和维护者。

第三，片面追求物质能力建设无法实现本国海洋秩序战略诉求。日、苏片面追求与对手美国相匹敌的制海权物质能力，如追求战列舰、潜艇和导弹等器物层面的发展，而忽视国家经济发展水平、安全利益拓展与军事战略实际需求等要素，没有形成符合实际的海军战略指导思想与有效的作战战术。

冷战后时期，东亚地区力量格局与海洋安全环境均发生重大变化，地区海洋安全秩序也面临着深刻调整，呈现新格局，面临新挑战。面对地缘政治思维的回归和大国战略竞争的常态化，我们需要对美国制海权的发展历程，特别是它与日本、苏联制海权博弈的历史进行研究，掌握美国制海权思想的本质，寻求与美国的相处之道，为东亚海洋安全秩序调整贡献中国智慧。

目　录

第一章

海洋秩序理论内涵及其在东亚的历史演变

纵观古今，国际海洋秩序是以海上军事力量为主的海上权力与国际海洋规则共同作用的结果。海洋秩序的变化受制于国际秩序的变迁。基辛格指出，国际秩序和地区秩序都建立在两个因素之上，即一套明确规定的行为界限及各国接受的规则，以及规则受到破坏时强制各方自我克制的一种均势。① 阎学通教授将国际秩序定义为"国际体系中的国家依据国际规范采取非暴力方式处理冲突的状态"，提出其构成要素为国际规范、制度安排和主导价值观，将是否使用暴力作为判断有无国际秩序的基本标准，以遵守规范作为秩序形成的必要条件。② 学者张海文认为，国际秩序是指"在一定世界格局基础上形成的国际行为规则和相应的保障机制，通常包括国际规则、国际协议、国际惯例和国际组织等"。③ 这些都表明规则、规范在秩序的形成与维系中的重要性。

海洋秩序作为国际秩序在海洋领域的重要体现，与国际秩序存在着内在关联。海军专家张军社将国际海洋秩序定义为，"世界各国普遍接受的处理国家之间海洋关系的原则、准则、规范以及由此形成的海洋权

① 亨利·基辛格：《世界秩序》，胡利平、林华、曹爱菊译，中信出版社，2015，序言 XIII。
② 阎学通：《无序体系中的国际秩序》，《国际政治科学》2016 年第 1 期。
③ 张海文：《地缘政治与全球海洋秩序》，《世界知识》2021 年第 1 期。

1

益结构和安排"。① 可以说，国际海洋秩序的演进不仅体现着国际权力格局和利益格局的变化，也体现着国际海洋相关规范、规则的变迁。20 世纪中期以前，战争成为驱动海洋秩序变迁的主要手段，海洋的规则也主要是关于国际武装冲突法的规则。19 世纪以后，诸多海洋规则开始以国际条约、公约和议定书等形式确定下来，逐步形成以国际法为基础的海洋秩序。

第一节　霸权、均势与海洋秩序

自古以来，权力始终是牵动秩序变迁的主要力量。对于一个依靠海洋发展的国家，海上力量更是这个国家综合力量的关键组成。这个国家海洋权益的守护与开拓根本上就是依赖其海上力量。海洋权益的争夺成为国际海洋秩序形成与演进的根本动力之一。从传统现实主义角度看，海上力量既是维护国家海洋权益的重要手段，又是国家追求海洋权益的重要目标。最终，海上力量决定国家在国际秩序中的地位和作用。

一、霸权时代的海洋秩序

从地理大发现以来，世界海洋秩序的变迁伴随着海洋强国崛起、争霸与地位交替。从葡萄牙、西班牙到荷兰、英国、法国、德国、美国、日本和苏联，这些海洋强国均在不同的历史时期称雄一时，相互间的制海权争夺对当时的国际格局与世界海洋秩序产生极大的影响。海权则是

---

① 张军社：《国际海洋安全秩序演进：海洋霸权主义仍存》，《世界知识》2019 年第 23 期。

它们积极参与全球政治的先决条件。① 霸权国会通过多种方式，包括战争、法令和条约等方式，逐渐构建起以霸权控制和划分海洋势力范围为主要内容的世界海洋秩序。② 于是，海洋秩序就成为海上霸权的副产品，首先是基于世界领导地位的海上实力安排，其次是建立在海洋贸易基础上的开放性制度安排，最后是包括海洋国家所确定的海上势力范围以及它们所倡导的基于海事实践的海上惯例。③

海洋强国是成就海洋霸权国和世界领导者的必要条件。一般意义上讲，海洋霸权国主导下的海洋秩序模式强调一个强国在世界海洋权力格局中居于核心地位，并在其主导下整合出一系列与海洋相关的国际制度，进而缔造出相对和平与稳定的秩序。④ 拥有建立在强大海上力量之上的霸权，和基于开放的商业利益之上的海洋秩序的共同追求，海洋霸权国就可以成为真正意义上的世界领导者。英国和美国就是这种世界领导者的典型代表。

在此种国际海洋秩序中，霸权国首要的目标就是维持自身在该秩序中的绝对主导性地位，确保自身能够在经济、军事等层面自由利用海洋，服务于本国的国家乃至国际战略目标。其次，霸权国凭借战争实现崛起，要控制全球海上贸易和海洋航道，就要始终发展和维持强大的海军，平时超越对手，战时能够击败敌手。⑤ 最后，才是利用建立起的力量优势和制定的规则规范，确保霸权国治下的地区和平与稳定。

一般而言，海洋是霸权国推行全球战略的重要载体，维系对海洋的

---

① George Modelski and William R. Thompson, *Seapower in Global Politics (1494-1993)* (Seattle: University of Washington Press 1988), p. 11.

② 张海文：《地缘政治与全球海洋秩序》，《世界知识》2021 年第 1 期。

③ 宋德星、程芬：《世界领导者与海洋秩序——基于长周期理论的分析》，《世界经济与政治论坛》2007 年第 5 期。

④ 倪峰：《霸权稳定模式与东亚地区政治安全秩序》，《当代亚太》2002 年第 7 期。

⑤ 朱芹、高兰：《去霸权化：海洋命运共同体叙事下新型海权的时代趋势》，《东北亚论坛》2021 年第 2 期。

绝对控制则是霸权国地缘政治、经济战略的核心。为维系霸权主导下的海洋秩序，霸权国在不同时期军事发展的重点和方向亦有所差异。

1. 霸权上升期

在霸权上升期，霸权国一般会强化海权军事属性与有效行使制海权。对于信奉地缘政治和海上实力的海洋霸权国来说，"海权是竞争的、对抗的、零和的、无限扩张的，具有排他性、威胁性与遏制性，是服务于一国或一个民族而排斥他国与其他民族利益的独享海权"。[①] 为此，海洋强国普遍重视发展强大的海权，大规模增加各类型军舰的建造，发起造舰军备竞赛，在数量和性能方面形成针对竞争对手的绝对性优势，将这些军舰派遣至全球各大海域。早期霸权国的崛起多采取海盗式的劫掠方式，直接派出军队进行武力垄断，强占海外殖民地或建立军事同盟关系，破坏敌方海上交通线（破交战）、进行近海封锁或大规模海战，打击竞争对手夺取贸易垄断权，来实现对海上航线的控制，进而实现对海洋自由的绝对性利用。同时，军力的海外扩张旨在在世界范围内建立并护卫海上贸易圈，成为海上霸主。海洋强国必须挫败对手在重要海区的军事力量，或极大地削弱对手使用该海域的军事能力。这些海域要么是对本国海洋权益具有地缘战略重要性的岛屿和海峡，要么是通往事关本国重大利益地区国家的海上交通航线。可以说，争夺制海权的胜败是关乎海洋强国获取霸主地位的根本。

2. 霸权稳定期

这一时期，霸权国一般会运用自身军力并采取结盟等方式应对陆海安全挑战。海洋霸权国为保持对世界海洋秩序的控制，不仅要确保对事

[①] 朱芹、高兰：《去霸权化：海洋命运共同体叙事下新型海权的时代趋势》，《东北亚论坛》2021年第2期。

关全球贸易的海上航线的控制权，还要对其他海洋强国和走向海洋、发展海权的大陆强国保持警惕。这也是霸权国在任何时期都必须面临的挑战。在霸权稳定期内，为降低维护霸权的军事成本，霸权国会减少对军事装备的大规模投入，还会削减现有军事装备的数量，等等。同时，支撑霸权国海洋秩序有效性的则是对相关规范的制定与应用，这些规范涉及和平时期对海洋自由利用的海洋法规，也涉及战争时期必须遵守的相关战争规则与规范。此外，为确保仍能够应对其他强国的安全威胁，霸权国会确保自己具有向全球投送军事能力的力量，还会在不同海洋区域内缔结军事同盟集团，获取建立军事基地的权利，构筑前沿军事存在，通过军事同盟体系支援盟国海上能力发展，将维护海上贸易和航线安全作为共同目标。在巨大军力悬殊和仍受益于霸权国提供的公共产品的情况下，较少有国家能够对霸权国主导的海洋秩序形成实质性挑战。

3. 霸权衰落期

这一时期，霸权国会采取多重方式延缓海洋秩序转型。海洋霸权国受益于自身建立的海洋秩序的同时，也要为维护该秩序提供更多的公共产品，允许其他国家"搭便车"以换取对该秩序的接受。然而，如果霸权国提供公共产品的能力和意愿下降，垄断对海洋绝对控制的能力遭遇挑战，并且国际体系内其他国家的海上力量不断增强，它们与霸权国之间的实力差距逐步缩小，其海洋权益主张与霸权国主张间的对立越发突出，推动海洋秩序变革的呼声就会变得很强烈。此时的霸权国构筑的盟国体系不再具有压倒性力量优势。同强国发生军事冲突付出的代价过高等因素就促使霸权国采取多重方式，在强化传统安全同盟体系的同时，积极构筑盟国以外的伙伴关系，甚至会同竞争对手建立海上危机管控机制等，竭力避免海洋秩序在体系层面发生根本性变革，而是在现有秩序内进行适度妥协，进行局部性调整来维系霸主地位。同时，在海军硬实力难以形成绝对优势的情况下，霸权国也会利用它在全球海洋治理方面的软实力来弥补。这些举措都会延缓海洋霸权的衰落势头，以及霸权主导下的海洋秩序朝着公正、合理的方向转型。

二、均势时代的海洋秩序

无论是海洋霸权崛起和衰落进程中的年代，还是海洋霸权主导国际秩序的年代，都会有海洋强国并存的情况，只是这些强国无法凭借一己之力挑战霸权国，但其中都会有竞争、对抗抑或合作等复杂情况的交织。这种权力关系也塑造着国际海洋秩序的转型，但相较于霸权国主导下的国际秩序，在霸权崛起和衰落过程中，多强并立存在的情况下，就会出现部分国家奉行现实主义的权力政治思维，也不太愿意接受既有或拟定的国际制度的约束，这时对立、冲突乃至战争的色彩会较为浓厚。海洋强国更是会不断加强海上力量，在急剧变化的国际环境中攫取政治权力和国际地位，强国间的力量此消彼长，致使海洋秩序处于不稳定之中。

在多强并立的均势时代，海洋强国间的互动关系塑造着区域海洋秩序，其行为模式一般表现为以下几种。

1. 加强海军造舰，军备建设，提升海上力量优势

海洋强国在崛起的过程中，都会投入巨额预算，利用新技术成果，开展大规模的造舰运动，将舰船作为国家海军实力的象征，以及将军力投送至海外控制海洋，实现国家追求海洋霸权目标的重要工具。17世纪，大量的国外船员与技术工人提升了荷兰的造船技术与海上运输能力，使荷兰拥有当时欧洲最为庞大的船队。荷兰联合省的船只数量达到6000艘，其载重总量大约在60万吨。"海上马车夫"的美誉实

至名归。^① 至 1815 年，英国海军拥有战列舰 218 艘、巡航舰 309 艘，巡逻炮舰以下的小型舰艇为 261 艘。^② 英国海军的舰艇数量远远超过当时的法国、西班牙与荷兰等海洋强国，这奠定了"大英帝国治下的新海权"。

拿破仑战争后，由于其他强国的衰落，俄罗斯凭借其舰艇数量稳坐世界第二大海权国的交椅。当时，俄罗斯在波罗的海拥有 28 艘战列舰、17 艘巡航舰、35 艘小型舰艇，在黑海则有 11 艘战列舰、8 艘巡航舰及若干小舰艇，在北海有 2 艘战列舰和 1 艘巡航舰。^③ 至 1890 年，法国拥有大小雷击舰 220 艘，高于英国的 186 艘、俄国的 152 艘、德国的 143 艘和意大利的 129 艘。^④ 法国不仅是当时鱼雷攻击舰最多的国家，后来潜艇数量也居世界首位。

2. 增加海外派遣彰显海洋强国形象

在海军力量初具规模之时，海洋强国都会通过向海外派遣舰船进行友好访问，让海军军官校学生实习远洋航海，参加学术交流、舰队演习，以及他国海军庆典等活动，来提升本国海军驾驭大洋的能力，展示国家快速增强的海上军事实力，以跻身世界海洋强国的行列。1907 年至 1909 年，在美国总统西奥多·罗斯福的命令下，大西洋舰队的 16 艘战列舰完成了一次环球航行。1911 年，中国海军提督程璧光率领海军访美，这是历史上中美两国海军第一次互相友好访问。为促进海军学校学生掌握航海技术，提高官兵的实战能力，日本海军于 1875 年和 1878 年

---

① 熊显华：《海权简史：海权枢纽与大国兴衰》，台海出版社，2018，第 160 页。

② Lawrence Sondhaus, *Naval Warfare, 1815-1914* (London: Routledge, 2001), p. 2.

③ Donald W. Mitchell, *A History of Russian and Soviet Sea Power* (London: Andre Deutsch, 1974), p. 136.

④ Spencer C. Tucker, *Handbook of 19th Century Naval Warfare* (Stroud: Sutton Publishing Ltd., 2000), p. 172.

沿美国的旧金山、夏威夷，澳大利亚，欧洲进行了三次远航。

在国家拓展海外利益的时候，如海外殖民扩张、海外市场和出口贸易的扩大等，舰船的海外派遣可以为国家推行殖民扩张政策提供强力军事后盾，并保护本国海外市场和贸易航线安全。1885 年，德国政府在非洲印度洋沿岸的扩张让当地统治者桑给巴尔苏丹不满，俾斯麦就派遣东亚分舰队将炮口对准苏丹宫殿，迫使桑给巴尔屈服，德国从此打开扩展东非殖民地之门。[①] 第二次工业革命后，德国成为出口贸易仅次于英国的第二出口大国，急需通过海外殖民寻求新的市场，这要求向海外派遣军舰提供重要支援。

最为关键的是，通过海外派遣可以威慑战略竞争对手。近代以来，西方列强群体性崛起，利用强大海上力量开疆拓土，夺取海外殖民地，建立势力范围，进而激化同其他强国的矛盾而发生海战，也有些强国通过海外派遣对潜在对手形成军事威慑，使其保持军事克制，避免采取武力挑衅。1898 年，美西战争之后美国将扩张触角伸向太平洋和远东地区，美国在菲律宾建立军事立足点。1905 年，日本在对马海战中挫败俄罗斯舰队，跃升为东亚地区重要海上军事力量。1908 年，当美国"大白舰队"驶入日本横滨港时，日本挥舞美国国旗欢迎美国海军的同时，也意识到双方在东方的权力平衡已经开始改变，而美国罗斯福总统也利用此访对日形成军事威慑。

3. 奉行利益至上的强权政治

在强国并举的近代，强国之间践行着"没有永远的敌人，也没有永远的朋友，只有永恒的利益"的理念。在国际政治中，国家间分化组合呈现常态化，多国不断变化的联盟导致战争不断。1815 年签署的《巴黎

---

① 章骞：《不列颠太阳下的美国海权之路》，上海交通大学出版社，2016，第 107 页。

条约》确认"维持均势确保和平"的原则。然而，各国间的政治、经济、文化的发展是不平衡的，均势消极缓解矛盾的功能是相当有限的，所有的平衡都是相对的、暂时的平衡。① 当某个国家自身实力增强时，就会按照自己的利益提出对自己有利的权力分配。这种均势随即就会被打破。因此，均势并不能阻止和平被破坏，反而发生过的大多数战争都源于均势。这也说明，在一个多国体系中，国家是基于现实政治的"国家利益"进行决策的。

俄罗斯在拿破仑战争中同英国组成反法同盟，在地中海同法国对抗，还与瑞典、土耳其等国发生海战，极大地削弱了这些传统海洋强国。1827 年，希腊为争取民族独立，展开反抗土耳其统治的斗争。英、法、俄在要求土耳其给予希腊独立遭拒后，联合海军力量在纳瓦里诺湾对土耳其展开大规模海战。随着土耳其在黑海势力的衰弱，俄罗斯海上力量呈现由黑海向地中海地区扩张之势，俄罗斯人重建新罗马帝国之梦又引起英、法猜忌。1853 年，俄土之间爆发克里米亚战争。在锡诺普之战后，英法以保全土耳其为名派出舰队进入黑海，之后在塞瓦斯托波尔对俄罗斯发起攻击。俄罗斯黑海舰队规模被迫缩减，其南下政策受阻，国际地位亦是遭受重创，俄罗斯失去欧洲强国地位。

第二节　国际规范与海洋秩序

海洋秩序的形成与维系离不开海洋相关法律、法规和规范的支撑。1609 年，"国际法之父"胡果·格劳秀斯发表小册子《海洋自由论》，

---

① 何曜、任晓：《均势理论反思——兼论国际政治研究方法论》，《美国研究》1997 年第 3 期。

以自然法为依据，主张"贸易自由"和"航行自由"。格劳秀斯的主张是对 1493 年罗马教皇亚历山大六世将世界海洋划分给西班牙与葡萄牙没有法理依据的反驳，他以荷兰对葡萄牙开战并捕获敌船的正当性起草《捕获法》，提出各国有相互通商的自由，拒绝此权利就可以成为发动战争的原因。这打破了当时葡萄牙、西班牙等国家的海洋独占学说，也为此后人类自由利用海洋建立自然法则。18 世纪后海洋自由思想被普遍接受。

近代海洋自由论强调保障每个具有利用海洋意愿的国家平等、自由地利用海洋的权利，并认为这最终会促进国际海洋秩序的确立、国家的富强以及个人福利的进步。[①] 然而，这种海洋自由论在现实发展中出现异化。在弱肉强食的大国竞争时代，海洋自由论成为海洋强国追求霸权、垄断海洋为少数国家专属权利的工具。它们围绕海洋权力争夺而倡导的国际规范构成霸权格局下的海洋秩序。在主权平等的和平发展时代，海洋自由论赋予每个国家平等利用海洋谋求发展、维护海洋安全的权利。它们倡导建立以《联合国海洋法公约》（简称《公约》）等国际法为基础的海洋秩序。

一、霸权国主导的国际规范与海洋秩序

霸权国通过控制海洋来掌控世界，在国际社会无政府状态下，霸权国会基于国家实力建立规范，并将其强加给其他国家形成普遍性原则、规范等。国际规范确立后能够加强霸权国的实力，支撑霸权并延缓霸权的衰落，也可以成为相对独立的变量发挥作用，不会因为霸权的衰落而

---

① 郑志华：《中国崛起与海洋秩序的建构——包容性海洋秩序论纲》，《上海行政学院学报》2015 年第 3 期。

从根本上失效。① 这种"规范性霸权"反映至海洋层面,就是霸权国基于其海上力量和国家利益,建立一套为相当数量国家所接受的利用海洋、管理海洋事务的国际规则与规范。在霸权海洋秩序中,这种国际规范具有以下特性。

1. 公共属性

霸权国确立的国际规范与霸权之间不仅相互依赖,也相互制约。国际规范既服务于霸权国的利益,也会对霸权国形成规范性约束。也就是说,霸权国依据其利益制定一套系统性规范,自身行为也要受制于这套规范。同时,国际规范必须具有公共产品属性,不仅是霸权国提供的,也是他国需要的公共产品,在某些方面符合它们的期望。霸权国与他国基于多边政治共识形成的国际规范须具有相当的稳定性,这也会提升参与国维护规范的意愿。当然,由于国际规范并不完全体现或维护霸权国的利益,有时候霸权国会选择拒绝接受其推动的国际规范,致使规范要么无法生效,要么对霸权国没有约束力。

在海洋领域,霸权国为维持其海上自由贸易秩序,将确保本国利用海洋自由最大化视为首要。1815 年以后,英国事实上成为海上占有绝对主导权的国家。英国接受格劳秀斯的"公海自由"理念,将其作为保障英国商船自由航行的原则。英国坚持"领海 3 海里"惯例,限制沿岸国家对于沿海安全的要求,实际目的是确保英国享有更大范围的"公海自由";为尽力扩大全球贸易往来,英国派遣海军绘制高质量海图,低价销售给全世界海员,改变此前测绘严格保密的自私政策,在降低航海事故的同时推进自由贸易;1856 年颁布《巴黎会议关于海上若干原则的宣言》(简称《巴黎海战宣言》)废止欧洲传统上以公权特许方式对他国

---

① 门洪华:《国际机制与美国霸权》,《美国研究》2001 年第 1 期。

商船进行私掠的行为；通过取缔奴隶贸易的法案，宣布奴隶贸易等同于海盗行为，不顾法国、西班牙等国反对，在世界范围内开展取缔奴隶贸易行动。由此世界各国获得良性的海上贸易环境，也形成长达一个世纪的"不列颠治下的和平"。[①]

然而，这种公共属性并不能掩饰霸权国追求自身利益优先的属性。英美对于不符合其利益的国际规范会采取拒绝态度。1908 年，英国在伦敦发起召开海军会议，于 1909 年 2 月制定以海上捕获为中心的《伦敦海战法规宣言》（简称《伦敦宣言》），由美、英、法、俄、德、日、荷等 10 国签署，但由于该宣言显然有利于海上弱国和中立国贸易，如生效英国会丧失展示其海上力量的王牌。[②]《伦敦宣言》没有得到英国议会批准而未能生效。美国是第三次联合国海洋法会议的主要发起国之一，作为主要谈判国参加了《联合国海洋法公约》全部条文的起草过程，从议题设置、规则制定到外交进程把控等方面均对谈判发挥了主导作用。领海无害通过权、国际海峡自由通行制度、大陆架制度及公海自由原则等，均体现了美国的关切和利益。[③] 然而，在涉及国际海底归属及其资源分配问题上，《公约》没有满足美国的利益要求，美国国内争论至今都没有加入《公约》。

2. 排他属性

霸权国确立国际规范的首要目的是服务于自身的国家利益，而这种规范是利用其强于他国的权力来确立的，也是基于避免或应对他国挑战其权力地位的等级制理念，各主体间为主导与被主导的不平等关系。对于其他国家来说，要么选择追随霸权国接受其制定的国际规范，获取受

---

① 章骞：《不列颠太阳下的美国海权之路》，上海交通大学出版社，2016，第 25—29 页。
② 章骞：《不列颠太阳下的美国海权之路》，第 304—306 页。
③ 沈雅梅：《美国与〈联合国海洋法公约〉的较量》，《美国问题研究》2014 年第 1 期。

安全保护、使用海上通道，以及同霸权国间进行贸易等好处，并协助霸权国维护这种不平等规范；要么就因意识形态、海洋权益等存在分歧，拒绝接受霸权国的主导地位，这样的国家一般具有挑战霸权国的意图和实力，且处于霸权国的警惕与压制之下；还有些国家选择中立国地位，以第三方的形式从与两边交往中获利。即便如此，中立国也很难在霸权国主导的国际秩序之下不受影响，在关键时候不得不作出偏向霸权国的决策。这种情况下，霸权国就会将挑战国视为敌对国，将挑战国排斥在它所主导的国际规范之外。

第一次世界大战期间，英国就是依靠海上绝对优势地位，在缺乏国际法依据的情况下，对敌对国家德国沿海随心所欲地实施远程封锁。同时无视《伦敦宣言》规定中立国有同敌对双方国家进行贸易活动的权利，要求中立国接受英国海军的检查。当时美国自诩为中立国，对英国的做法表示抗议。尽管最终英国在禁运清单方面作出局部让步以平息美国舆论，但却造成美国经济向以英国为代表的协约国靠近，"美国银行也开始向协约国进行融资，对外贸易完全倾向于协约国，处于一个带有非中立特征的中立地位"。① 同样在冷战时期，美国将世界划分为两大阵营，将共产主义阵营国家视为"安全威胁"，建立美国力量和制度主导下的海洋秩序，采取遏制战略垄断对世界海洋的自由利用，孤立和威胁他国的海洋安全。

3. 价值属性

对于霸权国来说，国际规范体现出它的政治-文化和价值观念，具有浓厚的意识形态色彩，这也是它构建战略叙事、身份话语，提升吸引力、提倡国际道义并广泛普及的思想根基，更是连接霸权国与盟国、加

---

① 章骞：《不列颠太阳下的美国海权之路》，第309页。

强伙伴关系的价值纽带。因此，规范的价值属性对于霸权国至关重要。当然，不同时期、不同地域的霸权国主导的规范价值属性会有差异，这就决定了它在推广的过程中追随者和挑战者数量的多寡、它们接受与反对意愿的强弱，以及最终国际规范适用的地域范围和持续性等问题。通常情况下，这种国际规范价值属性不具有普遍的广泛性，不能反映绝大多数国家的安全理念和价值规范。在现实国际政治中，难以得到多数国家的认同。

作为英国海洋霸权的继承者，美国以现实主义的态度继承了自由主义的思想传统。美国将不受阻碍地进出海洋，拥有绝对的"航行自由"视为其核心价值。美国以共同利益诉求与价值共识建构身份认同，从而形成由美国持续主导的特定利益群体的"俱乐部"，西式自由民主价值观成为其对成员进行选择性建构和排他性限制的重要标准，以便在地区秩序的核心领域能够保证其霸权意志的合法性。① 即便美国海洋霸权地位逐步弱化，规范的价值属性也已经内化为美国的软实力，并持续在国际范围内发挥影响力，美国以"自由、民主卫士"自居，以确保海洋秩序转型不会从根本上危及自身利益。

总之，海洋霸权国主导的规范及其海洋秩序体现着霸权国的行为偏好和价值理念，它是不同历史时期国际政治、经济、军事等综合要素共同作用的产物。霸权国要维持对当时海洋规范的垄断，就必须使这种规范具有国际性，也就是使其得到更多国家的认同。规范参与国数量越多，对规范的满意度越高，这种规范的约束力和生命力才越强，也才能持续以国际规范的形式存在。然而，霸权国主导国际规范建立的海洋秩序具有先天的缺陷，它依赖权力优势和维系意愿，在参与国数量和满意度方面也有其限度。这决定了霸权国维系其海洋秩序必然会面临更多挑战。

---

① 高程：《从规则视角看美国重构国际秩序的战略调整》，《世界经济与政治》2013 年第 12 期。

二、以海洋法为准则的国际规范与海洋秩序

国际规范包括国际社会的核心价值、行为规则以及制度等因素，它制约和塑造国家的对外行为，也是国家行为合法性的重要来源。[①] 新的海洋秩序的形成，主要有赖于新的规范通过法律、条约、国际组织等机制的确立。历史上很早就有对海洋的法律调整，但海洋法成为一个门类齐全、内容完备的独立法律部门却是国际法的新发展。在传统国际法中，海洋的原则、规则和制度是分散在有关领海、公海和海战等门类中的。直到 20 世纪，特别是 50 年代以后，海洋法才发展成为国际法的一个新分支或新部门。[②]

1. 领海、毗邻区等国际习惯法与海洋秩序

早在中世纪，欧洲沿海国家商业和航海事业发展，开始对其势力控制下的海域提出主权要求，海洋进入分割时代。自 10 世纪起，自称"海洋之王"的英国、意大利的威尼斯和热那亚、瑞典、丹麦-挪威联合王国都对其控制海域提出权利主张。15 世纪，葡萄牙、西班牙海洋霸权崛起，在罗马教皇亚历山大六世协调下通过的《托德西利亚斯条约》规定，在亚速尔群岛和佛得角岛之间划分界线，即"教皇子午线"，此线以西归西班牙所有，以东归葡萄牙所有。[③] 两国在各自特别区域内享有商业垄断权。随着新兴资本主义的发展，新兴国家与守成国家出现反垄断与垄断的激烈较量。这也推动法学家在海洋理念和法律上进行积极

---

① 张晓明：《中国崛起与国际规范的变迁》，《外交评论》2011 年第 1 期。
② 顾经仪等：《国际法的理念与运作》，上海人民出版社，2005，第 5 章。
③ 比利安娜、罗伯特等：《美国海洋政策的未来：新世纪的选择》，张耀光、韩增林译，海洋出版社，2010，第 10—12 页。

探索。

最具代表性的就是 17 世纪荷兰与英国两种海洋理论的出现。1609年，荷兰法学家格劳秀斯提出海洋自由论，认为海洋属于人类共有，应保持其自然初创时的状态。海洋在本质上是不受任何国家主权的控制的，也不能成为任何国家的财产。1618 年，英国法学家约翰·塞尔登提出海洋封闭论，认为被各国环绕的海洋不仅可以为所有国家使用，而且还可以被分割和占有。① 这为以后海洋法中公海与领海法律概念的产生提供了重要理论启示。随着西方航海事业的发展，海洋国家领海观念不断加深，沿海国家从安全和发展的角度，寻求对一定范围内的领海进行控制。

1702 年，荷兰法学家宾刻舒克（Bynkershoek）发表《海洋主权论》，将海洋分为领海和公海，提出将领海宽度与大炮射程相挂钩（Cannon Shot Rule）的主张。1782 年，意大利法学家费迪南多·加林尼（Galiani）提出领海宽度为 3 海里的主张，认为沿海国可以对该范围内海域行使主权，但领海之外则为公海且可以自由开放，不为任何人支配与占有。1793 年，美国以大炮射程为依据宣布 3 海里领海宽度，英、俄、法、比利时等国家亦颁布法律支持 3 海里领海宽度。② 这为公海和领海并列的海洋法律秩序形成奠定了基础。进入 19 世纪后期，技术进步提升舰船航行能力并扩大渔船捕捞范围，一些沿海国家和国际组织提出将领海宽度扩展至 6 海里，但该倡议没有得到国际社会的广泛支持。

1927 年，国际联盟组建筹备委员会讨论编纂会议的拟议内容，就包括领海宽度划定问题进行讨论，但在具体划定范围上没有形成统一观点。1930 年，领海宽度问题成为国际性问题，国联主持召开海牙国际法

① 王利兵：《分割的海洋和危机的海洋》，澎湃新闻，2023 年 9 月 6 日。

② Hasjim Djalal, "The Limit of Territorial Water in International Law" (Ph. D diss, University of Virginia, 1961).

编纂会议第二委员会会议讨论领海、毗连区、历史性海湾等问题，但各方对领海宽度针锋相对，最后仅通过一项《领海法律地位（草案）》。尽管此次会议没有通过领海相关公约，但为以后的海洋法编纂工作打下基础，此后有些学者从法律上明确将海洋水域分为内海、领海、毗邻区和公海四部分。第二次世界大战结束后，美国成为世界海洋霸主，开始对海洋提出美国的法理主张。1945 年《杜鲁门公告》发表，提出美国的大陆架和渔业权利。这引发世界众多国家效仿，各国纷纷提出自身的领海宽度和大陆架主张，展开战后新一轮的海洋"圈地运动"。

为应对这种复杂无序且影响海洋自由利用的情况，1949 年至 1956 年，联合国国际法委员会就领海、公海制度等海洋法编纂做了大量工作并形成条款草案。1958 年 2 月，联合国第一次海洋法会议通过四项公约与议定书。[①]《公海公约》和《领海及毗连区公约》基本上是对传统习惯规则的编纂，只是对某些海洋法规则或制度作了新的规定。《大陆架公约》和《捕鱼与养护公海生物资源公约》包含较多新的规则。[②] 四项公约与议定书不是一项全面的综合性公约，没有能够实现国际法委员会致力于编纂整体海洋法的目标。[③] 原因之一就是在美苏冷战格局下，各国根据本国政治需要支持所在阵营的大国政策，双方就领海宽度提案展开激烈的利益博弈。部分发展中国家和新独立的亚非拉国家海权实力较弱，自身的海洋政策和海洋意识还不够成熟，提出的相关提案更多是对前殖民国家制定的领海宽度政策的反抗。[④]

---

① 1958 年 4 月 29 日，联合国第一次海洋法会议形成《领海及毗连区公约》（1964 年 9 月 10 日生效）、《公海公约》（1962 年 9 月 30 日生效）、《捕鱼及养护公海生物资源公约》（1966 年 3 月 20 日生效）、《大陆架公约》（1964 年 6 月 10 日生效），以及《关于强制解决争端的任择议定书》（1962 年 9 月 30 日生效）供会员国签署。

② 顾经仪等：《国际法的理念与运作》，第 6 章。

③ 图利奥·特雷韦斯：《1958 年日内瓦海洋法公约》，https://legal.un.org/avl/pdf/ha/gclos/gclos_c.pdf，访问日期：2023 年 10 月 15 日。

④ 李再芳：《简析 1960 前历届海洋法会议对解决领海宽度的贡献》，《农家参谋》2018 年第 2 期。

自 20 世纪 60 年代以来，发达国家与发展中国家围绕海洋权益继续展开争论，揭示出发达国家不再能够垄断对当代世界海洋秩序塑造的控制。1960 年 3 月，第二次海洋法会议召开并专门研究领海和渔区的宽度问题。无论是伊朗等 18 国提出的 12 海里领海议案，还是美国等国提出的 6 海里领海、6 海里渔区的议案均未通过。诸多发展中国家自行颁布海洋立法，反映出发展中国家反对海洋霸权、维护海洋权益的斗争进入新的阶段。随着海底资源的发现和开发，各国关注点逐步转向对海底资源的控制。1973 年 12 月，第三次海洋法会议召开，参加国达到 167 个，会议召开期间，国家间利益对立致使谈判艰难，直至 1980 年结束实质性磋商，才形成《联合国海洋法公约草案》。1982 年 9 月召开的第十一期会议以 130 票赞成、4 票反对、17 票弃权通过公约文本，国际范围内第一部有关海洋资源及其利用的综合性法律——《联合国海洋法公约》正式诞生。1994 年 11 月 16 日起，《公约》正式生效。

《联合国海洋法公约》是第一部国际海洋法典，也是迄今为止最全面、最综合的管理海洋的国际公约。《公约》在很大程度上反映了广大发展中国家的要求，改变了以往由海洋强国以海上实力为基础构建海洋秩序的传统，使大国海洋活动的空间被压缩，海上行为受到国际规范的制约，发展中国家的海洋权益有了国际法理保障，进而开辟了构建相对公平合理的当代海洋秩序的新时代。从一定意义上说，现代国际海洋法成为平衡各种海洋权益主体海上利益的重要砝码。[①] 由此，国际社会在真正意义上形成最具广泛代表性的国际海洋秩序，尽管它本身是国际多种不同利益的国家势力相妥协的产物。

此外，《公约》并非完美无缺，为争取更多国家参加并批准公约，以解决公约普遍性问题，进行了一些妥协，导致多方面的规定模糊不清

---

① 郭渊：《海洋权益与海洋秩序的构建》，《厦门大学法律评论》2005 年第 2 期。

且存在争议，如专属经济区内权利、领海无害通过、"航行自由"、国家管辖之外的海床开发是保持开放还是施行领土化管理。这些规范的细化也是再次对海洋的分割。表面上分割后的海洋属于不同国家和机构管辖，但实际上海洋面对的乃是不同的文化、意识形态、利益诉求以及制度和理念。《公约》虽然规范了国家对海洋的利用，但不能解决分割导致的问题，如国家间围绕海洋的领土主权、划界争端、海洋资源利用等矛盾。当时，美德等发达国家就因国际海底部分规定没有满足其要求而拒绝批准公约。

2. 国际海上武装冲突法的演变

地理大发现催生欧洲列强的殖民掠夺与海外扩张，海战成为强国间利益争夺的惯用方式。海战的频发为国际海上武装冲突法的最初形成提供了实践需求。国际社会在以法律形式形成海战规制之前，存在着国家海上武装冲突的规则、学说和判例。这些为国际海上武装冲突法的产生提供了政治和理论前提。[①] 直至1856年《巴黎海战宣言》的诞生，国际海上武装冲突法具有了真正意义上的法律约束力。

1853年，俄罗斯为争夺君士坦丁堡和黑海海峡控制权，同土耳其在黑海沿岸的克里米亚半岛发生战争，俄罗斯黑海舰队一举击溃土耳其海军。俄罗斯在近东争夺霸权之举危及欧洲大陆均势，于是英、法等国组成联合舰队支援土耳其对俄开战。这场欧洲强国间的战争以1856年俄罗斯的战败而终结。围绕黑海的控制权也成为战后和平会谈的重点。3月30日，各方签订《巴黎和约》，对利用海洋作出明确规定：黑海划为中立地区，只对商船开放，禁止建立军事设施，任何国家的军舰不得驶入；重申1841年《伦敦海峡公约》关于和平时期，不准外国战舰通过

---

① 刑广梅：《国际海上武装冲突法概述》，《西安政治学院学报》2010年第6期。

达达尼尔海峡和博斯普鲁斯海峡的规定；保证 1815 年维也纳会议上提出的确保多瑙河及其河口的自由航行和国际开放的权利。[①]

同年 4 月又签署《巴黎会议关于海上若干原则的宣言》，规定战争期间必须保护商业活动，并确立四项原则：废除私掠船制度；除战时禁运品外，禁止捕获悬挂中立国旗帜的船舶上的敌国货物；除战时禁运品外，禁止捕获悬挂敌国旗帜的船舶上的中立国货物；封锁要有拘束力，必须有一支真正足以阻止进入敌国海岸的部队来维持。和会代表将此前混乱的海上作战规则连同封锁实效性原则作为一般国际法原则确立下来，以适用于以后的一切海战。这是一部关于战时海上捕获和封锁问题的国际公约，也是人类历史上首个开放给他国加入的关于海上作战的多边条约，成为规制海上武装冲突[②]的国际公约。它对于保护当时的海上贸易，规范海洋安全秩序，促进资本主义经济发展具有积极作用。

随着武装冲突规模的扩大，受到影响波及的人员保护也逐步被纳入讨论范围。自 1864 年 8 月起，针对武装冲突时期没有参加或不再参加敌对行动人员的保护，《日内瓦公约》为战争中的人道主义待遇确立了国际法律标准，在其几经修改制定的四项公约和三项附加议定书中，就有《改善海上武装部队伤者病者及遇船难者境遇之日内瓦公约》（第二公约）[③]。

19 世纪末，西方列强在掀起瓜分世界狂潮的同时，也在规范战争行为方面形成多边条约。1899 年首次海牙会议召开并签署《海牙公约》，形成三项公约和三项宣言。1907 年，第二次海牙会议对 1899 年的三项

---

① "Treaty of Paris," March 30, 1856, https://content. ecf. org. il/files/M00934_TreatyOfParis1856 English.pdf，访问日期：2023 年 10 月 8 日。

② 海上武装冲突法是指以条约和习惯为形式规范海军兵力合法使用武力以及在海域发生的武装冲突中冲突方之间、冲突方与非冲突方之间权利义务关系的原则、规则及制度的总体。

③ 《改善海上武装部队伤者病者及遇船难者境遇之日内瓦公约》，联合国，https://www. un. org/zh/documents/treaty/geneva-sea-wounded，访问日期：2023 年 10 月 15 日。

公约和第一项宣言进行修订，并新订十项公约共计形成十三项公约和一项宣言。公约主要目的是限制现代技术在战争中的使用、和平解决国际争端等，涵盖了十项国际海上武装冲突法，其内容从保护海上武装冲突的受难者到规范海上武装冲突的空间（海上作战区域）、行使主体（交战资格）、行使手段（武器装备）及方式（作战样式）等各个方面，①更加注重海战规范的拟定。

《海牙公约》被视为国家和战争法律与惯例的宣言，所包括的许多原则和规则是公认的国际惯例，为嗣后战争法的编纂和发展奠定了基础。然而，两次会议的参与国分别为 26 国和 44 国，有些国家因利益分歧而拒绝批准，也就不受公约的约束。第一次海牙会议由俄罗斯倡议召开。当时帝国主义国家在世界范围内展开霸权争夺和军备竞赛，俄国实力较弱，无法同英德等大国争霸，其主要意图是为争取时间和限制对手而采取缓兵之计，但是第一次海牙会议后大国军备竞赛愈加激烈，逐步形成同盟国与协约国两大军事集团。1904—1905 年爆发日俄战争，双方任意拓展交战国权利，扩大禁运品清单，捕获和毁坏中立国商船，等等。

英国作为当时最大的中立国深受其害，认识到必须对中立国和交战国权利与义务作出明确的规定。1907 年《海牙公约》就涉及中立国在海战和陆战中的权利与义务的法规和惯例，但各国因利益分歧与历史传统在建立国际捕获法院处理交战国与中立国海上纠纷适用规则方面，意见相左。1908 年，英国提议在伦敦举行国际海军会议，各国于 1909 年 2 月达成《伦敦宣言》，在封锁、禁运品、毁坏中立国商船以及改悬中立旗等方面取得成效，特别是禁运品清单为中立国提供某种确定性，使其避免与交战国发生冲突，自由货物清单很大程度上使战时自由货物的贸

---

① 刑广梅：《国际海上武装冲突法概述》，《西安政治学院学报》2010 年第 6 期。

易免受交战国干预。[①] 可以说，《伦敦宣言》在交战国权利与中立国贸易之间找到了一条"中间道路"。[②]

尽管如此，《伦敦宣言》在英国国内引起激烈争论，民众认为英国作为交战国时《伦敦宣言》会影响海军的自由行动，作为中立国时权利又会受到太多限制，故《伦敦宣言》没有能够在议会获得通过。其他国家也采取拒绝批准方式，最终《伦敦宣言》没有能够生效。

同时，上述国际法规则因"本身缺乏有效的违约惩治机制、法律对新武器与新作战方法的运用存在调整真空、近代议定的各公约所包含的'普遍参加条款'对法律的适用产生消极影响等"，[③] 不能得到有效实施。随着国际形势的发展变化和现代军事技术进步，有些公约要么内容过时，不再适应新的发展情况，要么没有获得批准生效而缺乏约束力，要么为新公约所取代。

战争的破坏性推动着主要国家对新技术在战争中的使用进行规范。第一次世界大战期间，飞机、潜艇和无线电等新技术武器的使用成为国际海上武装冲突法公约议定的重点。1922 年《华盛顿公约》、1923 年《海牙无线电使用规则》、1936 年《蒙特勒海峡制度公约》等对此进行了相应的规制。第二次世界大战后，各国强烈要求在战争和武装冲突中遵守国际法原则，实施人道主义，推动国际海上武装冲突法的完善与发展，如 1949 年和 1977 年对此前《日内瓦四公约》及三项附加议定书的修改与确认，1971 年《海床公约》关于不得在海床、洋底安置核武器和其他大规模毁灭性武器的规定，1980 年的《禁止或限制使用特定常规武器公约》之《地雷（水雷）、诱杀装置和其他装置议定书》等。

---

① 王光伟：《从无序到有序的转化：1909 年"伦敦宣言"探析》，《陇东学院学报》2016 年第 6 期。

② Norman Bentwich, *The Declaration of London* (London: Effingham Wilson, 1911), p. 27.

③ 刑广梅：《国际海上武装冲突法概述》，《西安政治学院学报》2010 年第 6 期。

综上所述，国际海上武装冲突法从诞生之初起，就体现出欧洲中心主义色彩，以及欧洲强国的利益诉求，反映的是大国之间的战略博弈与利益妥协，影响着冲突法相关公约、条约、宣言和规则的演进。同时，随着非殖民化运动和民族解放战争的发展、大量国家的涌现、非国际性武装冲突的增加，以及作战手段和方式的发展，更多国家参与到海上武装冲突法建设之中，其中诸多理念被作为普遍性国际惯例接受和遵守。从安全层面来看，国际武装冲突法的完善赋予海洋安全秩序演变的规范性和有序性。

第三节　东亚海洋秩序的历史演变

东亚海洋秩序是国际海洋秩序的重要组成部分，也是在国际海洋秩序演变中逐步形成发展的。学界对于国际海洋秩序演变历程的划分阶段存在不同观点。胡启生将海洋秩序分为三个阶段：地理大发现以前及地理大发现早期人类对海洋的探求及国家实践；从地理大发现早期到1945年《杜鲁门公告》出台；1945年至今。① 余晓强则将国际海洋秩序分为四个阶段：华夷海洋秩序（15世纪初）；无主地海洋秩序（15世纪末至17世纪初）；海洋自由秩序（17世纪初至1945年）；有限型海洋自由秩序（1945年至20世纪末）。② 本文在借鉴这些分类的同时，结合东亚固有海洋秩序特征与东西方海洋秩序碰撞演变，大致将东亚海洋秩序分为以下阶段。

---

① 胡启生：《海洋秩序与民族国家》，黑龙江人民出版社，2003，第150页。
② 余晓强：《全球海洋秩序的变迁——基于国际规范理论的分析》，《边界与海洋研究》2020年第2期。

一、大航海之前，东亚朝贡贸易主导下的海洋秩序

在欧洲经济繁盛之前，东亚地区内部，以及横跨印度洋的南亚、中东、非洲之间已经形成松散的贸易联系。以地中海东部中东地区和中国为主要中心点的贸易关系，逐步蔓延至欧洲海岸、东南亚印度洋大陆和群岛以及日本，形成早期东亚地区的海洋贸易关系。公元7世纪，大唐帝国幅员辽阔，经济文化对周边世界产生深远影响。唐代东亚关系空前活跃，政治交往、文化交流和贸易往来构成东亚国家间关系的三大层面，由此形成以大唐为中心的区域世界秩序。朝贡贸易是支配该时期贸易关系和地区格局的主要方式。8世纪中期以后，安史之乱后的大唐帝国在藩镇割据之下，地方军政势力对外贸易权力增大。新罗、日本也出现中央集权衰落、政治动荡、地方权力坐大的情形。9世纪，朝贡贸易无法满足海外贸易需求，推动非朝贡海上贸易网络的发展，即由政府控制的朝贡–回赐贸易逐渐转向民间商人海运贸易。①

唐宋时期中国经济的快速增长，人口数量的增加，进出口货物需求的上升，中国金属制品、纺织品和高品质陶瓷的生产，宋朝时期造船业的重大技术改进，以及航海指南针的运用等，造就了以中国海运为主体的东亚和东南亚海外贸易的繁荣发展。9世纪，中国商人开始进入东南亚和印度的港口市场。同时，阿拉伯和波斯商人远航至非洲东海岸。他们使用丁香、水稻和锡交换中国的丝绸、铜，罗马的黄金和印度的棉布等。10—14世纪，商品经济发达，在宋、元政府及其商人的推动之下，东亚的海运贸易规模和繁荣程度大幅提升。12世纪初，中国海上贸易关税增长占到全国总收入的20%。14—15世纪早期，中国成为南海地区商

---

① 冯立君：《唐朝与东亚》，社会科学文献出版社，2019。

业和军事上占统治地位的海洋国家。①

从 12 世纪下半叶开始，中日贸易关系迅速发展。日本向中国出口黄金、硫黄、木材、水银等大宗商品，中国主要对日出口丝织品、瓷器、书籍、笔墨纸砚等工艺品。13 世纪，中国元朝时期派遣使臣多次出使南洋至马八儿国、俱蓝国（今印度南部西岸马拉巴尔地区）等，鼓励海外贸易发展，极大地推动中国与东亚、印度洋地区贸易关系的发展。该时期东南亚地区三佛齐马六甲海峡商业霸权衰落，诸多新的港口兴起，充当连接中国与印度洋市场之间的商品中心。同时，中日贸易关系也受到国内政治动荡和双边政治关系紧张的影响，这对双边海上贸易造成局部性影响。

14 世纪，明朝结束元朝统治建立新政权后，否定元朝统治下的海外贸易政策，实行海禁政策，直至 1567 年海禁政策废止。1374 年，朝廷禁止商人出海，并严格管理朝贡体系，限制所有对外贸易，仅允许外国使团在朝贡体系下按照明朝官员决定的价格同官府进行商品贸易，外商的剩余货物可以通过官府指定的牙商卖给中国商人。明朝永乐至宣德年间，即 1405 年至 1433 年，明朝有过 7 次政府层面的海外船队远航，船队途经东南亚、南亚、西亚和非洲东海岸。航行过程中，郑和船队在稳定东南亚国家战乱、剿灭势力庞大的海盗集团、维护东亚海上交通线等方面发挥重要作用。由此明王朝在东亚海洋秩序中形成强大的影响力，但明朝的海外贸易是以等级制朝贡体系存在的，沿海国家接受明朝的册封，并对其进行朝贡以体现对这种秩序的接受，即朝贡海洋秩序。在该海洋秩序中，没有海外军事占领和殖民统治，只有厚往薄来的朝贡贸易，这促成了东亚贸易圈的形成。

---

① 菲利普·德·索萨：《极简海洋文明史》，施诚、张珉璐译，中信出版集团，2016，第 78—79 页。

然而，这样的海洋秩序没有持续太久。随着明王朝财政受限，无法持续为朝贡贸易提供补贴，以及实施闭关锁国政策，禁止海上贸易，中国出口商品急剧减少，在东亚地区海上贸易存在感下降，这直接导致"明代过于偏重于以购买力为基础的德政分配机制"[1]难以维系。在没有大规模海上军事力量的护持的情况下，地区海洋秩序处于没有主导国的无序状态之中。东亚海上贸易遭到决定性破坏，海盗走私猖獗，引发明朝与倭寇之间的武装冲突。日本对华朝贡是幕府的重要收入来源，在明朝缩减日本朝贡使团规模后，日本商人将琉球作为获取中国商品的重要地区。琉球的那霸港口成为中日贸易的商品中心和中国与南洋各国贸易的重要中转站。

总体来说，在朝贡海洋贸易体系下，除区域内发生短暂的海上冲突，东亚海洋秩序始终处于和平状态之中，具有相当的稳定性。但不得不说，东亚国家的海外贸易，特别是全球贸易的意识远不及欧洲国家，政府在推动海外贸易方面的举措和动力也与欧洲国家相差甚远。在这种海洋秩序下，国家没有支持海外探险、寻求并垄断海外贸易市场的动力，反而会对市场自由化和海外贸易进行限制，商品经济发达程度不高，导致区域市场规模和需求也相对受限，外向型自由经济体无法形成，因此相关国家也没有对海上军事力量的追求。某种程度上，这种海洋秩序是脆弱的，主导国没有维护秩序的意愿，在遭到区域外强势力量的冲击之后就会走向失序或无序。

二、大航海时代，东亚无主地海洋秩序

从 15 世纪起，欧洲最早的民族国家兴起，资本主义原始积累和航

---

[1]　韩毓海：《五百年来谁著史》，九州出版社，2010，第 78 页。

海技术的发展等因素，推动东西方世界通过大洋建立关系。欧洲人开始大航海，试图寻找新大陆，欧洲涌现出许多冒险家，商船队走向远洋，开拓新的贸易路线和贸易伙伴，在新式战舰的加持下诞生出早期的海洋强国。随着新航路的开辟和诸多海域间航线的形成，自由贸易与殖民掠夺向世界更大范围扩展。其中，葡萄牙、西班牙崛起为海洋强国，在地理大发现时代盛极一时。它们以国家之力发展强大的海上力量，以海洋为载体，以坚船利炮为媒介，在海外进行殖民扩张。

这些海洋强国相互间通过战争、颁布法令和签订条约等方式展开海洋争霸活动，逐渐构建起以强国主导和划分海洋势力范围为主要内容的世界海洋秩序。[①] 东亚地区就在欧洲海洋强国海外扩张的浪潮中卷入西方海洋秩序之中，这也促使东亚地区国家作出回应，进而在东西方互动中推动东亚海上秩序的演变。葡萄牙、西班牙成为早期的海洋强国，开始走向海外探险，逐步形成海洋规范。它们奉行"谁发现、谁拥有"的原则划定海洋领地，并于1494年和1529年两次签订条约，建立起排他性海洋利益格局。"无主地海洋秩序"成为15世纪末至17世纪初的世界海洋格局，暴力征服、殖民统治、资源掠夺和不公平贸易等是该秩序下的主要特征，并推动东亚海洋秩序的转型。

葡萄牙是最先有组织开展海外殖民，揭开大航海序幕的国家。葡萄牙建立起世界一流船队，控制了西非3500千米海岸线，为它成为第一个全球性帝国奠定基础。[②] 此后，葡萄牙向大西洋、印度洋和太平洋拓展。1509年，葡萄牙舰队确立它对印度洋海域的制海权。1510年占领印度城市果阿，次年占领与明朝存在朝贡关系的马六甲。这对当时以明朝为核心的海洋朝贡贸易秩序构成冲击，葡萄牙由此扼守跨越印度洋的

---

① 张海文：《地缘政治与全球海洋秩序》，《世界知识》2021年第1期。

② 《小国葡萄牙开创地理大发现时代》，澎湃网，https://www.thepaper.cn/newsDetail_forward_1435384，访问日期：2023年9月23日。

欧亚贸易中继站。葡萄牙的势力得以继续向爪哇、暹罗以及华南地区逼近。在与明朝谈判贸易特权的要求遭拒后，葡萄牙试图通过武力方式迫使明朝同意通商。双方在 1522 年发生海战。葡萄牙没有打开与明朝商业贸易通道，就采取海盗贸易方式，同中国沿海的海盗和倭寇勾结，在中日两地间从事走私贸易。这不仅给沿海的商业活动带来困扰，也使得明朝政府难以有效处理倭寇问题。

1554 年葡萄牙人通过贿赂地方官员的方式，获准在澳门建立定居点，将澳门打造为转口贸易港。在明朝与日本没有官方关系的情况下，葡萄牙人作为中日之间的中介商人从事转口贸易获利，将日本白银出口至中国，"16 世纪达到巅峰，占到当时全世界银子产量（40—50 吨）的三分之一"，[①] 再将中国的丝绸、棉布等输出至日本长崎港。澳门"迅速发展为广州贸易的外港和国际贸易的中转港"。[②] 葡萄牙人为垄断海上贸易，还劫掠明朝商船以阻止其进出海洋。

1567 年明朝解除海禁体制。此时正好遇上当时大航海时代世界海洋体系剧变，美洲白银大规模出口，中国出于对白银货币的需求转而推进了海外贸易。据史料记载，明朝晚期每年有 10 万人离开福建到东南亚爪哇岛、马尼拉等地从事贸易，向欧洲人销售中国纺织品、家具、瓷器和纸墨。[③] 由此，形成福建—菲律宾—墨西哥的长途国际贸易线路。自此明朝控制了印度洋与中国南海之间的主要航道和贸易，并向出入这两个海域的亚洲商船征收过路费。[④] 全球贸易新时代开启。

随着西班牙国家统一并开始重视发展航海事业，地理大发现的高潮再次掀起。东亚巨额的贸易利润也驱动着欧洲其他航海强国加入。西班

---

① 速水融：《近世日本经济社会史》，江平、李心悦译，南京大学出版社，2015，第 57 页。
② 黄启臣、郑炜明：《澳门经济四百年》，澳门基金会，1994，第 36 页。
③ 崔莹：《牛津藏明代航图背后的全球史》，腾讯文化，2015 年 12 月 2 日。
④ 包乐史（Leonard Blussé）：《巴达维亚华人与中荷贸易》，庄国土等译，广西人民出版社，1997，第 172 页。

牙不仅控制着美洲大陆地区的黄金、白银，也极为重视发展海上舰队，在对中国和日本的贸易上同葡萄牙开展竞争。16世纪，西班牙大帆船优于葡萄牙的多桅帆船，体积庞大、载货量和排水量都超过葡萄牙帆船，且能携带重型武器。东南亚香料和中国丝绸是当时的主要贸易商品。1571年，西班牙在菲律宾马尼拉建立殖民据点，通过"大帆船贸易"开辟马尼拉至阿卡普尔科的跨太平洋航线，连接东亚与美洲的贸易市场，将秘鲁、墨西哥白银输入中国市场。

这一时期，以葡萄牙、西班牙为首的西方海洋强国以军事护卫贸易的方式，将西方势力逐步推向东亚地区。葡西通过对印度洋、东南亚等关键地区的军事占领，建立殖民据点和贸易站点，控制海上航线和贸易，在它们的势力伸向东亚地区时遭到来自中国、日本等国政府层面的消极抵制。它们通过在东亚建立贸易据点，以及与区域内海盗、倭寇等地方势力勾结展开走私贸易，与政府层面贸易的规模始终较为有限。尽管葡西没有对东亚国家进行实质性军事入侵，但在围绕贸易权方面双方还是出现过局部性小规模海战。尽管明朝使用水师成功抵御了葡西对朝贡贸易体系的破坏，但不得不认识到葡西所代表的西方列强将海上力量拓展至东亚，本身就是在"建立一个新的世界海洋体系，以替代以中国为核心的海洋朝贡体系，即从外围瓦解所谓'海洋中国共同体'"。① 东亚以德行感化为特征的朝贡体系下的海洋秩序，从此被迫面对西方以武力为先锋的海洋秩序的挑战。

三、17世纪至19世纪末期，均势性东亚海洋秩序

进入17世纪以后，为争夺对地区贸易网络的控制权，葡萄牙、西

---

① 韩毓海：《五百年来谁著史》，第88页。

班牙对航道封锁，致使后起的荷兰、英国无法获得来自东方的商品，这加剧了它们之间在印度洋至东亚地区的激烈竞争。更多列强进入东亚直接推动地区海上贸易竞争格局的重塑，其背后更多是欧洲列强间海权和制海能力的较量，其手段主要是武装劫掠商船和控制主要航道、攻占重要贸易口岸、武力占领或控制核心商品场地和交易中心、直接发动对贸易对手的战争等。① 荷兰、英国等强国也将格劳秀斯的海洋自由论思想付诸实践，推动世界海洋秩序从"无主地"朝着"海洋自由"方向转变。随着欧洲强国纷纷走向海洋，海洋自由日益成为它们加强对海外殖民地控制，争夺贸易利益和海洋霸权的幌子。在应对其他大国海洋竞争中，海洋成为大国权力竞争的竞技场。东亚地区国家亦由此卷入海洋强国间的利益博弈，在互动中塑造着地区海洋秩序。

西班牙人多次派舰队进攻荷兰人控制的香料群岛，荷兰、英国舰队常在澳门和马尼拉外海袭击葡萄牙和西班牙商船，掠其船货。从 1595 年至 1602 年，荷兰在亚洲国家陆续成立 14 家贸易公司。1602 年成立荷兰东印度公司，建立历史上第一家股份制公司，该公司持续经营长达约 200 年。1605 年，荷兰东印度公司以武力驱走马鲁古群岛（盛产丁香，印尼东部）的葡萄牙人。1611 年，在爪哇岛的雅加达建立商馆。1623 年赶走班达岛（盛产肉豆蔻）的英国人，独享香料产地。这一年荷英之间发生安汶岛事件，荷兰制造事端摧毁英国在安汶岛的存在，完全掌控珍贵香料的收购与外销。至 1627 年，荷兰成功排挤了英国在印尼的势力。1641 年，荷兰攻克葡萄牙控制的马六甲海峡，确立从东南亚香料产地到贸易港的垄断地位，逐步确立海运优势和商业霸权。荷兰在印尼实行高压专营统治政策，激起英国不满，为日后荷英战争埋下诱因。

同时，当时的明朝政府严禁英国商人停靠中国港口从事贸易。中国

---

① 庄国土：《17 世纪东亚海权争夺及对东亚历史发展的影响》，《世界历史》2014 年第 1 期。

商人垄断港口市场致使中国商品价格较高，这也增加了英国商人的贸易成本。在无钱可赚的情况下，英国被迫关闭在日本的平户商馆，撤出马六甲北部的苏丹地区和泰国地区。此外，因为安汶岛、班达岛居民不满意荷兰东印度公司低价收购香料，暗中将香料售卖给其他国家商人，荷兰东印度公司为此对两岛的居民大肆屠杀，并将马来西亚、中国、爪哇等国商人排挤出去，以加强对香料群岛的控制，彻底垄断世界香料贸易。荷兰还在东亚地区从事奴隶贸易，甚至到中国东南沿海劫掠百姓为奴。荷兰的殖民掠夺和高压政策在不同地区激起强烈的反荷斗争。这些反抗斗争此后也逐渐削弱了荷兰在东亚地区的海洋霸主地位。

早期荷兰同中国的贸易进展不顺利。1604 年，荷兰试图通过进攻占据澳门的葡萄牙，以获取与明朝贸易的基地，失败后占领澎湖又遭到明朝将领的驱离。1624 年，荷兰再次占据澎湖并与明朝激战数月之久，最后双方达成协议，明朝不干涉荷兰对台湾的占领。荷兰驱赶了台湾岛上的西班牙人，以此为基地多次劫掠航线上的明朝和葡萄牙商船获取暴利，这种赤裸裸的海盗劫掠方式破坏了东亚贸易主体的利益和地区海洋贸易秩序。直至 1662 年，郑成功率军驱逐荷兰殖民者实现对台湾的控制，利用庞大的商船队主导了日本长崎至马尼拉之间的海上贸易。1664 年，荷兰人占领台湾鸡笼，以此发展东亚贸易，但面临海上补给困难和清政府海禁政策的限制，在遭受巨大贸易损失后于 1668 年彻底放弃占领台湾。

当然，荷兰失去海上力量优势和海外贸易，主要源于其竞争对手英国的打击。为打破荷兰对海洋的垄断，英国和荷兰之间从 1652 年至 1784 年发生过四次战争，前三次战争都发生在海上，是两个海洋国家围绕当时东印度胡椒贸易的战争。其中，第二次英荷战争就是以安汶岛大屠杀为由发起的。英国在阻断荷兰本土与海外通道，取得荷兰部分殖民地和贸易特权的同时，也将其主导的航海条例以条约形式迫使荷兰接受，"海上马车夫"荷兰趋于衰败，沦为欧洲的弱国。大英帝国海军建设奉行"两强标准"。英国凭借取得的制海权优势，在世界范围内追求领土与贸易扩张，构建起由其主导的国际海洋秩序，海洋霸主地位就此确立。

在西方列强对东亚贸易的争夺过程中，东亚地区的日本和中国则在地区海洋贸易中走向衰弱。1615 年，德川幕府确立对日本群岛的统治后，不再将对外贸易作为收入和补给的主要方式。17 世纪 30 年代，越来越多的日本人认为外国人是破坏稳定的力量，这促使幕府颁布"锁国令"，将日本与外界隔离开来，废除贸易特许权，禁止日本人海外冒险，驱逐葡萄牙人，将荷兰与中国商人迁移至指定港口长崎，强迫外国商人与指定日本商人组成同业公会开展业务，建立对中国生丝进口的垄断。然而，幕府的"锁国令"具有很大的灵活性，除允许荷兰在长崎设置商馆以知晓外部世界的情况外，还允许对马藩进行对朝贸易，允许萨摩藩对琉球开展贸易，且这两个藩的贸易量远大于长崎口岸。17 世纪日本的出口额达到国民生产总值的 10%。[①]

17 世纪后半叶，英国成为世界贸易的主角。英国通过与台湾签署非正式通商协议，获准在郑氏家族掌控的贸易区域内开展自由贸易，但受制于当时清朝政府与台湾对立关系，英国没有能够进一步拓展地区贸易。1683 年，清政府康熙帝摧毁郑氏家族及其商业、收复台湾后，设立四大海关管理对外贸易和征税，恢复自由贸易。随着清朝短期开海恢复贸易，18 世纪中英贸易规模总额不断扩大。然而 1755 年清乾隆年间发生"洪任辉事件"，导致政府加强海禁，推行"一口通商"政策，仅将广州作为同欧洲进行贸易的唯一港口。

这种政策持续至鸦片战争的爆发。中国海禁政策意味着政府层面主

---

① 康灿雄：《西方之前的东亚：朝贡贸易五百年》，陈昌煦译，社会科学文献出版社，2016，第 98 页。

动选择放弃经略海洋、发展海外贸易、维护区域海洋安全秩序的责任。中国商人也就此失去地区贸易的主导权。从国际地缘政治视角来看，清朝政策的闭关锁国政策对于中国的破坏性影响是巨大的，也影响了中国在此后"三千年未有之大变局"下的历史命运。

东亚地区国家在国际地缘环境发生重大变化的形势下，没有选择拥抱海洋、积极发展海洋贸易的道路，而是秉持"重农抑商"的小农思想，加强对海外贸易进行限制。在抑制地区商品经济发展和市场一体化的同时，东亚地区的贸易主导权和海洋秩序的塑造权也被西方列强所把持。英国在中英双边贸易中出现严重逆差和白银短缺现象，于是鸦片成为英国获取贸易优势，破坏中国贸易、财政和市场经济体系的方式，这加剧了清朝白银的流出、物价的上涨和白银危机等。① 清朝对同英国进行海外贸易的限制，以及缺乏对海上军事力量的投入，也促使英国运用强大的制海权优势，为自身打开东亚贸易市场，垄断地区海上贸易。

随着英国海上力量的壮大和海外利益的扩展，英国不断修正航海条例，扩大英国对海洋的自由利用，并限制他国利用海洋制约英国海军活动。自由海洋秩序渐渐发展为霸权国英国主导下的权力格局与强制规范。该海洋秩序暂时调和了英国与其他海洋强国间的关系，也为这些以英国为首的海洋强国剥夺其他国家利用海洋权利奠定基调。自19世纪中叶，英国伙同其他列强运用"坚船利炮"撬开东亚国家的国门，强行推进开放通商口岸并攫取贸易利润。此后，大国以海洋为舞台推行强权政治，通过对海洋的分割实现对国际秩序的影响和控制，通过瓜分殖民地或者势力范围来推动国际秩序的发展与演进。②

19世纪末期，这种争夺直接加剧彼此间的利益冲突，大国间海战在内的战争不断，表明在霸权主导下的自由海洋秩序中，"在海洋自由的

---

① 熊显华：《海权简史：海权枢纽与大国兴衰》，第198—199页。
② 李亚敏：《海洋大发现与国际秩序的建立》，《世界知识》2009年第8期。

外衣之下，海洋强国是规范的保护者和执行者，在战时可以选择性干预'航行自由'，在和平时期继续执行这样的原则，从而赋予自身事实上的例外权"。① 18世纪美国独立后，也开始走向对外强军扩张的路线。它的海洋霸权崛起之路，既有传统海洋强国追求海洋霸权采取的军事扩张、建立殖民地和贸易重商主义的时代烙印，也表现出与传统海洋强国追求、维系海洋霸权不同的新的时代特征。

探寻美国的海洋霸权崛起之路将是本书的重点之一。在第一次世界大战结束后，1922年美、英、日、法、意在华盛顿会议达成《限制海军军备条约》，规定美英拥有同等吨位的主力舰。这就标志着大英帝国海上优势就此终结，美国取得与英国对等的制海权。② 在第二次世界大战之后，美国彻底取代英国获得世界海洋霸主地位，推动近代国际海洋秩序向现代性海洋秩序转变。东亚作为美国海洋霸权崛起的重要区域，见证了美国海洋霸权从崛起到鼎盛再到衰退的过程，也是我们理解当今美国海洋霸权和东亚海洋秩序变动的关键。

四、20世纪，规则性东亚海洋秩序

19世纪末至20世纪中叶，东亚地区海上力量最强的海洋国家为英、美、日。英国拥有全球范围内最强的海军实力，但在东亚海域没有建立真正的霸权，而是面临日、美、俄等多国的竞争，其中日美在东亚地区崛起速度较快，一战后两国都在东亚和西太平洋地区确立起不同程度的海上优势地位。在华盛顿体系下，英美海军主力舰艇吨位建造之比体现出英美同等地位，并主导地区秩序的海权格局。英美联合施压，日本作

① 罗伯特·基欧汉、约瑟夫·奈：《权力与相互依赖》，门洪华译，北京大学出版社，2002，第96页。
② 张良福：《国际海洋秩序的主导因素：规则还是实力?》，《世界知识》2019年第23期。

出让步，被迫接受远东与太平洋地区的海洋秩序，但也加剧了与美国争夺海洋霸权的烈度，制海权建设与争夺构成两国追逐海洋霸权的主要内容。此后，日本军国主义推行扩军备战政策，试图打破华盛顿体系下太平洋地区的权力格局，推动地区朝着以"大东亚共荣圈"理念为指导，建立日本海洋霸权主导下的地区海洋秩序过渡。太平洋战争实则成为日本与美国倡导的两种海洋秩序的实力较量。最终，日本战败并为美国占领，不得不继续接受美国治下的西方海洋秩序。

美国海洋霸权脱胎于大英帝国海洋秩序之下，崛起之后又受制于海洋规则对于秩序的规范作用。一方面，美国接受并继承了英国海洋自由贸易的理念，通过发展海上力量、控制海上贸易通道、建立海外殖民地，以及必要时利用海上力量配合介入地区战争，维系美国战后主导的垄断性海洋秩序。另一方面，美国在继承传统海洋国家利用海洋贸易和发生海战过程中形成的国际习惯法基础上，在时代环境发生剧烈变革的情况下，又不得不接受国际海洋法、相关海洋机构等制度性约束。这对美国维持垄断性海洋秩序形成极大制约。于是，出于彰显海洋霸权的需要，美国往往会采取合则用之，不合则弃之的做法。

在美苏冷战大格局下，美国的海洋霸权地位遭遇苏联的挑战。1945年第二次世界大战结束后，欧洲传统海权强国实力受到极大的削弱。美国一举崛起为全球性海洋霸主国。美国以争夺全球霸权、遏制苏联海权扩张为海洋安全战略的核心目标，加大海军技术研发与装备建设投入，建成核动力潜艇、航母，以及先进的舰载导弹武器系统。至1947年，美国在海外建立军事基地484个。1950年，美国西太平洋海军被正式命名为第七舰队，驻扎亚太地区。同时，美国与东亚多国结为军事同盟关系，形成所谓轴辐体系，以实现对"第一岛链"的控制。

在第二次世界大战后20世纪70年代之前的全球各大海域，几乎没有国家可以与美国相匹敌。尽管美苏两大超级大国争霸形成两大阵营，苏联的陆主海从战略决定其只是在陆地具有与美国相抗衡的实力。1956年，戈尔什科夫出任苏联海军总司令，苏联海军发展由此取得长足进步，特别是在缩小与美国的常规海上力量方面。70年代之后，美国在实施全球战略收缩过程中，其海洋霸权地位面临来自苏联的强势挑战。苏联在战后恢复太平洋舰队实力，并通过控制东亚大陆边缘地带，向东亚海域投送海军力量。50年代末，核潜艇入列苏联太平洋舰队作战序列。70年代，苏联弹道导弹核潜艇与海基核弹头数量超过美国。80年代，苏联海上核力量在数量上对美国占据明显优势，[①] 特别是1981年，苏联巡洋舰特遣队从彼得罗巴甫洛夫斯克港出发，到达美国俄勒冈海岸附近，返回时经过夏威夷群岛。这标志着美国独霸海洋的时代已经结束。[②]

同时，战后世界殖民解放运动风起云涌，越来越多的民族国家取得独立，第三世界成为国际社会举足轻重的政治力量。它们积极参与国际海洋法的制定，呼吁推动构建基于公平、正义等规范的海洋秩序。这些因素对美国的海洋霸主地位也形成冲击，也使美国认识到，时代变局之下维系"垄断性海洋自由秩序"已经过时，美国要在全球范围内推进海洋自由秩序，就必须赋予海洋秩序以新的规范，形成"规则性海洋自由秩序"。这也在某种程度上推动地区海洋秩序朝着多极格局方向发展。

在"垄断性海洋自由秩序"时代，海洋强国可以将其海上力量任意投送至世界各大洋，乃至沿海国家沿岸，威胁他国安全与发展。这引发大量的区域性、全球性战争，最终随着一次次重大海战，发生力量格局转变和海洋秩序的变迁。"垄断性海洋自由"规范下的国际海洋秩序始终处于不稳定、不确定和不正常之中。至冷战时期，海基战略核打击力量出现，在将世界置于核威慑风险之下的同时，也降低了大国之间发生大规模海战的概率，这给战后美国主导的海洋秩序注入相对的稳定性和

---

① 陈良武：《俄罗斯海洋安全战略探析》，《世界经济与政治论坛》2011年第2期。
② 李亚敏：《海洋大发现与国际秩序的建立》，《世界知识》2009年第8期。

确定性，但并不表示该海洋秩序就是正常的。冷战时期，美苏制海权竞争表现为核技术发展应用、舰船制造水平提升和海上军事活动对抗等，但双方确实避免了发生核大战的风险，这也使得美国主导的西方海洋自由秩序没有面临根本性挑战。

国际体系的基本性质是无序的，也被称为无政府状态。这种无序性在于没有一个世界政府来垄断军事暴力手段，这就给了国家利用军事力量维护自身利益的机会。然而，第二次世界大战中确立的大国协调模式、二战过程中形成的以雅尔塔体系为基础的新的国际秩序、核不扩散秩序的建立、殖民秩序的瓦解和主权国家平等的国际规范，特别是联合国框架下国际海洋法的发展，在建设国际体系有序性、捍卫国家自由利用海洋合法性、约束霸权国海洋自由秩序绝对性等方面发挥着重要作用。海洋自由原则作为当代海洋秩序的最重要基础，其内涵不仅是航行与海上贸易自由，还有海洋资源的开发与利用自由。[①]

同时，国际海洋法相关法律的发展为海洋安全秩序注入更大的确定性和稳定性。第二次世界大战之后，《联合国宪章》宗旨和原则提出，"以和平方法且依正义及国际法之原则，调整或解决足以破坏和平之国际争端或情势"，"各会员国在其国际关系上不得使用威胁或武力，或以与联合国宗旨不符之任何其他方法，侵害任何会员国或国家之领土完整或政治独立"。[②] 这为国际海洋规则的创制作出重要规范。

---

① 郑志华：《中国崛起与海洋秩序的建构——包容性海洋秩序论纲》，《上海行政学院学报》2015 年第 3 期。

② 联合国：《联合国宪章》（全文），https://www.un.org/zh/about-us/un-charter/full-text，访问日期：2023 年 10 月 27 日。

第四节　海洋秩序与制海权的内在关系

海洋秩序是国际秩序的组成部分，国际海洋秩序主要是指世界各国普遍接受的处理国家之间海洋关系的原则、准则、规范以及由此形成的海洋权益结构和安排。从其定义来看，海洋秩序主要强调原则、准则、规范等的制度性作用，它对国际权益关系与互动方式的确定暗含着一定的价值观念，它也会随着国际行为体和权力结构的变化而发生局部或全局性改变。其中，制海权作为一国海权的动态性运用，往往在推动国家海上力量发展、创造有利于本国海上权势环境，以及改变国际权力结构等方面发挥着重要作用。大国海战中围绕制海权的竞斗与争夺，最终的结果不但会影响战争的走向，还会引发大国权力的更替与海洋规范的重塑，进而造成国际海洋秩序内涵与表现的变化。

一、海洋秩序与制海权的差异性

海洋秩序与制海权对于主权国家来说都具有重要意义，它不仅牵涉到本国在国际海洋秩序中的权力地位、话语权与影响力，也关乎本国对于海洋权益的控制与利用。因此，任何海洋强国都会重视本国的海权建设和制海权的运用，在国际海洋秩序塑造与转型过程中，更是会利用国家实力去影响国际海洋规范建设，谋求在海洋秩序中的优势地位，以维护本国的海洋权益。

为此，我们需要深刻认识海洋秩序与制海权的关系。它们作为海洋安全体系内的重要概念和组成部分，既有着各自的历史发展沿革，也有着较为明确严格的概念界定。理解二者的差异，才能更好地辨析它们在海洋安全体系中的角色、地位与作用。

1. 国际海洋秩序的形成晚于制海权

由于早期造船航海等军事技术落后，对于海洋认识程度与利用范围有限，人类在发展海权形成制海优势方面始终面临着诸多限制。在民族国家形成之前，无论是以区域性帝国还是以前现代城邦等形式存在的行为体，都已经开始频繁的海上贸易往来与人员流动，其中对于财富、领土的贪婪和权力、荣誉的追求，引发了不同政治实体间的军事冲突，只是没有形成全球性海洋国家。当时海上作战能力成为赢得战争胜利的关键，因此掌握制海权以左右战争局势的观念逐渐形成。从军事角度理解，只要政治实体间发生海战，就涉及制海权争夺问题。在民族国家产生后，追求制海权优势更是上升至国家安全战略的高度，于是制海权类型开始细分，如可以分为战术制海权、战役制海权和战略制海权等。

制海权的产生并不必然意味着海洋秩序的形成。国际体系处于无政府状态时，丛林法则是国家在体系中求生存时奉行的指导思想。也就是说，无序是国际体系的常态。秩序有赖于行为体之间的互动，是行为体遵守相关规范形成的和平状态。这些规范的形成不同于制海权，它有赖于各方之间的权力较量和利益博弈，以及暂时性的妥协，要形成规范性共识并不容易。海洋秩序亦如此。制海权则具有单一性，一国可以自行判断安全形势与利益需要，作出是否要追求制海权的决策。

因此，海洋秩序形成的时间要晚于制海权。不过制海权的发展却也推动了海洋秩序的形成。海战时期制海权的激烈争夺，和平时期制海权的无序或有序竞争，都会对海洋秩序的形成产生影响。全球性海洋秩序孕育于 15 世纪的航海大发现与欧洲海外扩张的时代。1494 年 6 月，殖民者葡萄牙和西班牙签订《托德西利亚斯条约》，规定了两国在全球大洋航海、远洋商业和殖民权利的范围。条约创设了"一个支配全球层次交往的体制，世界上第一个全球性政治体制"。[①] 这也是对葡萄牙、西班牙在全球范围内制海权争夺关系进行的调和，促成了国际海洋秩序的形成。

2. 海洋秩序形成的条件高于制海权

制海权的形成主要取决于国家领导人的政治判断和利益需要。一般而言，国家无论实力强弱，是陆地国家还是海洋国家，多数国家都会拥有一支海军力量，这就为国家行使制海权提供了实力支撑。只是国家因为能力差异和陆海观念不同，其对于发展何种制海权及其程度与水平的重视程度存在着区别。相较于陆地国家，海洋国家总体上会更重视制海权的建设，无论是从海上安全角度抵御外敌的军事进攻，还是主动采取海上攻势对他国形成安全威慑与入侵，还是基于外向型经济利益的考量，海洋国家都需要制海权维护本国海上贸易通道的畅通。同时，不同国家制海权强弱不同，国家可以根据安全战略需要，就此发展防御性制海权或进攻性制海权。因此，制海权形成条件具有主观性、随意性和不确定性等特征。

与此不同的是，海洋秩序是海洋国家间权力与规范博弈的产物，它不仅有赖于大国间力量对比形成的国际格局，还有赖于为达成"使用非暴力方式处理冲突的状态"，制定为各方共同遵守的国际规范。这种国际规范包括有形的国际规则或制度，也包括这些规范体现的无形的核心价值。海洋秩序的形成条件远远复杂于制海权。自大航海时代以来，海洋秩序主要由不同时期的海洋霸权国主导建立，并为其他实力均等的海洋强国所支撑，霸权衰落就会危及海洋秩序的存续、转型与重塑。

---

① George Modelski, *Long Cycles in World Politics* (London: Palgrave Macmillan, 1987), p. 69.

3. 海洋秩序形成历史的公共属性高于制海权

海洋作为独立于陆地的国际公域，决定了海洋秩序具有强烈的公域色彩，不为任何国家所绝对拥有。同时，海洋霸权国为建立能够得到其他国家支持的海洋秩序，也会"为整个世界提供具化为原则、规则、规范和程序等的安全和经济的公共产品，虽然这往往是它们追求自身权力的附属品"。[①] 霸权国让其他国家从这种海洋秩序中获利，以此换取它们对霸权国地位和规范的认可，来共同维护这种海洋秩序，特别是有些规范形成后，即便霸权国走向衰落，也能够发挥独特的作用，使基于规范的海洋秩序不会彻底崩溃。

制海权则与此不同，它为单一主权国家所拥有，一国获取制海权最初不具有公共属性，不需要得到其他国家的认可，而是根据自身发展需要作出的决断，它也不保护其他国家的利益，而是基于本国利益优先的发展诉求。获取制海权的初衷是利用海上力量确立起对本国有利的海上态势。在海战中，制海权完全是排他性的，即建立对重要海域的控制，确保己方的行动自由，对方则被排除在对相应海域的利用之外。同时，在制海权获取过程中，也可以不接受来自其他强国或竞争对手施加的所谓制约性规范。如果当下的海洋秩序不利于本国海权的崛起，崛起国往往会利用制海权去挑战现有的海洋秩序，如二战时期日本就挑战了英美主导的海洋秩序，谋求建立由其主导的太平洋地区海洋秩序。制海权的私利特性有时会与海洋秩序的公共属性相对立，进而产生激烈的冲突。

---

① 胡波：《从霸权更替到"多极制衡"——16世纪以来的海上格局演变》，《中国社会科学》2023年第2期。

二、海洋秩序与制海权的相关性

海洋秩序与制海权同属海洋安全语境体系，两者亦有着重要的一致性与关联。这两者的一致性体现在概念的稳定性上，即海洋秩序是国家基于规范进行交往形成的相对有序的和平状态，制海权则是某个时期内对特定海域的控制，目的是确保己方行动的自由。此外，一致性也体现为发展的动态性。从历史来讲，海洋秩序和制海权的外在表现形式都会随着时代潮流与技术革命而不断变化。海洋秩序中的力量格局变化的动力就有技术革命因素，国际海洋规范也随时代变迁不断发展，海洋秩序要么面临挑战濒临瓦解，要么发生转型被重塑。制海权的变化主要由技术革新带来的舰船建造水平、火力发展程度和国家防卫战略调整引起。

因此，海洋秩序与制海权亦存在着关联性。他们之间存在着相互影响、彼此塑造的关系。主要表现为以下三方面。

1. 海洋秩序对制海权的规范性作用

海洋秩序本身就具有基于规范而存在的特质。在海洋秩序变迁过程中，这种规范性表现在两个层面。一个是海洋法权层面，可追溯至格劳秀斯创立海洋秩序的法权思想，这种海洋法权构成海洋秩序的理论基础，并在海洋秩序的演进中不断发展。海洋法律规范有时不能同步反映出海洋秩序的真实状态。[1] 人类海洋活动还会形成丰富的习惯法，并逐渐被编纂得以发展。《联合国海洋法公约》便是诸多海洋习惯法集大成者，为构建公正、合理的国际海洋新秩序提供了重要法理基础。另一个是海洋政治层面，大航海时代以来，葡萄牙、西班牙、荷兰、英国和美

---

[1] 马得懿：《新中国涉海法治七十年的发展、特点与应然取向》，《暨南学报（哲学社会科学版）》2019年第11期。

国等传统海洋霸主，以条约、宣言和公约等形式确立起国际海上武装冲突规范，它们奉行的"航行自由"和自由贸易等海洋自由思想，成为它们主导海洋秩序演变的理论基础。

这两个层面构筑起不同时期的海洋秩序，自然也会对制海权起到规范作用。海洋霸权主导的时代，这种规范作用表现为各国主要运用舰队决战、海上封锁等武装冲突方式进行制海权的争夺，无论是崛起国挑战海洋霸权国，还是崛起国之间争夺海洋霸主地位，海战都是那个时代海洋秩序下制海权争夺的主要手段。随着海洋法权在国际范围内普及，积极参与海洋治理与法治建设的国家日益增多，海洋霸主主导的海洋秩序遭到削弱，海洋秩序中的权力格局呈现多极化，国际规范普遍性增强。

在这种海洋秩序中，海洋非传统安全问题出现，如海盗、海洋环境污染、渔业资源保护、海洋划界争议等，这些问题超出一国解决能力之范畴，也超出制海权的传统作用范围，要求国家建设和行使制海权时突破传统对抗色彩，必要时要运用危机管控，甚至对话合作的思维来运用制海权。冷战时期，美苏两大阵营尖锐对峙，相互在海上的制海权竞夺亦很激烈，但双方仍能超越过去的海战争夺方式，通过海上危机管控方式管理彼此间的制海权争斗。这与二战后规范性海洋自由秩序有着密切关系。

2. 制海权对海洋秩序的塑造作用

制海权是一国在一定时间内对特定海域的控制。然而，如果我们从制海权发展史视角来看，不同时期的制海权对当时的海洋秩序塑造起着重要作用。从地理角度讲，制海权范围从区域扩展至全球，从而使海洋秩序从地区走向全球。16 世纪以前，由于造船、航海和军事技术等因素制约，国家无论在发展还是行使制海权方面均受到诸多限制。当时的海上世界处于各区域势力分割状态，区域间海上互动并不充分，制海权所及范围更多是区域性的，这就决定所形成的海洋秩序也是由区域性大国主导。历史上，在世界各区域就出现过雅典、迦太基、威尼斯和中国等区域性海权强国。

16世纪之后，地理大发现和大航海时代开启，海洋各区域加速联结，船舶、航海、火炮等军事技术加速变革，国家层面支持海外冒险竞争，早期全球性海洋强国逐步诞生。这些海洋强国实力和利益向全球拓展，成为不同时期单极海洋霸权体系的主导国。它们的海洋霸权地位根基就是强大的海权及其制海权的实施。它们对全球重要海域、海上航道和关键规则的控制，以及在全世界不同海域展开的海战对决，都是其制海权实力大小程度和区域范围拓展的体现，最终也会对海洋秩序产生塑造作用。可以说，制海权能够将海上力量投送至全球范围，这是海洋霸权主导建立全球性海洋秩序的基础性条件之一。

3. 制海权发展丰富了海洋秩序的内涵

从制海权诞生起，它的内涵和表现形式就是发展变化着的。尽管其本质始终强调"控制"，但从其定义来看，这种"控制"随着历史的变迁而在不断丰富发展。这种"控制"分别体现在时间、空间和协作性三个维度方面。时间层面，鉴于海洋的广阔性和海上力量的有限性，即便海洋霸权国都无法在任何时间保持对于海洋的控制。它只能根据事态的紧急程度和利益攸关度，在某个时间段内同他国争夺海域控制权，在其他时间内则收缩海上力量以应对其他事态。一个海洋强国也可以在某个时期内保持着对海洋部分海域的控制，但它在被其他海洋强国取代后，就不再能够维持对这部分海域的控制。行使和维持制海权的时间不会一成不变。海洋霸权国家的历史更替，就是制海权在不同国家间的易手，力量格局的变化会推动海洋秩序发生改变。

空间层面，制海权不是要对全球范围内广域海洋进行控制，这完全超出了一个国家海上力量的范围。也就是说，即便一国具有全球投送能力的制海权，也无法做到对全球海洋的完全控制，只能实现对某些海区的掌控。即便发生大规模海战，海战战场也会随着战争局势发生改变。这表明，海权国家即便失去对某个海域的制海权，也不意味着这个国家就不能在其他海域行使制海权，并与他国重新展开制海权的争夺。一般情况下，海战的结果会是一国摧毁另一国的海上力量，使其无法再有效行使制海权，对本国产生安全威胁。制海权空间层面的变化，会影响海洋秩序在全球不同地区的表现。例如，近代欧洲地区列强之间展开制海权争夺，主要是围绕海洋自由与势力范围进行战略博弈，从而形成为各方接受的海上武装冲突规范。基于列强制海权争夺形成的海洋秩序具有协调性与妥协性。亚非拉地区则表现为，列强利用制海权优势让他国沦为殖民地，彼此形成附庸关系。这些地区的海洋秩序充斥着强制性与不平等性。这种制海权争夺强调在不同空间内的竞争与对抗，决定了国际海洋秩序极具脆弱性和不稳定性。

此外，在协作性方面，主要体现在和平时期制海权可以用于应对非传统安全威胁。尽管制海权为主权国家拥有，在过去很长时期内主要是服务于本国的国家利益，其对象都是针对与本国存在利益冲突的国家，对抗性特征比较明显，也损害了海洋秩序的稳定性，可以说，传统安全威胁是主权国家行使制海权的主要对象，然而近年来非传统海洋安全威胁在增加，这些威胁具有跨国性、全域性特征，任何国家都不能单独应对之，这就使制海权的协作成为必要。各国重视海上民事执法机构和海军对外的软性应用，这无疑对于海洋秩序的转型与稳定有着积极作用。

小　结

纵观东亚海洋秩序数百年的历史嬗变，在西方列强根本性动摇东亚海洋秩序之前，东亚地区海洋秩序主要是由中国塑造的等级制格局。中国对东亚海域形成"双重控制"：一是以体系结构为基础的间接控制，二是以海上力量为依托的直接控制。[①] 朝贡贸易体系则是这种等级秩序在地区国际关系中的体现。不同时期，东亚海域海战[②]也对东亚海权格局产生重要影响，并最终形成中国主导下的东亚海洋秩序。在该海洋秩序之下，东亚海域维持着相对和谐稳定的状态。

同时，这种海洋秩序下的国际关系也是相对松散的，有亲疏远近的，重德轻武的，中国没有将海上军事力量和地区影响力转化为制度性权力，来管理东亚海洋秩序中国家间经济商贸和军事互动关系等。不过，"中国商人为抵抗西方商人和朝廷打压而展开协作，成立武装部队形成具有雄厚实力的海上贸易集团"[③]，他们的足迹遍及东亚各地，在维系该地区以中国为主导的和平海洋秩序方面发挥了关键性作用。尽管地区内不同时期也出现过一些海洋强国，如东南亚的三佛齐王国、谏义里王国和满者伯夷王国，控制着东南亚的重要海域和贸易路线，但这都没有根本性颠覆东亚中国影响下的海洋秩序。

---

① David A. Lake, *Hierarchy in International Relations* (Ithaca and London: Cornell University Press, 2009).

② 中国古代与邻国间海上作战主要为西汉跨海征服朝鲜（公元前 109 年）、东汉渡海征伐交趾（公元 41 年）、中日白村江海战（公元 663 年）、宋金胶西唐岛海战（公元 1161 年）和明军扫荡倭寇的海战（公元 1374 年）。这些海战推动了中国对东亚海域世界主导权的建立。金新：《东亚海权格局演化历程探析》，《太平洋学报》2021 年第 4 期。

③ 熊显华：《海权简史：海权枢纽与大国兴衰》，第 222 页。

大航海时代出现后，西方海权势力的崛起并走向全球，其对于东亚海洋秩序的冲击是根本性的，直接推动着东亚海权格局的重构。西方海权势力进入东亚地区的主要方式就是通过坚船利炮占领贸易据点，控制重要海上通道，逐步将地区国家从海上排挤出去，形成由其主导的海上贸易网络、规则和势力范围，从而获得对该海洋区域的完全制海权。葡萄牙、西班牙、荷兰、英国等西方殖民者都是首先将海权势力扩张至东亚的东南亚区域，再由此向东北亚地区延伸。法国、俄国、美国等西方列强也纷纷加入对东亚国家的侵略瓜分，甚至东亚的日本选择脱亚入欧，明治维新之后大力加强海军力量建设，通过与邻国间的海战崛起为东亚海洋强国。至 19 世纪末期，东亚国家在海战失败后要么完全沦为西方殖民地，[①] 要么成为半殖民地国家，被迫开放通商口岸，失去对于本国沿海海域乃至内河的控制权。

这些列强以殖民地为据点展开对东亚国家的掠夺，对东亚地区原有的海洋秩序产生破坏性影响。通过一系列不平等条约的签署，西方殖民体系取代东亚朝贡体系，多强并立的均势海权格局代替原来的等级制格局，西方海洋体系完全覆盖东亚地区。列强在殖民地派驻军队和舰队，建立军事基地与海防要塞，维持着相当规模的海上力量，由此形成大体的均衡状态。直至经历第一、第二次世界大战，传统老牌欧洲强国走向全面衰弱，东亚国家则纷纷独立建国，形成现代民族国家体系。

美苏冷战格局下的东亚海洋秩序，由过去地缘政治单向塑造海洋秩序的时代逐步发生改变，国际规则的创制开始发挥更大作用，更多影响海洋秩序，极大地改写了此前地缘政治和大国海上力量主导海洋秩序的状况。其中，国际海上武装冲突法和海洋权益相关法的发展，既反映了

---

① 从 20 世纪初到第二次世界大战前，在东亚实行殖民统治的列强有：英国（缅甸、马来亚、沙捞越、沙巴、文莱、新加坡和香港）、法国（越南、老挝和柬埔寨）、荷兰（印度尼西亚）、美国（菲律宾群岛）、日本（朝鲜、台湾）和葡萄牙（东帝汶、澳门）。

传统海洋强国和霸权国维系其权益同发展中国家的博弈过程，也有发展中国家争取海洋权益，推动国际海洋秩序走向公平、公正、法治的努力。《联合国海洋法公约》的签署则是各方博弈与发展中国家争取自身合法权益的集大成者。这也预示着海洋秩序不再是过去由海洋霸权国所把持的传统单极格局，而是向着多极平衡的方向发展。

在此背景下，东亚海洋秩序作为国际海洋秩序的重要组成部分，既受制于国际海洋秩序总体格局，也对国际海洋秩序的演变形成冲击。其中，军事技术的突破加剧大国制海权争夺与竞斗的烈度，对海上战略竞争产生方向性影响。东亚地区大国云集，海洋争端复杂，核武器与核威慑强化，新的军事战略涌现，都突显出地区国家对提升东亚制海权和维护海洋权益的重视。同时，《联合国宪章》《联合国海洋法公约》提出将"和平解决争端"作为处理国家间争端的原则精神。这对于规范战后制海权的应用，维持和平的国际海洋秩序有着积极意义。国际海洋秩序长期在"控制"与"自由"、"封闭"与"开放"、"独占"与"分享"之间展开竞争，此消彼长中形成了"公海自由"以及沿海国对沿岸特定海域行使排他性管辖权的二元结构。东亚海洋秩序也将在这种竞争中不断发展演变。

第二章

地缘战略视域下的大国制海权研究

大国走向海洋的历史表明：谁控制海洋谁就能实现国家的崛起，海洋成为决定霸权更替的关键场所，海上争夺的成败很大程度上决定历史上霸权的兴衰。"海权不是孤立于历史而抽象的存在物，而是与国家利用和控制海洋的竞争或斗争相联系的"，[①] 其最高形式表现为海战。也就是说，海权的历史主要是与战争的历史，特别是与海战史相联系的。同时，自有海战以来，制海权便随之诞生。大国之间对于海洋的动态竞争与控制，丰富并发展了制海权理论。

地理大发现以来，人类对于海洋的利用进入新的历史时期，尤其在西方列强进入殖民主义时代后，围绕海洋的控制与争夺成为大国海外殖民，实现国家政治安全战略目标的主要方式，其表现的样式也更为多样化。其中，海洋强国利用海军兵力在特定的时间内对一定的海域掌握控制权后，便形成制海权。为此，海洋强国基于国家利益考量会重视制海权的能力建设，更会注重制海权的运用。制海权诞生以来，便成为国家对外投送军力、施加影响、维护和扩张本国权益，以及塑造海洋秩序服务于本国利益实现的主要方式。

近代西方列强在全球各大海域展开激烈的争夺战，叙写了一幕幕惊

---

① 王生荣：《海权对大国兴衰的历史影响》，海潮出版社，2009，第8页。

心动魄、载入史册的大国制海权争霸史，也不断影响着国家间力量对比和国际秩序的历史演变。本章主要追溯西方制海权理论的演变，并对其构成要素和影响制海权发展的相关要素进行分析。同时，归纳近代以来不同类型国家发展制海权的模式，进而透过地缘战略视角理解国家间制海权争夺的基本特征。

第一节　制海权概念与理论发展

海洋国家概念起源于西方，是西方海洋强国主动寻求和维系其海上强权的表述，从最初强调海外殖民、远洋贸易、军事海权，发展为将海洋国家意识形态化，成为西方民主的象征符号。① 海权论作为西方地缘政治的产物，也是海洋国家发展强大海权的主要依据，制海权的概念化也随之发展演变。

一、制海权概念形成与实践

制海权概念自有海战以来就已存在，早期英文表述为 command of the sea，最早可追溯到修昔底德，本义为"海上的权力"（power of the sea），即"大海将赋予人权力，条件是人要知道如何征服与使用它"。② 1829 年，英国海上冒险家华特·雷利（Sir Walter Raleigh）撰文称，"谁控制了海洋，谁就能控制贸易；谁控制了世界贸易，谁就能控制世界财

---

① 杨国桢：《重新认识西方的"海洋国家论"》，《社会科学战线》2012 年第 2 期。

② B. Mitchell Simpson Ⅲ（ed.），*The Development of Naval Thought: Essays by Herbert Rosinski*（Newport, Rhode Island: Naval War College Press, 1977），p. 26.

富，进而控制世界本身"。① 此后数百年间，海洋强国以海权为基础加强海上攻势，发展、争夺与行使制海权以实现海洋霸权的斗争从未停歇。其中，海战作为制海权争夺的最高形式，直接决定海洋强国地位变迁和海上霸主的交替。

古代受制于舟楫航行不便，海上交战主要集中在沿岸或边缘海、封闭和半封闭海域，但国家已经意识到制海的重要性，并通过截断敌方海上贸易、袭击其海岸来影响战事走向。地理大发现推动海权时代的到来，西方列强纷纷将触角伸向海洋，为抢占海外殖民地，瓜分海上势力范围，垄断海上贸易，谋求海洋霸主地位，等等，它们大力建造舰船增强海军实力，谋求建立海上军事优势，塑造国际海洋安全秩序。

不同时代的制海权表现形式是有差别的。早期，制海权主要表现为确保海上运输安全、切断敌方海上交通，必要时将军力投送至敌方沿岸。随后，进入到巨舰时代，制海权表现为在目标水域集结主力摧毁敌方战舰，然后通过海上封锁、袭击商贸、夺取殖民地、登陆敌方领土进行控制。② 可以说，制海权表现形式的变化，也对当时国际海洋安全秩序的塑造产生了重大影响。

虽然制海权表现为对海洋的控制与利用，但这并不意味着对制海权概念有着明晰的界定。制海权概念仍较为抽象，不够具体，学者们对制海权的定义分歧不小，甚至在某些地方是模糊而暧昧的。有关制海权的定义往往侧重于军事层面，认为制海权主要是"交战一方在一定时间对一定海区的控制权，从而确保己方兵力海上行动自由，剥夺敌方兵力海上行动自由；保护己方海上交通运输安全，阻止敌方的海上交

---

① Sir Walter Ralegh, "A Discourse of the Invention of Ships, Anchors, Compass, &c.," in *The Works of Sir Walter Ralegh*, Kt., Vol. 8 (Oxford: Oxford Univiersity Press, 1829).

② 转引自 Milan Vego, *Maritime Strategy and Sea Control: Theory and Practice* (London and New York: Routledge, 2016), p. 21。

通运输"。①

具体而言，获取制海权的目的就是压制住敌方的海上商业和军事运输通道，从政治、经济上将对手与海外隔绝。获得制海权后本国不但可以在商业上运用海上通道，还能将军力投送至敌方海岸。由于战争事关国家核心利益，从这个意义上来说，起初制海权概念的核心就是争夺，它表现出极强的进攻性、排他性，更多秉持零和博弈思维，采取海上攻势，以剥夺对手使用海洋的能力。

这在19世纪地缘政治概念出现后更加突出，深刻地影响了国际政治版图和西方列强的政治安全理念。海权论作为地缘政治的产物，也赋予制海权更多的政治、经济和军事内涵。制海权逐步被理解为一国依据自身政治属性、地理特质和时代特征，制定相应的政治军事战略，发展并运用强大的海军力量来控制某些海域，进而服务于本国经济、安全等国家利益的权力。19世纪末，西方列强进入帝国主义阶段，伴随资本的输出掀起瓜分海外殖民地的狂潮，利益冲突极大地激化了列强间的矛盾。它们将发展海权，争夺制海权视为国策，重视巨舰利炮的军事应用，海战成为它们叩开别国海上门户，消灭或削弱竞争对手海上力量、建立本国海洋霸权的战略工具。这也决定了该时期的制海权具有殖民扩张主义、海洋霸权主义和帝国侵略主义的特性。

另一方面，现代科技的进步和武器装备性能的提升都直接带来海战样式的变化，人们对于制海权概念的理解也在走向深入。进入20世纪，飞机、潜艇的问世直接将战场维度从水面扩展至空中和水下，形成三维立体海战场。参与现代海战的军队由此必须应对来自敌方水面舰艇、水下潜艇和水上飞机方向的攻击，制空权的诞生拓宽了制海权的维度，也增加了海战中争夺制海权的难度，维持和行使制海权的时间与空间更是

---

① 赵峰、邹舟、姚科：《现代制海权》，海潮出版社，2013，第4页。

被大幅压缩。

也就是说，在实际海战中，国家可以运用的资源和手段增加，提升了其在制海权争夺中的韧性和持久性，从而改变了其拥有制海权的时间和空间。一方很难在较长时间内对重要海域保持完全的制海权优势，并完全阻止另一方对于该海域的使用。即便是在两大强敌之间发生海战，它们对于海域的控制都不会是完全的（complete）和充分的（full）。① 由于海洋的地理广域性，强国至多控制绝大部分的海域，不可能控制所有边缘海域。海上强国拥有水面、水下控制能力，但如果弱势方拥有制空优势，在特定条件下它仍然具有一定的行动反制能力，可使对手无法完全获得制海权以实现其军事目标。

同时，关于制海权的目的和意义的讨论也在发生变化。从狭义的军事角度看，制海权只有在战时才有意义。② 朱利安·科贝特（Julian S. Corbett）就曾指出，制海权的目的就是控制海上通道，使本国舰船能够不受阻碍地在海上航行，同时阻止敌方做同样的事情。③ 亦有海军学者认为，制海权的目的就是保证本国沿岸不受侵害而可以攻击敌方沿岸，或者摧毁商业，或者确保入侵的成功。这些目的可通过摧毁敌方舰船来实现。④ 这反映的是巨舰时代的制海权思想。另一种观点是从更广泛角度理解制海权的目的。学者米兰·维格（Milan Vego）认为，制海权的目的不仅是控制海上通道，还包括攻击敌方海岸，以及在政治、外交、士气甚至是心理方面对敌方造成影响。⑤

---

①　Reginald Bacon and Francis E. McMurtries, *Modern Naval Strategy* (London: Frederick Muller Ltd., 1940), p. 38.

②　Cyprian Bridge, *Sea-Power and Other Studies* (London: Smith, Elder & Co., 1910), p. 77.

③　Julian S. Corbett, *Some Principles of Maritime Strategy* (London: Longmans, Green and Co., 1918), p. 80.

④　Raoul Castex, *Théories Stratégiques* (Newport, R. I.: Naval War College, 1938), p. 3.

⑤　Milan Vego, *Maritime Strategy and Sea Control: Theory and Practice* (London and New York: Routledge, 2016), p. 22.

这直接影响对制海权概念的理解与应用。二战后，西方学界对于制海权的英文表述开始使用"sea control"取代"command of the sea"。理由之一就是 command 更为正式，强调对于全域的统领、驾驭，具有较强的绝对性（absolute）意味。现代海战中，一国难以真正做到对海洋三维（水上、水面和水下）立体全域进行持续控制。control 则更符合现实情况，侧重对于局部的控制、约束，表明"对海洋的控制在时间与空间上有其限定性"。① 从这个角度说，sea control 就成为"适度制海权"的代名词，二战后的制海权观念认为制海权不应是目的，而应是手段。其价值是实力强大的一方通过获取海域控制，能够创造有利的条件来解决海上其他重要任务。②

二战后的制海权融入经济、军事、政治和心理功能。这要求和平时期的制海权可以保护本国免遭敌方海上入侵；摧毁敌方事关经济的海上交通线；从事海上运输兵力对敌施加军事压力；也可以进行力量投送占领敌方沿海的重要海峡、岛屿等地；在既定海区选择进攻据点方面拥有更大灵活性，赢得海战的胜利，迫使敌方达成和平协议；对敌施加强大的政治、外交影响力，左右陆上事态的发展。同时，制海权亦具有拒止性威慑功能，可影响竞争对手的安全心理认知，促使对方不要发出改变现状的行动。

此外，战后国际海洋法规则的实施，为各国平等利用海洋赋予合法性权利的同时，也对制海权的发展与运用产生影响。无论海军规模大小或作战实力强弱，各国都有不受限制进入海洋的自由和权利，且要遵守国际条约规范，不得侵犯他国的领海，但各国对于"无害通过""航行自由""专属经济区划界原则"等缺乏共识且提出不同政治主张，并以此种方式在不同海域以制海权较量方式捍卫海洋权益。制海权竞争成为

---

① Stansfield Turner, "Mission of the U. S. Navy," *Naval War College Review* 27, no. 2（1974）: 7.

② 金峰：《"制海权"概念流变探析》，《河南社会科学》2015 年第 5 期。

新时期亚太海权国家间竞争的主要表现。

二、制海权代表性理论发展

自国家间有海战以来，围绕制海权的认知便已有之。制海权从发展、争夺、获得到维持对于重要海域的控制，直接关系到国家政治和军事战略目标的实现。制海权随着海权论的出现在理论层面得到发展，制海权是海权论的核心，更侧重于海权思想的动态性应用，也在现实发展中不断补充、丰富着海权思想。19世纪后期以来，以美、英、德等为代表的西方国家和苏联海权思想极具代表性，其中的代表性人物提出的海洋战略分析框架都对当时及后世国家的海洋战略产生了重大而深远的影响。

美国"海权理论之父"阿尔弗雷德·赛耶·马汉（Alfred Thayer Mahan）对海权思想的系统化、理论化作出重要贡献。他提出海权概念，强调海权优于陆权，敦促将控制海洋提高到国家兴衰的战略层面，具有划时代的意义。在美国史学界，他被尊为"海权论的思想家""带领美国海军进入20世纪的有先见之明的天才"。

虽然他没有明确提出制海权概念，但他强调在决定国家能否具有较强力量和保证繁荣的纯物质因素中，一国控制海洋的能力对于国家命运和世界历史的作用与影响。制海权是国家遂行海权运作的一部分。他认为，以贸易立国的国家，夺取并保持对海洋的绝对控制是国家强盛的主要因素，国家必须具有占优势的海上实力，即强大的舰队和商船以及发达的基地网。夺取制海权的主要方式是战略决战。① 海战最高原则为削弱乃至毁灭敌人舰队，可以通过决定性海战或对港口实施封锁来实现。

① 王月霞主编《军事技术知识篇》（上），远方出版社，2017，第Ⅷ页。

马汉的海权思想是呼应美国追求海上霸权现实需要的，且在当时具有社会达尔文主义扩张色彩。他认为，应将夺取和控制海洋作为海军战略的目标，应坚持集中兵力、舰队决战、攻势作战和内线作战等原则，以达到海军的战略目标。马汉思想为崛起的美国海外扩张指明发展道路：建立以强大海军为核心的海上力量，通过对外战争逐步实现对海洋的有效控制，在确立海洋霸权的过程中走向世界权力的巅峰。马汉海权思想被当时以西方国家为代表的世界各国制定国策和海军发展战略时奉为经典。英国开始坚定推进海军扩建计划，德国威廉二世建立起仅次于英国的海军舰队，俄国沙皇开启重振海军的道路，日本则举国发展海上力量，提升海上作战能力，跃升为太平洋地区的海洋强国。

英国海权理论家朱利安·科贝特作为现代海军史学上的集大成者，是第一个通过总结海战战例并将制海权理论化的海军史学家。[①] 作为与马汉同时代的海权战略学家，科贝特修正并深入发展了马汉的海权思想，但他的海权思想旨在助力英国海上霸权的护持。同时，与马汉主张建立绝对制海权不同，他提出制海权的相对性特征，即一方失去制海权并不等于另一方将得到制海权。在海战中，交战各方都不能获得制海权，海洋控制权通常是处于开放争夺的状态。海洋的正常状态是不受任何一方的控制，也不是处于哪一方控制之下。从时间和空间上看，制海权是暂时和局部的，这要求制订战争计划时必须考虑到制海权的不同状态和程度的限度。这为制海权问题上的非零和博弈关系奠定了基础。

科贝特认为，制海权是一种动态的争夺过程，以海战的目标为标准，可以分为获取制海权（securing command of the sea）、争夺制海权（disputing command）和行使制海权（exercising command）。其中，争夺制海权指的是"通过积极防御行动防止敌国获取对目标的控制或者行使

---

① 刘晋：《朱利安·科贝特的海军史著与史观——现代海军史学之集大成》，《国际关系研究》2019 年第 2 期。

这种控制权"。① 科贝特还强调制海权就是要控制海上交通线，不论此交通线是商用抑或是军用的。要长期、全面地控制交通线，必须采取决定性的舰队行动。要暂时、局部地控制交通线，则可以采取包括不同方式的封锁在内的其他行动。

　　德裔美国海权理论家赫伯特·罗辛斯基（Herbert Rosinski）在论述海军战略时，提出制海权的意义不是控制海洋本身，而是确立一种海上权势，即排斥对方使用海洋的权力。在海上，一方的安全只能建立在另一方的不安全之上，不存在折中的情况。制海权本质上是排他性的，意味着将敌国排除在海洋利用之外，防止其进攻或阻挠本国的行动。维持制海权区域的优势是局部且暂时的，但也不可能在同一海域出现分治的情况。制海权优势为胜利者带来的单方面优势对于决定战局有着根本性意义。海战中，失去制海权能力的一方将没有任何回击对手之力，而且也不再有改变局面的希望。② 他还认为，可以依赖封锁实现制海权，从而使得避险的敌国舰队无法利用海洋。也就是说，封锁不应该仅被视作实现制海权的一种手段，而应该承认封锁本身就是一种制海权。

　　上述三种观点是欧美制海权理论最为典型的代表，马汉强调绝对制海权，认为制海权就是建立起对敌方舰队的控制。科贝特、罗辛斯基都提出"制海权不是要控制海洋，而是重在对海上交通线的控制"的观点，但与科贝特相对制海权主张的"一方制海权的获得并不意味着另一方的完全丧失"不同，罗辛斯基更强调排他性制海权，认为一方排斥了另一方，才能获得控制，他还提出要对可能暗中支持敌方从事战争的"中立国"施加压力，限制其使用海洋的权力范围。将"控制敌方舰队"与"控制海上交通线"的意义相比较，有学者认为后者的意义较为

---

① Julian S. Corbett, *Principles of Maritime Strategy* (New York: Dover Publications, Inc. , 2004), pp. 164-168.

② B. Mitchell Simpson Ⅲ (ed.), *The Development of Naval Thought: Essays by Herbert Rosinski*, pp. 4-5.

全面，前者仅为后者的一部分，而且仅为达成全面控制的先决条件。

此外，以苏联海军元帅戈尔什科夫的理论为代表的防御性海权思想也颇有影响力，它直接塑造了冷战时期苏联的制海权发展。戈尔什科夫将制海权概念置于海战区框架之内进行探讨，强调为夺取制海权创造各种前提条件，平时"应建立和训练各种必要的兵力，制造和准备各种必要的兵器，使他们保持战备状态，随时准备执行战斗任务；组建各种兵力集群，使他们在海战区的部署能够确保对敌的阵地优势；装备各个海洋战区，建立相应的兵力组织，以及与他们的任务相适应的驻泊系统和指挥系统等"。① 他还将制海权分为海战区制海权和战役制海权，并将其作为苏联海军追求的目标。从性质上讲，戈尔什科夫的制海权理论是阵地式的，而不是机动式的，是威慑性的，而不是进攻性的。

美苏冷战对峙也催生对制海权相关概念的探讨，并表现出与之前理解的差异。"制海权"（sea control）和"海上拒止"（sea denial）概念成为西方战略界描述美苏海上军事战略特性的概念。他们认为，美国海上军事战略是发展制海权的积极攻势战略，苏联则侧重于海上拒止的消极防御，并指出两者间的相互关系：其一，海上拒止某种意义上讲同制海权一样，它不是一个总体性战略，它体现的是为实现军事目标而精心设计的战术规则。其二，海上拒止和制海权都是追求军事控制，时间和空间都有其限定性，而不是绝对的和相互排斥的。其三，海上拒止和制海权在战略、战术层面都有不同程度和水平的存在。海战中，海上拒止会不经意间发展至对海洋的控制，反之亦然。其四，海上拒止和制海权对于单个战舰或特遣部队来说都是没有意义的概念。它们不是海军的任务，且与舰长如何战斗或特遣部队指挥官如何战斗无关。②

综上所述，自 19 世纪末期以来至 20 世纪冷战结束，制海权理论走

---

① 谢·格·戈尔什科夫：《国家海上威力》，房方译，海潮出版社，1985，第 291 页。

② J. S. Breemer, "Rethinking the Soviet Navy," *Naval War College Review* 34, no. 1 (1981): 9.

过从诞生到发展的过程。围绕制海权争夺出现的国家间利益竞逐、海军战略制定、海上作战行动等，无不体现着这些制海权理论思想在现实中的广泛应用。"制海权不是绝对的，而是相对的，而且是不彻底和不完美的。"① "制海权从来不意味着对海洋的完全拥有，物质上无法做到，战略上也无必要。"② 制海权的目的是控制海上交通线，控制敌方舰队则是实现海上交通线控制的手段，而对海上交通线的控制就是确保在海战中己方可以自由进行相关活动，且不受敌方的干扰或阻碍，同时可以阻止敌方开展同样的活动。尽管时代已经发生巨变，但这些基本思想与核心理念仍然适用。

其中，不同于马汉的攻势制海权和戈尔什科夫的守势制海权，科贝特的制海权思想则对攻势与守势进行比较后指出，对于海权国家，攻势作为一种规律，较强的一方应该采用它，但守势亦有其特殊重要性。他结合英国海战史认为，"我们的海军史中充满由于敌方在海上采取守势以支援其在陆上的攻势，遂使我们受到欺骗和挫折的故事。我们在应付这种态势时很少成功，而只有研究守势才会有成功的希望"③。为此，他认同战略攻势配合战术守势实为有效的战争形式的观点。同时，他认为战争几乎不可能仅凭海军行动来决定胜负，否则海军必然承受压力并采取消耗方式来发挥作用。陆海军决定胜负的方式是：陆军进占敌国领土，海军使之成为可能。④

当然，在上述代表性人物以外，欧洲国家还有许多重要的海权思想家，如英国的科隆布（Philip Colomb），他提出海军战争的唯一目的就

---

① Geoffrey Till, *Seapower: A Guide for the Twenty-First Century* (Portland, OR: Frank Cass Publishers, 2004), p. 150.

② Paul M. Kennedy, *The Rise and Fall of British Naval Mastery* (New York: Charles Scribner's Sons, 1976), p. 2.

③ 钮先钟：《西方战略思想史》，广西师范大学出版社，2003，第17章。

④ Julian S. Corbett, *Some Principles of Maritime Strategy* (London: Project Gutenberg, 1911), p. 15.

是争取制海权，获得制海权则其他目的迎刃而解。[①] 法国的格纳维亚[②]（Jurien de la Greviere）、达里厄（Gabriel Darrieus）、达弗吕（Rene Daveluy）等指出，占领与维护海洋交通、击败敌人获取制海权极为重要，获取制海权的最佳途径是攻势战略和决定性海战。德国海军中将马尔灿（Baron Curt von Maltzahn）强调海洋对德国的重要性，提出制海权可用于保护贸易、对岸作战等目的，所以值得为制海权本身而展开作战行动，这是海战的决定性因素。[③] 同为德国海军中将的沃尔夫冈·韦格纳（Wolfgang Wegener）则强调地理位置的重要性，认为海上作战只受战略据点而不受海军力量的影响和人的意愿支配，应"坚持战略进攻性计划夺取战略据点，并做好战略据点的防御，开始向外扩张制海权"。[④]

传统派代表法国海军上将拉乌尔·卡斯泰（Raoul Castex）意识到潜艇和飞机等新技术应用于实践，但仍坚持认为水面舰艇兵力很重要，并指出尽管制海权程度范围在时间和空间上表现得更为有限，但制水面权对于夺取海上胜利至关重要。同时，他更强调控制海上通道（sea communication）的重要性，指出实现对具有经济和军事双重意义的海上通道的有效控制，不仅可以同海外保持联系，而且可以确保本国沿岸免遭敌方的重大军事行动的影响；[⑤] 海上行动的主要目标就是拥有使用通道的自由，而敌方则被阻止，或至少使敌方不能完全使用之。[⑥] 然而，法国也存在着主张发展潜艇、巡洋舰和鱼雷艇而非战列舰等舰船的"少

---

① Philip Howard Colomb, *Essays on Naval Defense* (London: Book on Demand Ltd., 2015), p. 190.

② 法国海军上将格纳维亚是大决战理论最早的倡导者，认为海军目的是夺取和保持大洋上的交通线，即使在纯粹的大陆战争中，控制海洋也具有极其重要的作用，哪怕这种控制仅仅是暂时的。

③ Baron Curt Von Maltzahn, trans. John Combe Miller, *Naval Warfare: Its Historical Development from the Age of the Great Geographical Discoveries to the Present Time* (London: Longmans & Co., 1908), pp. 39, 51.

④ 沃尔夫冈·韦格纳：《世界大战中的海军战略：德国公海舰队的悲剧》，罗群芳译，社会科学文献出版社，2019，第 16、18 页。

⑤ Raoul Castex, *Strategic Theories*, trans/ed. Eugenia C. Kiesling (Annapolis, MD: Naval Institute Press, 1994), pp. 30, 35.

⑥ Raoul Castex, *Strategic Theories*, p. 357.

壮派"，他们认为这些舰船灵活且不易击毁，可以有效反制巨型战舰。同时，他们主张商业战对弱势海军而言是最经济的选择，也是最易于恢复和平的选择，[①] 其代表性人物是格里韦尔（Baron Richard Grivel）、奥贝（Theophile Aube）、加尔梅斯（Gabriel Charmes）等。

第二节　制海权相关要素分析

制海权竞争、获取和行使的过程固然重要，但贯穿并影响这些过程的要素更值得重视，正是这些要素间共同的互动与作用，塑造了一国制海权的发展模式乃至最终博弈的方式。这些要素包括海权（海上力量）、政治观念、海军战略、军事技术和海战等，它们都对制海权的发展和运用产生重要影响，决定着制海权的发展态势、性质和方向。

一、海上武装力量是制海权军事意义上的核心

制海权与海权之间有着密切联系。目前，对于海权概念存在不同的表述，如"一个国家在海洋空间的能力和影响力"或"国家开发与利用海洋的综合实力"或"在海上或者自海上影响其他国家行为的能力"等。马汉认为，构成海权的三大基本要素分别为生产、海运和殖民地，而影响海权的六要素为地理位置、自然结构、领土范围、人口、民族特点、政府的性质。随着海权概念的不断演变发展，国家海权的基本构成要素体现为海权资源、海军和海洋战略以及国家的海洋能力。其中，海

---

① 杰弗里·蒂尔：《海上战略与核时代》，史常勇译，济南出版社，2021，第49—50页。

权资源包括地理资源、物质资源和观念资源。地理资源是国家海权最基础的构件之一；物质资源由海上武装力量和非武装力量组成；观念资源则是国家发展海权所需要的精神因素，即海洋观。①

经典现实主义代表汉斯·摩根索（Hans J. Morgenthau）提出，在国际政治领域，武装力量作为一种威胁或是一种潜在威胁，永远都是一个国家政治力量的最重要成分。历史和现实经验表明，强大的军事实力是支撑国家强大的"骨骼"，没有强大的军事实力作支撑，一个国家无论是在国际竞争中经济、政治博弈中，还是在文化、外交等软实力较量中，都只会处于消极被动地位。② 马汉认为，强国地位的更替实际上是海权的易手；海权的最终目的就是制海，而其必要的工具就是强大的舰队。③ 英国政治家奥利弗·克伦威尔（Oliver Cromwell）进一步指出："炮舰是最好的大使。军舰最能显示一国的军力及对利益的关切。军舰可以采取主动或有力的行动——没有其他军事力量可以提供这种机动和弹性。"④ 近代以来，舰队的数量和规模成为体现大国海上武装力量水平的标志之一。

海上武装力量是国家海权中最重要的因素，体现为海上作战平台、后勤支持体系、兵器技术、信息技术等，其任务就是夺取和保持制海权。海上武装力量的主体是海军，海军是国家海权的支柱。一个国家如果不重视发展海军，那么它当下乃至今后的利益就将陷入危险境地。⑤ 可以说，海军的发展是同国家的政治、经济目标相联系的。随着海战武器射程的增大，舰艇性能的提高，信息和制导武器的广泛使用，海战场

---

① 刘新华、秦仪：《现代海权与国家海洋战略》，《社会科学》2004年第3期。
② 任天佑：《用强军梦高高托起中国梦》，《光明日报》2013年7月30日，第10版。
③ 刘新华、秦仪：《现代海权与国家海洋战略》，《社会科学》2004年第3期。
④ 姜鸣：《龙旗飘扬的舰队：中国近代海军兴衰史》，生活·读书·新知三联书店，2012，第2页。
⑤ 詹姆斯·M.莫里斯：《美国海军史》，靳绮雯、蔡晓惠译，湖南人民出版社，2010，前言。

的空间范围变得更加广阔，进攻与防御的纵深区域得以扩大，这对海军开展海上军事行动提出更高的要求。

为适应现代化的战争需要，海军不仅彼此要提高战争中的协同作战合作程度，还要训练海军与其他军种，以及同别国军队联合作战的能力。为确保海军在新型战场上能够快速开展备战行动，海洋强国还重视海外基地的开辟、部署。建立海军基地体系为海军发挥前沿军事存在，在重要海域确立制海权提供了有利条件。在加强海上战略攻击纵深和提高远洋作战能力方面，海军基地体系可以发挥重要战略作用。21世纪的制海权争夺战将从大洋作战转向近海作战。因此，要赢得新时期制海权斗争，一国必须整合海权资源形成综合性海权，以提升海军利用海权资源遂行海上战略目标的能力。

二、政治观念决定制海权建设与行使的性质和维度

随着时代的变迁，人们对制海权的认识也在不断变化和深入，不同类型国家在发展海权和夺取制海权方面的政治观念各有差异，这决定了其制海权建设与行使的属性。正如马汉所言，政府应具有发展海权的战略眼光和对国家良好的控制力。一个将海权强弱作为国家存亡兴衰关键来认识的政府，能够对国家建立和发展海权起到决定性作用。[①] 一国政府的政治观念决定着国家政治集团开展制海权博弈的性质和程度，也是政治集团将制海权思想转化为国家战略意志的体现。

自地理大发现以来，欧洲海洋强国奉行霸权主义政治观念，在资本驱动下疯狂追求贸易利润并走向全球，同时利用不断增强的军事能力发展绝对制海权。为垄断全球香料贸易、市场和资源，他们对外推行殖民

---

① 赵峰、邹舟、姚科：《现代制海权》，第28页。

主义侵略和征服政策，占领其他国家，建立战略据点，控制重要海上贸易通道，甚至对其他竞争者展开武力式的攻掠，这使得西式制海权的政治属性从最初就具有侵略性、扩张性和排他性。19世纪末期，这些西方列强进入帝国主义阶段，政治属性越发表现出进攻性与对抗性。欧洲海洋国家激烈的制海权争夺战从未停歇，亚太地区的海战就是帝国主义掀起瓜分殖民地和建立势力范围狂潮的缩影。

与之相对应的则是秉持和平主义政治观念的国家，它们有些遭受过海洋霸权的欺凌，国家利益受损，认识到制海权对于维护国家领土主权与海洋权益，以及国际地区和平的重要性，但也意识到绝对性制海权不仅会诱发同他国之间无尽的海上对抗甚至军事冲突，还会严重消耗本国的综合实力，牺牲民众社会福祉，削弱国家在国际秩序中的地位，并可能导致国家政体的改变。他们推行和平友好政策，发展具有防御性、自卫性的制海权，旨在维护国家的海上安全与发展利益，寻求同其他国家和平共存。

政治观念也决定着国家开展制海权斗争的范围和程度。在马汉式海权理论的指导下，奉行扩张性外交的国家将海上霸权视作国家制海权发展的目标，这就促使其竭力追求制海权优势，重视发展实力强大的远洋进攻性海上力量，追求夺取和保持"全球范围内"重要海域和海上战略通道的制海权。奉行防御性外交的国家为确保本国海上安全并防御他国的海上入侵，则会选择建设规模有限的防御性海上力量，制海权遍及的范围集中在本国近海海域或对本国利益至关重要的海域，追求的是一种局部性、区域性的制海权。

政治观念还会影响制海权斗争的目标。不同政治体制下会产生不同的决策者，他们在决定制海权运用目标方面亦会有不同的战略设想，以服务于国家的政治外交战略需要。虽然制海权简而言之就是夺取并保持对海洋的控制和利用，但制海权空间上有全面制海权和局部制海权之分，时间上则有永久制海权和临时制海权之分；夺取方式有海上决战歼灭敌方舰队主力与海上封锁对方港口两种方式。可以说，选择发展何种制海权及制海权运用方式，都取决于一国政治集团的政治观念，确切地说是海洋安全观念。

三、海军战略是制海权建设与运用的军事指导思想

海军战略是一国统筹海军建设和作战计划的方略，它从属于国家军事战略。国家在军事战略的指导下，依据海上战争规律，确立海军的建设和发展、海洋领域作战和军事行动的总任务和宏观指导。有效的海军战略理应反映并能够增强国家海权的总体能力，否则将会从各方面削弱国家发展海权的努力。也就是说，国家的海军战略对于国家海权和制海权争夺的成败有着重要指导意义。近代以来的战争表明，单一的军事战略思想越来越不适应形势发展的需要，现代海战要求综合运用多种军事战略思想以达到最终的战争目的。从这个意义上讲，海军战略也是一种具有综合性质的军事战略。海军战略还会受多重因素制约而不断调整，但其战略目的则始终是掌握制海权、保持战略威慑、实施力量投送和彰显军事力量。

每个国家只要拥有海军力量，就会重视海军战略的制定，以适应现代军事技术革命和国家总体安全与发展战略的需要。每个国家因技术能力差距、财政力量不同、安全威胁来源差异和国家对走向海洋的重视程度等情况，在海军战略和海军力量发展方面都会表现出不同，这种差别也会体现至国家制海权建设与运用层面。美国在成长为海洋强国的过程中，非常重视海军战略的谋划、制定与实施，其海军战略的发展变化均旨在谋取并维持美国在全球各地区的海上优势地位。

可以说，在走向海洋的过程中，美国海军战略随着时代背景的变迁

而不断演进，但建设强大海军、追求制海优势始终是美国海军战略追求的目标。马汉以夺取制海权为中心的海军战略，成为 19 世纪后期美国制定对外政策的主要依据，也影响着同时期及此后的西方海军战略基础。两次世界大战则是美国与西方国家在海军战略指导下的制海权争夺战的具体表现。20 世纪中后期，美国海军战略不断推进军事理论的发展变革，美国依据全球海洋安全环境变化与国家战略目标需要，在应对海上挑战或威胁方面制定相应的海军战略、战役指导方针，并推进海军的现代化和制海权能力建设。

20 世纪 80 年代，为重建海上优势，美国里根政府出台"海上战略"，要求海军发挥威慑性作用，阻止敌人利用海洋发起攻击，在战争状态下防止敌人利用海洋进行运输活动，确保美国及其盟国自由地使用海洋，并可以利用海洋支援陆上作战，将战场推向敌人一方，在有利的条件下结束战争。[1] 为此，美国不断提升海军以海制陆能力、应对海上非传统安全威胁能力和前沿海上战备能力等。美国海军制海能力提升，占据海洋上的力量优势，为其利益扩张和霸权获取提供了力量支撑。美国"将利益的扩张和霸权的获取作为自身最高战略目标的战略谋划，为美国海军战略向全球扩张，建立全球霸权奠定了基础"。[2]

四、技术革命是制海权争夺方式变化的动力

仅就有限战争而言，决定战争胜负的并不主要是国家的综合国力，而是一国的军事技术能力及由技术能力决定的军事作战能力。[3] 具体至海上方向，夺取制海权的物质基础是作战力量，而作战力量的变化取决

---

① 约翰·莱曼：《制海权：建设 600 舰艇的海军》，海军军事学术研究所，1999，第 152 页。
② 冯梁主编《亚太主要国家海洋安全战略研究》，世界知识出版社，2012，第 5 页。
③ 张文木：《科索沃战争与中国新世纪安全战略》，《战略与管理》1999 年第 3 期。

于武器装备的发展,[①] 而装备和火力又取决于当时新技术的应用。制海权诞生以来，走过桨船舰队时代、风帆舰队时代以及蒸汽铁甲舰队时代。造船技术的变革，舰艇吨位的增加，远程航海作战技术的出现，海上机动性和远距离纵深打击能力的发展，装甲舰、战列舰和巡洋舰等大型海军装备的涌现，为西方国家走向远洋争夺制海权提供了物质条件。伴随火炮技术在海战中的大规模运用，战列舰海上决战和海上封锁成为制海权争夺的主要方式，并且海洋国家最早形成相对于陆上国家的制海权优势。

第一次世界大战期间，航空技术和潜艇力量的发展推动新一轮军事变革，丰富了制海权的本质内涵与作战维度，在第二次世界大战中也发挥了巨大的作用。德意日轴心国采用飞机配以坦克集团军、高度机动的大纵深地空一体化作战，以及潜艇在水下控制海权的新型作战方法，在欧亚地区获得先发制人的胜利。[②] 战后，海战装备逐渐形成以潜艇、水面舰艇和舰载机为主体的力量格局。20 世纪 50 年代，核技术的应用与扩散，飞机、导弹及计算机技术的发展，直接推动潜艇、巡洋舰和航空母舰的核动力化，高超音速海军飞机、垂直/短距起降飞机等先进机型的装舰。与火炮相比，从多平台发射的常规导弹与核导弹的射程更远，火力更强。这些改变了传统马汉时代主力舰队海上决战的情况，扩大了海战场的空间维度和广度，也使得对陆攻击成为海军核心任务，即战略任务是用潜艇发射导弹，战术任务是用舰载机实施攻击。[③]

20 世纪 70 年代，军用卫星、数据链通信、相控阵雷达、水声监视系统、超低频对潜通信、电子信息技术和电子计算机广泛应用，海军武

---

①　赵峰、邹舟、姚科:《现代制海权》，第 132 页。
②　张文木:《世界军事技术革命与中国未来安全战略》，《中国国情国力》1996 年第 6 期。
③　D. J. Kershaw and Laurence W. Martin, *The Sea in Modern Strategy* (London: Chatto & Windus, 1967), p. 10.

器装备进入电子化、自动化和系统化时代。① 该时期苏联大量新式武器诞生，其规模和能力也迅猛发展，直逼美在全球范围内的制海权优势。这轮军事革命在 80 年代逐步走向深入，"制信息权""制电磁权""制太空权"等新的作战制权理论涌现。这些新的制权论既是新军事变革催生的产物，又为新军事变革的深入发展注入了生机与活力。② 这些制权既有其相对的独立性，又存在相互关联性，在海战中构成制海权争夺的重要支撑。可以说，夺取海战场主动权越来越依靠这些制权的密切配合。任何制权能力的不足，都足以影响整个战场局势的走向，而这些制权能力均有赖于技术的创新与转化。

五、海战是制海权博弈的最高形式

对于海战与制海权两者间的关系，戈尔什科夫与科贝特认为，制海权不是海战的终极目标，而是"创造某种前提条件的一种手段，以利于海军兵力和兵器于某一具体时间、在规定的海战区内顺利执行某些任务"。③ 海战是夺取制海权的最高形式。在海战中，获取制海权的一方意味着享有战略主动权，可以自由选择时间、地点和规模发动海战，使敌方无法集中优势兵力应对；可以切断敌方海上运输交通线，使其经济陷入困境之中；可以阻止敌方取道海洋侵入己方本土，并对敌方施加不同的压力和威胁，形成对本国安全有利的局面。此外，进行海战也是为了影响陆地事务，制海权是保障海军成功遂行主要任务的关键要素，其重要性不言而喻。

---

① 赵峰、邹舟、姚科：《现代制海权》，第 133 页。
② 《世界新军事变革浪潮催生全新的"制权"理论》，《中国国防报》2003 年 9 月 11 日，第 3 版。
③ 谢·格·戈尔什科夫：《国家海上威力》，第 289 页。

制海权能适应所有目的，包括保护贸易、对海岸作战等在内，所以无论何时何地，或为何种目的，制海权本身都值得一战。[①] 正是基于这些战略收益，大国无论是从战略高度还是战役全局，都注重通盘考虑海战的运用，积极争夺制海权则是海上作战的根本原则，也是海军保持行动自由的关键。毛泽东说过，行动自由是军队的命脉，失去这种自由，军队就接近于被打败和被消灭。[②] 无论战时还是平时，海军都要确保在海上的行动不受阻碍或拦截，否则就会被排斥于海洋之外，无法执行海上作战任务，更无力维护国家的领土主权安全和国家海洋经济发展。

海军为海战而生。海洋是一个贯通的巨大水域，对任何局部海域的控制以实现海上行动自由，都必须通过激烈的争夺。在大国无法就海域控制达成妥协的情况下，海战往往成为解决利益争夺的最终方式。不同于陆战，海战的性质更为激烈，海上胜负没有折中的可能，因为防御与攻击所需要的并无差异，仅当甲方丧失安全时，乙方始能获得安全，否则双方都不安全。[③] 同时，海战不同于陆战之处就是目标的有限性，它不以征服敌方领土为目标，而是旨在发挥辅助性作用，通过封锁、围堵、摧毁或挫败敌方海上相关力量，为其他军种排除障碍以实现陆上目标。

总体来讲，海战主要是通过海上打击的方式，阻止敌方使用海洋的自由，达成己方自由利用海洋的目标。海上打击可以包括海上舰队以决战方式歼灭敌方海军作战力量，控制海上交通要道，占领海洋岛屿，进而摧毁敌方陆上海军基地、沿海机场、港口，夺占敌方前进基地等重要目标。这些既是为获取制海权创造条件，也是影响大国地区政治利益安

---

① Baron Curt Von Maltzahn, *Naval Warfare: Its Historical Development from the Age of the Great Geographical Discoveries to the Present Time*, p. 121.

② 刘一建：《制海权与海军战略》，国防大学出版社，2000，第 13 页。

③ 赫伯特·罗辛斯基：《海军思想的发展》，钮先钟译，黎明文化事业公司，1987，第 6 页。

排的因素之一。海战中的弱势一方真正夺取制海权比较困难，唯有采取积极有效的作战手段和方法破坏敌方的制海权，通过正确地运用海军等综合作战力量和军事战略战术，在某一海区与敌方争夺制海权，获取己方海上行动自由，并积极寻找有利战机，逐步改变海战战场态势，阻止敌方拥有全面制海权，最大限度地争取对己方较为有利的结果。

因此，通过对上述制海权相关要素的认知，可以更好地理解制海权发展变化及其运用的时代特性与战略属性。一方面，随着海权构成要素在不同时代环境和技术条件下的变化，影响制海权建设与行使的要素也会有所不同，继而使得制海权博弈的外在表现形式随之改变，并对当时的国际地缘政治格局产生影响；另一方面，制海权争夺的本质特征从未改变，就是在战时确保己方海上行动自由，阻止敌方对争夺海区的自由利用，并夺取海战的胜利以实现本国的政治、军事目标。

第三节　地缘战略视域下的制海权博弈模式

根据维基百科的定义，地缘战略是地缘政治学的分支学科，讨论地理的形态、位置与国家实力对于国家外交政策战略的影响。百度百科则将地缘战略视为地缘政治，认为其是现代国际关系中最重要的战略理论，源于古希腊著名军事家政治家狄米斯托克利（Themistocles），后由20世纪英国地理学家哈尔福德·约翰·麦金德爵士（Sir Halford John Mackinder）提出的"世界岛"理论发扬光大，奠定"地缘战略学"的理论。柯林斯·格雷（Colin S. Gray）和杰弗里·斯劳恩（Geoffrey

Sloan）则将地缘战略理解为"国际体系中权力与地理环境间的关系"。①
中国学者程广中指出，"地缘战略就是利用地缘关系及其作用法则谋取
和维护国家利益的方略"。② 在大国制海权军事竞争与武力夺取进程中，
地缘战略因子始终充斥其中，影响着大国海洋安全战略与政策的制定以
及国家利益的界定。

一、海洋地理条件于制海权争夺的重要性

新航路的开辟对世界地缘政治产生重大影响，将欧洲商路和贸易中
心从地中海区域转移至大西洋、太平洋沿岸，从而将海洋与陆地联系起
来。地理条件作为地缘战略的核心组成，是影响大国制海权竞争的重要
因素。地理条件并不必然导致海军扩张，但它会制约或成为海军扩张的
助手，影响扩张的有效性。③ 因此，我们需要将制海权置于基于地理条
件的地缘战略框架下分析，才能更好地理解地缘战略对海权国家间，以
及海权与陆权国家的制海权争夺的影响。

海洋国家重视海洋地理条件对国家安全和经济发展的影响。④一个国
家在进行战略筹划时必须充分考虑海洋地理条件的优劣，这关乎国家争
夺制海权的成败。一般来说，海洋国家拥有先天的地理优势，它可以集
中国家的优势资源发展海上力量，展开制海权竞争，不断拓展海外利
益，以满足国内发展的需要，甚至在全球范围内确立海洋强国的地位，
不像陆上大国始终面临着陆地安全威胁。陆权国家发展海权直接面临着

---

① Colin S. Gray and Geoffrey Sloan（eds.），*Geopolitics, Geography and Strategy*（London: Frank Cass, 1990），pp. 7-8.

② 程广中：《地缘战略论》，国防大学出版社，1999，第 16 页。

③ Perter Dutton, Robert S. Ross and Øystein Tunsjø（eds.），*Twenty-First Seapower: Cooperation and Conflict at Sea*（London and New York: Routledge, 2011），p. 18.

④ 刘一建：《制海权与海军战略》，第 25 页。

地理条件的劣势，既要面对陆上敌国或海洋国家联合陆上盟友发起的安全威胁，又要协调平衡国内陆海权发展的关系，从而决定发展何种程度的海权以及在实现国家海权目标过程中，为获取海上行动自由而需要争取多大范围的制海权。

同时，海洋地理条件是影响制海权争夺的客观、稳定和持久要素。海洋国家可以依据地理条件与政治战略确立符合国家安全的理论，为其加强对陆地国家沿海、近海海域控制，进而遏制心脏地带国家走向海洋提供指导思想。陆权国家则要为维护其合法使用海洋的权利和本国海洋安全，根据本国海洋地理条件制定相应的安全战略，防止海权国家对其利益的侵害。这就促使陆海国家对于一定海区控制权可能展开争夺从而进行战略博弈。

从历史上看，无论是海权国家还是陆权国家，都会通过占领有战略价值的岛屿或陆地，创造于本国有利的地理条件。在实现海权崛起的过程中，海陆国决策者常常考虑如何构筑有利的海上地理条件为本国开展后续行动服务，它们通常采取突袭、侵略、占领或协议等方式塑造海上地理环境。海洋上的岛屿、重要海峡和航道交通线始终是海上作战必争的重要目标。通过在岛屿上部署军事力量，可以将其打造为舰队的军事攻防基地或后勤补给基地等，扼守海上交通线并控制周围海域；在海峡水道部署兵力，战时可以实施封锁或打击，阻止敌方舰艇或海上运输船只通过，平时可以严密监控其通过和机动调整情况。

19 世纪末，亚太地区具有地缘战略重要性的国家或岛屿，都成为西方列强为确立海上优势地位而积极追求的目标。例如，美国此时从战略层面审视在亚太地区的利益，占领太平洋上的诸多岛屿或国家。1868年，美国占领中途岛，将其打造为通往中国的海军驻地。1898 年，美国发动美西战争，实现对菲律宾的占领，阻止日本或德国对菲律宾岛屿的侵略。美国在获取夏威夷岛后占领关岛，并将其作为夏威夷与亚洲之间的加煤站（coaling station）。1899 年，美国攫取南太平洋萨摩亚东部群岛，吞并威克岛。这些岛屿构成美国西太平洋的重要战略资产，成为美国决策者推行亚太战略确立海上优势时的战略依托。

日俄战争后期，日本在对马海峡掌握了绝对制海权优势，当俄罗斯的波罗的海舰队增援旅顺分舰队时，遭到日本舰队的歼灭。太平洋战争中，美军通过系列海战控制了通往日本本土的海峡水道，从海上封锁了日本赖以生存的海上通道，使其军工产业陷入停顿，加速日本帝国的崩溃。20 世纪 80 年代，美国在与苏联争霸过程中为确立制海权优势地位，提出掌控世界 16 个具有战略价值的咽喉航道（即海峡与水道）。

可以看出，岛屿、海峡和水道构成地理条件的关键性要素，对于制海权争夺战的影响极其重大。对于弱势海权国来说，控制具有战略价值的岛屿、海峡和水道，并结合正确的作战战术的话，在制海权争夺战中可以避免最坏结果的出现，获得一定程度的海上行动自由，给对方施加更大的成本以争取事态反转的可能性。对于强势海权国来说，控制具有战略价值的岛屿、海峡和水道可以成就其海洋扩张目标，剥夺敌方使用海上战略通道的自由，战时的封锁、拦截都将会对依赖海上运输的对手造成破坏性甚至致命性打击。

应该说，西方制海权的争夺具有深刻的历史影响和世界意义，这与国际地缘政治是分不开的。太平洋特殊的地理条件赋予亚太大国制海权博弈特定内涵。太平洋海域岛屿众多，且有着重要的战略价值，其中，在地理上毗邻大陆的岛屿最为重要。在这些岛屿建立基地可以对大陆国家形成封锁与围堵，不但限制着大陆国家向海外投送力量的能力与范围，还能够封锁对方走向海洋的通道，对其施加最为直接的军事威慑。立足这些岛屿基地并在其周围海域确立起有效制海权，便能实现海洋国家对陆地事务的影响。为此，选择具有地缘优势的岛屿作为军事基地是大国确立制海权优势的关键。

东亚地区，日本、中国台湾和菲律宾具有四周环海的岛屿特征，地缘战略位置在对大陆国家施加影响方面优势突出，作为以海制陆的军事存在，能够影响或左右地缘政治变化和海战战场制海权争夺态势。日本的地缘战略位置不仅成就日本的海权崛起，也对确立和维持冷战时期美国的东北亚制海权优势发挥着关键作用。19世纪末20世纪初，俄罗斯不断向远东地区扩张，寻找太平洋不冻港，进而与不断扩张海权的日本发生冲突。俄罗斯战败后，日本获取在东北亚的制海权优势，关闭了俄罗斯进出东亚边缘海的通道。冷战时期，日本与居于支配性地位的海洋强国美国建立同盟，控制着苏联进出公海的宗谷海峡、津轻海峡和对马海峡，必要时可以关闭途经这些海峡的重要通道。同盟关系也为二战后美国的"岛链战略"提供基地便利，冲绳集中着美国驻日本军事基地的75%，成为美国推进西太平洋战略的关键。[①]

台湾的地缘战略地位重要，既是中国抵御海上入侵、进出西太平洋的关键门户，也是连接东北亚与东南亚至印度洋的海上通道，从而成为列强在东亚地区争夺的对象。无论是欧洲列强还是日本，都在不同时期觊觎过台湾。继荷兰之后，日本也看到台湾的战略重要性，在甲午海战之后攫取之，将其作为南下、西进发动侵略的战略据点。解放战争之后，国民党蒋介石政权退守台湾后，美台签订"防御条约"，美国得以在台湾驻军，将台湾纳入遏制中国新生政权、分裂中国领土完整的"岛链战略"。时至今日，美日仍利用台湾的地缘战略位置干涉中国内政，支持岛内"台独"势力妄图"以台制华"，阻挠中国的和平统一大业。"台独"势力和外部干预势力仍是中国确立台海制海权优势、建设海洋强国道路上的最大障碍。

菲律宾为东亚重要的海上枢纽，全世界超过一半的航运货物和80%

---

① Robyn Lim, *The Geopolitics of East Asia: The Search for Equilibrium* (New York: Routledge, 2003), p. 8.

运往日本、韩国的原油经过此处。其战略重要性不言而喻，马汉就曾经吹捧菲律宾"狭海"（narrow sea）的重要性。20世纪，菲律宾作为美国空军和海军的物流节点和东亚与东南亚之间的战略枢纽，在美国的亚太战略中发挥着重要作用。冷战结束后，美国被迫从菲律宾军事基地撤出，也使得美国在东南亚地区海空权力优势的基础遭到削弱，但美国从未放弃在该地区施加军事影响的努力，通过多种方式加强与东南亚国家间的军事安全合作。美国以南海问题为抓手，获得重返菲律宾军事基地的权利，并将其作为扩大南海军事影响力，抗衡中国海上力量发展对其海上航道"安全威胁"的前沿基地。

由此可见，具有地缘优势的岛屿基地可以助力国家海上力量发展并形成强大的制海权优势，服务于军事、政治目标的实现。当然，一场制海权争夺战是由多重因素决定的，岛屿地缘优势只是因素之一，且在夺取制海权过程中也不能发挥决定性作用，但如果拥有岛屿并实施有效控制，一国便在岛屿周边海域占据相对于对手的地理优势，并可以此为据点向外投送军事能力，提升海军作战的有效性，为最终获取制海权奠定基础。可以说，远海基地可以为舰队拓展作战范围，提高作战有效性，并限制竞争者行动自由；基地前沿军事存在也有助于将海军能力转化为政治影响力。[①]

二、大国制海权博弈范式：海、陆视角的比较

一国行之有效的地缘战略取决于对地缘利益的明确界定、对地缘威胁的恰当判断和对地缘手段的准确设计。由于不同国家所处的地缘环境存在差异，不同历史时期对于地缘利益确定、地缘威胁排序和地缘手段

---

① Peter Dutton, Robert S. Ross and Øystein Tunsjø（eds.），*Twenty-First Seapower: Cooperation and Conflict at Sea*, p. 28.

设计也存在着差别，国家地缘战略也因此存在着鲜明的主体性特征。[1]海陆国家的地缘战略有差异性，在制海权博弈中也各有其特殊性。

1. 海陆国家间制海权博弈：海权国家的视角

以海制陆是海权国家运用海权的基本形式。海陆国家制海权博弈，主要是在拥有海上霸权的老牌海洋强国与陆上致力于发展海权的新兴强国之间展开的。一般而言，老牌海洋强国对于新兴陆上强国发展海上力量会表现出极大的不安。这主要是因为新兴的陆上强国可以将舰队航行至距离该国较近的海域，再以战舰为平台发起攻击或登陆作战。无论在战列舰主宰海洋的时代还是在今天，海军都具有最强大的跨海性远程力量投送能力。对于老牌海洋强国来说，新兴海洋强国发展海军就会对海洋霸主的地位和利益构成挑战。

在海洋霸权国看来，新兴强国大力扩充海军不仅表明其已着眼于推行世界政策，还对可能发生的新老强国对抗已做好心理准备。原因有以下四个方面：第一，新兴强国发展远程投送能力，不仅是在领海之外拓展行动空间，而且已认可在境外动用军事力量的可行性；第二，陆上强国在低起点的基础上大力发展海军，表明该国的军备政策和对外战略将发生"革命性"变革；第三，陆权国发展海军会寻求国内政治支持，并对它的海外或全球性利益、现实或潜在的敌国（一般首先是海上霸权国家）威胁，以及海军力量的政治作用进行国内宣传和动员；第四，如果新兴强国使用海军对海外国家施加军事压力，易使海上霸权国家认为新兴强国正在启动更为积极和进攻性的对外政策。[2] 这些原因使海洋霸权国家对新兴强国发展海军的意图警觉，也会促使其严肃思考新兴强国对

---

[1] 潘忠歧：《地缘学的发展与中国的地缘战略———一种分析框架》，《国际政治研究》2008年第2期。

[2] 梅然：《海军扩展与战略稳定：从英德竞争到中美关系》，《国际政治研究》2007年第4期。

其海洋霸权产生的影响和后果。

由于新兴强国没有直接表明，自身发展海军旨在挑战或威胁海权霸主国的地位和利益，而是强调发展海军的合理性和防御性等特性，霸权国只能对新兴强国发展海军的态势保持警惕并表示持续关注。霸权国会将新兴强国视为军事安全上的敌人，启动加强自身军备的措施，展开全球或区域力量部署，强化协调与盟友或伙伴国间的关系，缓和与其他竞争对手的政军关系以实现应对新兴强国的资源配置。同时，霸权国会为防止与新兴强国发生各类突发事态而预先制订作战计划，支持新兴强国国内政治中的反对派，但也会与新兴强国保持沟通与谈判，以对其战略意图和能力作出判断。

然而，在现实政治中，海洋强国针对陆权国家的海权运用方式也会遭遇内在困境。海洋强国与新兴陆权国家开展制海权争夺战时会与陆上国家结盟，这就会出现两种情况：一种是与新兴强国发生热战的情况。海洋国家保持海上优势的同时，会对陆上盟友提供军事支持，但这种陆上支持的程度不等。如果海洋强国向陆地战场投入更多的部队，其就无法发挥海上战舰决战的优势。第一次世界大战中的英国就曾面临这种考验。另一种是与新兴强国发生冷战的情况。这就涉及海洋强国是将资源投入陆地增强陆上威慑力量，还是应该将更多的资源投入海军，确保发挥制海权优势，开展对陆行动支援，如冷战时期的美国在构建对苏海上战略时国内就出现过这种争论。

不管如何，面对陆权强国走向海洋的情况，即便是对近海海域发展制海能力，海权强国也会将此视为对其"海上航行自由"的阻碍，更是对它的海上力量优势和长期海洋安全秩序主导权形成的挑战。从海陆大国制海权博弈历史看，具有代表性的就是英美与德苏之间的竞争，尽管博弈方式存在着热战与冷战的不同，但海权强国均是以对抗的方式应对陆权国家发展海上军事能力。海上决战、封锁和以海制陆等构成海权强国博弈的主要方式。尽管美苏之间达成《防止海上事件协定》，为双方避免因制海权竞争发生冲突建立起有效的危机管理机制，但这没有能够从根本上改变海陆国家权力对抗的本质。

2. 海陆国家间制海权争夺：陆权国家的视角

相较于海权国家优先发展强大的制海力量，陆权国家则由于重视优先发展陆权等原因，其制海力量先天弱于海权国家，它们要夺取制海权面临着更大的困难。在应对海洋强国施加的压力问题上，英国的科贝特认为，物质上较弱的陆权国家，可以采取间接的、适度的战略实现本国的目标。[①] 法国海军上将卡斯泰（Raoul Castex）则提出，采取多种形式的有限进攻作战，或许可以迫使优势敌人分散兵力成为薄弱之敌，进而各个击破。飞机能够扩大劣势方海军的战略进攻能力。[②] 苏联新学派则推出近岸海区"小规模战争"论，认为运用潜艇、水雷和飞机协同作战可保护国家海岸线免遭外敌侵犯，并在紧急情况下尽最大可能对陆军进行最有效的直接支援。

因此，二流海军的陆权国家如何同海权国家展开制海权争夺也始终是战略界关注的议题。德国、苏联作为陆权国家的代表，在其对外扩张进程中，也出现了关于制海权争夺的相关理论思想。

（1）德国的制海权争夺范式

德国作为陆权国家的典型代表，在崛起过程中其公海舰队同老牌海权国家发生过多起海战。第一次世界大战前，德国公海舰队吨位位居世界第二。对于制海权争夺的迷恋导致德国的战败和海上力量的衰落，但

---

① Thomas M. Kane, *Chinese Grand Strategy and Maritime Power* (London: Frank Cass Publishers, 2002) , p. 50.

② Raoul Castex, *Théories Stratégiques* (Paris: Société d'éditions géographiques, 1929) , pp. 149-151.

同时，也催生了德国战略界对于海战目标、海上通道与制海权等关系的研究。

德国公海舰队之父、海军上将阿尔弗雷德·冯·提尔皮茨（Alfred von Tirpitz）提出著名的"风险理论"，试图发挥德国"存在舰队"[①]的威慑作用，认为德国需要发展一支强大的海军，足以对拥有优势海军的国家造成一定程度的损害，迫使对方在进攻德国之前考虑可能产生的战略后果，最终不得不放弃对德国用兵。[②]"风险理论"是提尔皮茨在德国劣势海军没有与对手相匹敌的军事力量，无法直接通过正面军事对抗方式实现安全情况下的一种尝试。这种理论是建立在英国对德国沿海进行近距离封锁，德国则计划在主力决战前展开伏击战实现兵力均势的场景上的，但事实证明这种基于"风险理论"的"存在舰队战略"对德国没有任何作用，也没有让德国成功挑战英国的海军优势。德国在日德兰大海战后便放弃了该战略。

1926年，德国海军中将沃尔夫冈·韦格纳（Wolfgang Wegener）在其著作《世界大战中的海军战略：德国公海舰队的悲剧》中，主张海军要学会用世界政策的眼光看待世界事物，海军作战计划要从地理角度制订，不考虑舰队的强弱。劣势海军不可能夺取制海权，但可以"采取战略性进攻策略改善自身不佳的战略据点"，"向外扩大制海权的范围，以及攻占和保卫通商要道"，"通过地理攻势改善德国战略环境、建立有战略地位的海军基地网络来确保德国通向大西洋的门户"，并指出对一个没有战略价值的地理位置进行防御是毫无意义的，[③] 其理论研究对德国

---

① J. R. 瑟斯菲尔德（J. R. Thursfield）认为，"存在舰队"是指战略上无法夺得制海权，但可以利用足够的力量进行战术运用，进而阻止对方取得制海权的舰队。

② Yiding Liu, "The Failure of the Risk Theory and the Tirpitz Plan: An Introduction to the Reasons Behind," *The Frontiers of Society, Science and Technology* 2, no. 14 (2020): 160-170.

③ 沃尔夫冈·韦格纳：《世界大战中的海军战略：德国公海舰队的悲剧》，罗群芳译，社会科学文献出版社，2019，第8、10页。

海军复兴和海军战略指导思想产生重要影响，新的德国海军学派也由此形成。

不过与他同时代的德国军事思想家罗辛斯基认为，"韦格纳理论充满情感性表达（emotional appeal），忽视一战中的现实情况，这会引发误解。韦格纳通过对一战海军战略的讨论，提出控制海上通道是海军战的终极目标，但他的分析反而强化了'制海权'这一传统目标的重要性。'制海权'本身不再是目的，其重要性在于其是有效实现终极目标必不可少的手段。韦格纳没有形成完备的理论，这可能会导致（制海权作为）手段被忽视，从而将控制海上通道的目标独立于，甚至同制海权相对立起来"。① 据此，他提出海战中丧失制海权争夺能力的一方，实际上无法应对敌方的攻击，而且也没有改变这种局面的希望。他批判韦格纳海军思想过于重视战略位置，却对德国海军兵力的根本劣势重视不够。

尽管如此，20 世纪 30 年代韦格纳对于德国海军思想和战略的影响巨大。德国海军上校冯·哈尔茨（von Waldeyer Hartz）发表题为《未来海战》（Naval Warfare of Tomorrow）的文章，将"控制海上通道"的新目标与追求制海权的传统方式相区隔，认为今后的海军战略是防守和攻击贸易，制订作战计划不应再纯粹出于军事考虑。贸易战（trade warfare）将是未来海军作战的主要形式。海军战略的目标是，在最大限度地考虑自己武装力量的情况下，使得敌人的商船无法行动，或者更好地摧毁它们。作战不再是针对敌人的武装力量，而是针对敌人的经济资源。②

罗辛斯基批判德国新海军战略学派完全无视制海权在海军防御中的

---

① Mitchell Simpson Ⅲ（ed.），*The Development of Naval Thought Essays by Herbert Rosinski*（Newport, Rhode Island: Naval War College Press, 1977），pp. 59-62.

② Mitchell Simpson Ⅲ（ed.），*The Development of Naval Thought Essays by Herbert Rosinski*, pp. 63-64.

核心功能，错误地将制海等同于对敌方军事力量发动军事攻势，认为未来的海军作战是以护卫攻防的形式相互进行贸易战。[①] 不管怎样，作为陆权国家的德国在经历一战之后，攻势重心发生转向，从与敌方武装力量进行战斗的战略转为从事贸易战的新战略。新战略认为应避免同敌方武装力量发生冲突，采用战列舰、巡洋舰、潜艇和飞机对敌方商船队进行全力攻击，"不是为虚幻的军事优势而战，而是为控制海上通道而战"。[②]

（2）苏联制海权争夺范式

苏联领土广阔，陆地防御成为国家安全防卫的重心，其出海口间距离较远，并受制于周边国家的海上围堵，海军发展相对滞后于陆军的发展。这决定了在相当长时期内，苏联海军主要任务是支援陆军和保卫国家的海防。苏联海军战略总体保持防御性，制海能力无法与同期的其他海权强国相比拟。苏联始终面临着来自海上强国的安全挑战与威胁，直至 20 世纪 50—60 年代，苏联开始致力于大幅改善海权上的劣势。

戈尔什科夫作为苏联现代海军的第一缔造者，早期在黑海和太平洋舰队服役，战争结束后不断得到晋升。这些为戈尔什科夫形成苏联式的海军思想与实践提供坚实基础。1967 年，戈尔什科夫被授予"苏联海军元帅"军衔，他不断强调海军的全球使命，以及海军对国家核战略的贡献，提出建造大型导弹驱逐舰发展计划，确保水面舰艇在未来海军发展中的地位和作用。他的两部著作《战争年代与和平时期的海军》《国家海上威力》阐述海权重要性和海军特性，为苏联制海权发展范式提供理论支持。

相较于德国制海权发展的目的主要是应对热战，进入核时代的苏联则面对的是在全球范围内争夺世界霸权的冷战。一方面，苏联不仅要成

[①]　Mitchell Simpson Ⅲ（ed.），*The Development of Naval Thought Essays by Herbert Rosinski*, p. 65.

[②]　Mitchell Simpson Ⅲ（ed.），*The Development of Naval Thought Essays by Herbert Rosinski*, p. 66.

为陆上强国，还要通过持续加强海上力量而成为海上强国，削弱美国在全球各大海域的制海权优势。苏联核能力的运用极大地提升了其海军能力，也使其超越了以往地理条件的限制，可以在全球主要大洋建立军事存在和影响力。值得关注的是苏联建立的水下战略核能力足以对战略竞争对手形成战略威慑。

另一方面，苏美冷战格局带来的长和平，也使得苏联的制海权建设与行使具有和平时期的特性。戈尔什科夫强调和平时期的海军运用，即海军在和平时期能够远离本土、展示力量和成就支持国家的政策。确保军舰的全球航行和港口访问，以及高效的商业保护行动，是有效发挥和扩大海军影响的方法。同时，戈尔什科夫从海洋经济角度强调发展海军的重要性，认为苏联作为世界大国，拥有较大的海洋经济利益，无法接受西方列强长期保持海上优势。在海洋成为核武器发射场，并且海军能够摧毁苏联政治经济中心的情况下，海军实力强弱事关国家生死存亡。①

戈尔什科夫注重"均衡舰队"的建设。他基于对世界大战历史研究和苏联地理安全环境的科学分析，认为潜艇兵力在防御和进攻中充分发挥战略作用必须依赖高性能的水面舰艇和航空兵力的支援与配合。这些支援力量能在和平与战时执行广泛任务。然而，即便在苏联海上力量发展鼎盛时期的 20 世纪 60—70 年代，虽然其部分舰艇规模大于美国，但苏美军事力量并没有发生绝对性的逆转。无论是戈尔什科夫还是西方战略界，基本上还是接受苏联海权具有防御特性的看法，原因之一就是苏联虽然建有水面舰艇并提高了自卫能力，却没有建立起与美国相匹敌的进攻性航空母舰力量。

总体来说，海军实力居于劣势且按常规方法无法夺取制海权的陆权国家在与海权强国斗争中必须解决好有效利用有限资源的问题。海权劣

---

① 杰弗里·蒂尔：《海上战略与核时代》，史常勇译，济南出版社，2021，第 93 页。

势的陆权国家都没有将建立实力均等的海上力量，夺取绝对制海权视为战略目标。它们多数采取"存在舰队战略"，具体表现为：谋求一定实用程度的制海权，采取避免决战的迂回路线；利用处于劣势的海军力量在海上展开某些有效行动，比如攻击敌人的海上贸易或海岸地区，但并不追求最终打败对方的主力，目的仅是获得部分积极的战略性好处；追求的目标本质上是消极的，主要方式为通过不断骚扰和规避行动等，以削弱强敌方充分享受其海上优势的能力；为了让弱势海军能够继续存在下去而展开某些作战行动。①

也就是说，如果行动冷静且处置得当，劣势海权的国家即便实力有限，也可以发挥出远超其作战能力的战略性影响。劣势海权国家通过发展一支有效的作战舰队，能够防御敌人的进攻行动，威慑敌人完全控制局部海区的意图。陆权国家拥有劣势海权并采取防御性作战，能够牵制、打破乃至阻止竞争对手夺取绝对的制海权，进而达到遏制优势海权国侵犯本国安全利益的目标。当然，该战略实施的成功与否有赖于执行战略时的主观能动性，以及超越单纯生存下去的追求的战斗精神。

一般情况下，劣势海权的国家倾向于采取防御性战略，但并不意味着它们会始终消极防御，因为消极防御会影响军队战斗精神和执行战略的能动性。在出现进攻良机的情况下，消极防御只会加剧海权劣势国家失败的可能性。为此，劣势海权国家有时须采取积极防御战略占据主动，必要时对敌方的核心利益和重要战略据点构成威胁，阻止强大的敌方集中优势兵力，同时要避免自身战舰的分散，迫使对方分散武装力量，并对敌方分散的舰队发起攻击。

---

① 杰弗里·蒂尔：《海上战略与核时代》，第147—148页。

第三章

美日制海权争夺与东亚海洋秩序

对于海洋国家来说，制海权意味着拥有强大的作战舰队控制海洋或威慑敌人；抵御海上侵略；保护海上贸易；封锁敌人近岸；开展联合行动；进行战略轰炸。① 近代以来的国际关系史是一部西方列强在全球展开的争霸史，海洋国家在这场争夺利益的战争史中扮演着主要角色，它们独领风骚、称霸全球的主要原因就是拥有强大的海权、进攻性海军战略，并采取激烈的海战方式争夺制海权，依据本国战略利益影响地区海洋安全秩序，实现对战略竞争对手的全方位制约。

第一节　美日制海权思想的形成

无论是摆脱英国殖民争取独立、保护海外贸易运输通道的美国，还是面对西方列强海上叩关，维护国家主权独立的日本，作为后起的海洋国家，都深刻认识到建设强大海权的重要性，以及制海权争夺失败的严

---

① Clark G. Reynolds, *Command of the Sea: The History and Strategy of Maritime Empires* (New York: William Morrow Company, Inc, 1975) , pp. 12-13.

重后果和对于国家历史发展进程的影响。美日都采取拥抱并重视海权和制海权建设的立场，走上对外殖民扩张与掠夺的道路。它们的制海权思想兼具相似性与差异性。

一、马汉海权论的诞生与美国制海权思想的形成

19 世纪末，国内外形势的发展推动美国海军战略的转型，也呼唤新的海权思想的诞生。当时，美国孤立主义思想影响力颇大，坚持认为应以海洋为天然屏障，避免国家卷入海外纷争。然而，此时世界范围内各国海外贸易迅速扩大，列强掀起瓜分世界的狂潮。"美国在国内完成从大西洋到太平洋的开拓进程，经济实力迅速扩张，急需扩大海外市场"，[①] 以本土防御为主的海军战略，已不能够适应国家发展的现实需求。走出本土防御战略思想的窠臼，从陆地扩张走向经略海洋，要求美国拥有强大的海上权力，为美国的海外利益保驾护航，开疆拓土。

美国制海权思想源于马汉海权论。马汉海权论直接影响并决定了美国制海权的本质特性。社会达尔文主义式的认知模式主导着美国政治家的思想和行为。马汉是美国著名的海权战略家，在其观念中，国家生存不是静态、消极的过程，而是犹如人的机体，成长发展才是健康的生存状态。他在认识到英国强盛源于对海洋不受约束的控制，法国的衰落归咎于对海权的忽视这一历史经验之后，提出国家的繁荣与海权之间有着密切关联，而海权的运用方式即制海权的行使则是国家贸易不受阻碍、经济持续繁荣的保障，甚至决定着国家的命运。

---

① 刘新华、工立坚：《马汉与科贝特海权思想比较研究》，《亚太安全与海洋研究》2018 年第
1 期。

在马汉看来，海权是国家权力和财富的首要物质因素。[①] 海权的军事运用可以为国家带来财富和权力，也会造成国家的衰落和权力的减损。美国要获取商业优势，不受限制地利用世界资源，就必须争夺制海权，控制海洋，消灭敌人的舰队。舰队决战是决定谁控制海洋最有效、最便捷的途径。在海上，进攻是最好的防御，[②] 也是大国制海权争夺的主要方式。最终摧毁敌国舰队或者完全控制敌国舰队夺得制海权不仅可以维持本国海上交通线安全，威胁敌国的海上贸易，而且必要时为监督中立国的商业活动提供了手段。

同时，马汉认为，制海权只能通过拥有作战舰队来得到，这也是海军成功的关键。[③] 在权衡速度与火力之后，他提出，火力更为重要，重型舰艇、战列舰及主力舰是舰队力量的核心。此外，集中主力对于海战的胜败具有至关重要的意义。在广阔的海洋上，实现舰队决战的最有效方式是将舰队集结在决定性地点，无论何时舰队都不应该分散或者分开。[④] 马汉的海权理论对美国决策者发展制海权优势、推行扩张主义政策提供了指导思想。可以说，马汉海权理论在近代列强瓜分世界的弱肉强食时代，得到了最大限度的应用。它构成美国制海权发展模式的思想源泉，也是美国发展扩张性制海权的重要哲学依据。

时任美国总统西奥多·罗斯福的军事思想深受马汉海权思想影响。1890 年，马汉著作《海权论：海权对历史的影响》（以下简称《海权论》）问世，他就称赞此书是"长期以来关于海军史方面最好的、最重要的书，也是迄今为止最有效益的大作"。他聘请马汉为军事顾问，推行"大海军政策"，主张美国必须建立强大的海军，把夺取制海权提升

---

① William E. Livezey, *Mahan on Sea Power* (Norman, Oklahoma: University of Oklahoma Press, 1947) , p. 255.

② Mitchell Simpson Ⅲ (ed.), *The Development of Naval Thought: Essays by Herbert Rosinski*, pp. 1–4.

③ Geoffrey Till, *Maritime Strategy and the Nuclear Age* (New York: St. Martin's Press, 1982) , p. 33.

④ William E. Livezey, *Mahan on Sea Power*, p. 47.

到关系国运兴衰的战略高度，主张与西方大国通过海洋竞争控制海洋，实现向全球的扩张，维护美国的荣誉，实现美国的霸权。罗斯福总统还认同马汉以战列舰夺取制海权的理论，将建造战列舰作为海军建设重点。在他看来，以战列舰为基础的海军是实现海洋控制战略的基础，战列舰平时可以用于战略威慑，威慑失败后则可以用于海上决战。[1] 他鼓吹"海军舰队必须四下出击寻找和摧毁敌军舰队；这是舰队的功用，是唯一能证明海军必要性的功用"。[2]

该时期，美国海军面对的国家，其海军战略和行动概念本质上都遵循攻势制海原则，军力都以战列舰舰队为中心。[3] 1904 年的日俄战争坚定了罗斯福总统的认知，即战舰必须保持集中，作战目标始终应为敌方舰队。1909 年 3 月，罗斯福给继任总统塔夫脱的忠告中就指出："俄国的失败最重要的原因是把舰队分派到波罗的海和太平洋，又把太平洋的军力分成三个实力差距悬殊的单位。日本总是集中所有力量摧毁俄国军力的部分。你要将整个战列舰舰队部署在一个大洋或另一个，命令装甲巡洋舰随时做好准备，在需要的时候可以立即派遣其加入战列舰队。"[4]

此外，围绕日美夏威夷移民危机应对和日本在太平洋海军实力的增强，马汉强烈感受到来自日本的危险和威胁，美日关系从疏离走向对立。1905 年，日本在对马海战中摧毁俄国太平洋舰队，马汉对于其学说被证明感到高兴的同时，也对日本海军的崛起感到恐慌，从而更加强调其海军夺取制海权、歼灭敌人的理论。1907 年，罗斯福总统派出一支由 16 艘战列舰组成的舰队进行全球巡航，并表示此次舰队的行动为的是在

---

① 陈海宏、吴倩、杜秀娟：《西奥多·罗斯福与美国海军建设》，《历史教学》2012 年第 4 期。

② Gordon C. O'Gara, *Theodore Roosevelt and the Rise of the Modern Navy* (Princeton University Press, 1943), p. 71, 转引自乔治·贝尔：《美国海权百年：1890—1990 年的美国海军》，吴征宇译，人民出版社，2014，第 32 页。

③ 乔治·贝尔：《美国海权百年：1890—1990 年的美国海军》，第 43 页。

④ Elting E. Morison (ed.), *The Letters of Theodore Roosevelt* (Vol. 6) (Cambridge: Harvard University Press, 1952), p. 1543.

和平时期检验将大型战列舰派往太平洋的能力。美国向西太平洋地区投送海上力量，甚至制订以日本为假想敌的"橙色计划"，将两国在该地区的地缘政治竞争推向以制海权争夺为表现形式的军事对抗。

二、"海权论"的输入与日本制海权思想形成

19世纪末20世纪初，马汉"海权论"诞生后，对当时西方国家海军战略产生了巨大的影响，亚洲后起的日本也深受其影响。金子坚太郎曾留学美国哈佛大学法学院，思想西化并致力于向日本传播美国的思想。他在美国考察时接触到马汉的《海权论》一书，之后将该著作部分翻译并交由海军大臣西乡从道。1896年，东邦协会完成此书的翻译工作，协会会长副岛种臣在序言中表示："我国是海国，如果熟读马汉的著作，掌握马汉主张的制海权，日本就将支配太平洋的通商，巩固海防，征服敌人。"[1] 这本书不仅成为日本海军、陆军大学的教科书，还被呈送天皇和皇太子并得到御批的荣誉，并在日本的中学、师范学校等地分发。

当时，很多日本人写信给马汉进行讨教，以致后来马汉回忆道："我通过这本著作同日本官员和学者保持通信往来，他们对我的著作如此感兴趣并领悟至深，这是我从未见过的。"[2] 马汉的海权学说对日本的海军战略战术产生极大的影响。金子坚太郎认为，《海权论》有利于日本海洋观念的形成。海军元帅东乡平八郎则表示，马汉的海权思想及其著作是兵学研究领域的世界性权威。日本战略家对马汉海权思想吸收并进行改造，使之适应日本地缘政治形势和战略现实，颇具代表性的人物

---

① 廉德瑰：《日本为什么与众不同》，辽宁人民出版社，2016，第162页。

② Alfred Thayer Mahan, *From Sail to Steam: Recollections of a Naval Life*，转引自麻田贞雄：《宿命对决：马汉的幽灵与日美海军大碰撞》，朱任东译，新华出版社，2018，第44页。

为秋山真之、佐藤铁太郎，他们的战略思想对于日本特色的海军战略形成和为制海权争夺进行的海战战术等有着重要指导意义。

海军战略家秋山真之思想上得到马汉指导，成为马汉海权论的直接传播者，被誉为"日本现代海军战略之父""日本海军战术家"。他在美国注重将学术理论研究与海军实践相结合，同美国海军保持着广泛接触，对西方世界海权运转方式了然于胸，同时他还注重将日本军事传统与个人战斗经验相结合修正马汉理论，形成符合日本地缘政治条件的海军战略思想。也就是说，秋山不是不加批判地盲从马汉的海权论，比如他认为，马汉的制海权概念缺乏清晰定义，要完全控制广阔的太平洋很难，摧毁敌方战斗意志比消灭敌方舰队更好。[1] 此外，秋山具有民族主义野心，马汉则持种族主义思想，注定他们代表的两国间矛盾难以协调。1910 年，秋山真之编写的《海战要务令》正式施行，这是日本海军史上第一部正规的海上作战纲领，也成为此后日本海军战略思想的核心。

秋山主张将日本海军作战的战略与战术相结合，主要表现为，第一，他明确表示，"战争的主要目标是进攻，战列舰是控制海战的作战单位"，决战是战争的精髓，战争必须是进攻性的。战役的目标是快速歼灭敌人，其要点是先发制人和集中兵力。[2] 第二，他对日本舰队的联合作战原则、战斗队形、战队与友队协同作战、后备力量、夜间进攻等问题的思考形成一套进攻计划的作战指令模式，这成为日本海军作战的指导思想。第三，秋山强调主力舰队内部力量平衡的极端重要性，对日本舰队的组合、增援和兵力编制等提出主张，成为日本 20 世纪 40 年代海军发展的蓝图。[3] 同时，他表示如果美国在内的外国势力侵犯日本在

---

①　麻田贞雄：《宿命对决：马汉的幽灵与日美海军大碰撞》，第 39 页。
②　麻田贞雄：《宿命对决：马汉的幽灵与日美海军大碰撞》，第 39 页。
③　张继平：《秋山真之及其战略思想》，《军事历史》1988 年第 4 期。

东亚的传统势力范围，日本誓将抵抗至最后。

日本海军国防理论集大成者佐藤铁太郎有"日本的马汉"之称，在创建日本近代海军国防战略思想体系方面影响颇大。他热衷于国防研究，在英国、美国的留学生活中对马汉海权论有深入研究，1902年他出版了《帝国国防论》，之后利用日俄战争经验于1908年补充出版《帝国国防史论》，提出"自强自卫"和"海主陆从"的国防理论，反对"局部防御守势"国防论。[①] 佐藤是海军至上主义者，主张扩充舰队，建设强大海军，在敌方到达沿岸之前，在海上击败敌方舰队，夺取其运输船，占领其海岛，攻击其海港等。他的"三线国防"[②] 论提出，第一线的远海防卫至关重要，需要强大的海军守卫一线，战时集中海军力量摧毁敌舰、歼灭敌人以确保制海权。

他还提出，"应当依据国家安全需要和军种优先度制定军备扩张规划，以海军军备扩张带动相关产业发展，从而实现经济和军备扩张的良性循环"。基于"三线国防"思想，他主张在对敌战争中派遣强大海军兵力至敌国领海实施封锁，在封锁未成的情况下在公海上进行舰队决战，从而将防线前推至太平洋，通过歼灭敌舰实现对海洋的控制，但是他要的是足以控制远东海域的海军力量，并不寻求同美国相同的海军实力。面对加州移民问题和在中国的政策冲突，佐藤意识到日美两国海上霸权较量的可能，于是开始将美国定为日本的假想敌，认为日本海军要与美国战成平手，其军力必须达到美国海军70%的水准。1907年的日本海军《帝国国防方针》中就将美国视为日本的假想敌。

可以说，马汉海权论的传入对日本海军战略思想发展产生重要影

---

① 张万挙、「佐藤鐵太郎の海軍国防思想の発端」、『関西大学東西学術研究所紀要』No. 51（2018 年）。

② 佐藤铁太郎认为，海洋国家日本的国防线可分为三道，第一线为远海，第二线为近海沿岸，第三线为本土。在海洋国家防卫中，应将重点放在第一线，通过国家力量来实现之。佐藤鐵太郎、『日本民族の世界の使命』、東京：奉仕会本部、1938 年、第 123 頁。

响。日本领导层将马汉海权论与日本实际相结合，形成近代日本扩张性海洋战略，该战略主要集中在发展海上力量和对制海权的掌握。时任枢密院顾问副岛种臣就表示，日本领导人必须仔细研究马汉学说，追求对海洋的控制，进而控制太平洋的贸易与航运，同时应拥有足够的军事力量击败对手。日本军方还曾打算聘请马汉担任海军顾问。一战期间，日本舰艇上的舰长人手一册《海权论》，足见马汉对于日本海军的影响之深。日本就此推动海军战略由传统守势论向主动攻势论转变，在日本海军战略服务于日本军国主义扩张的进程中，日本逐步与向亚太地区扩张的美国发生利益碰撞。

在马汉海权论的指导下，美日海军战略和制海权指导思想表现出极大的相似性，即海外贸易的扩张需要海权的支持，获得制海权需要建设强大的海军舰队，战时应采取积极进攻、集中力量以决定性战役彻底摧毁敌方舰队；太平洋是国家海外利益扩张的重要舞台，控制海洋贸易运输通道，占领具有战略地位的岛屿等是夺取势力范围、进军大陆的关键。然而，当双方均将控制太平洋岛屿视为推进国家战略和地缘政治目标，极力扩张势力范围以建立相对优势时，彼此利益的对立就不可避免地加剧了。

马汉鼓吹国际政治竞争舞台将从大西洋转移至太平洋，美国的威胁来自日本，并将美日冲突上升至东西方文明冲突的高度。他认为，"美国的使命是面对大批亚洲侵略者捍卫西方文明。美国的对外关系将围绕太平洋展开"，"只有这样的转变才可以防止西方遭到亚洲野蛮人的入侵"。① 马汉的言论为美日走上战略对抗道路提供了注脚，也意味着东亚海洋秩序将进入激烈的转型期，该时期内新崛起的国家美日将作为两种秩序的代表展开竞争，也对大英帝国主导下的海洋霸权秩序构成挑战。

---

① 麻田贞雄：《宿命对决：马汉的幽灵与日美海军大碰撞》，第12、15页。

第二节　美日地区利益的扩张与制海权的兴起

19世纪末问世的海权论，作为美日政治家的指导思想，为两个海洋国家的海权发展道路提供了前进指引，而利益的扩张与竞争则驱动着两国走向海洋，建立排他性与支配性地区秩序，对制海权的重视促使两国试图通过军事力量解决战略分歧和利益矛盾。此时，大英帝国作为全球海洋霸主，已确立其主导下的海洋秩序，海上力量分布在各大洋，对地区事务发挥着重要影响力。这构成美日海权崛起的外部国际安全环境，两国在受制于英国主导的海洋秩序下的海洋规范的同时，也与英国进行着不同程度的安全互动。

一、美国在太平洋的贸易扩张与制海权兴起

1. 美国海外贸易扩张呼唤强大制海权

独立后的美国对外奉行重商主义贸易政策。在美国政府的扶植下，美国航运业尤其是对亚洲贸易迅速发展，1793年末，美国商船的载运吨位和经营外贸的价值已仅次于英国而居世界第二位。① 此时，美国与亚洲的贸易主要依赖两条航线：绕好望角经印度洋入太平洋从事直接贸易的东线；绕合恩角入太平洋从事三角贸易的西线。

此时美国也开始出现围绕海军建设与海上贸易关系的讨论。以亚历山大·汉密尔顿（Alexander Hamilton）为首的联邦派，以及支持他们的

---

① 刘世龙：《美日关系（1791—2001年）》，世界知识出版社，2003，第25页。

商人阶层，支持建立一支保护美国海上商业利益的海军。他们指出，美国的商船必须得到保护，以防止地中海上的野蛮海盗的劫掠。大陆沿岸以及大西洋上的航运和渔业的权利必须得到海军的保护。海军可以让美国更多地享受一个独立的主权国家应该享有的尊严。①

面对北非海盗不断骚扰美国商船，英法无视美国海上力量的情况，联邦派力排众议开始组建小型海军。1794 年国会批准新建 6 艘 204 英尺长的三桅大帆船，这些战舰构成美国海军维护海上利益、展示自身实力的中坚力量。1798 年美国国会批准成立海军部，总统约翰·亚当斯（John Adams）任命本杰明·斯托达德（Benjamin Stoddert）为第一任海军部长，致力于将海军打造为一支运作正常的常备武装力量，并筹划建造大型战舰以抗衡英法的军事力量。

另外，以托马斯·杰斐逊（Thomas Jefferson）为首的共和派则反对壮大海军武装力量，他们不想把开辟内陆领地的国家力量分散出去，认为海军花费巨大，维持一支小型海军舰队就足以惩罚北非的海盗和保卫国家的海岸，建立更大规模的海军是愚蠢、华而不实的行为。杰斐逊任总统期间，拒绝承认强大海军的重要性，提出美国只要保卫好自己的海岸免遭外国侵犯即可。这极大地影响了海军力量的发展，1812 年与英国交战时，美国海军只有 16 艘战舰，而英国拥有 600 多艘战舰。英国人完全掌握制海权优势，1814 年 8 月驶入切萨皮克湾攻击并火烧华盛顿，以此显示英国的强大实力。

这场战争使得美国领导者认识到，"一支规模更大的海军不仅能体现国家的重要地位，还能保护美国的商业"。② 1815 年，美国重新成立海军委员会，负责为海军部长提供人事任免、船只建造、军队管理等方面的建议。国会认识到控制海洋势在必行，于 1816 年下令建造 7 艘装

---

① 詹姆斯·M. 莫里斯：《美国海军史》，靳绮雯等译，湖南人民出版社，2010，第 25 页。
② 孔华润主编《剑桥美国对外关系史》（上），王琛等译，新华出版社，2004，第 154 页。

备 74 门火炮的一线战舰。此后，美国在建造大型战舰方面不断取得突破。1837 年下水的"宾夕法尼亚"号是当时全世界最大的战舰，拥有120 门火炮；1839 年美国批准建造"密苏里"号和"密西西比"号；1843 年建造成第一艘螺旋桨单桅帆船"普林斯顿"号；同年，美国第一艘铁甲战列舰"密歇根"号下水。

美国海军还陆续组建太平洋舰队在内的 7 支舰队①以执行海上巡逻任务。这些舰队的建成极大地增强了美国的海军实力和制海能力，在保护美国的贸易、打击海盗、阻止非法奴隶贸易方面发挥着重要作用，舰队还对许多外国港口进行访问以展示国威。美国也就此将海上力量向太平洋方向拓展。1826 年，托马斯·琼斯（Thomas Jones）上校指挥的"皮科克"号被派往夏威夷群岛海域保护美国的商船，与夏威夷达成条约为美国争取到关键的利益。1842 年，约翰·泰勒（John Tyler）总统发表"泰勒声明"，宣布美国在夏威夷群岛拥有高于其他国家的权利，并借助海军力量将夏威夷纳入美国的势力范围。

自 1785 年起，美中贸易占据美国在 18 世纪末 19 世纪初对外贸易的较大比重。19 世纪初，美国对华贸易仅次于英国，居第二位。1830 年之前，美国海军在美对华贸易中发挥的作用不大。从 1830 年开始，美舰频繁往来于广东沿海，1835 年美国组建它在亚洲的海军力量。1840 年到 1842 年，英国对中国发动鸦片战争并迫使中国开放贸易口岸。1842 年，美国海军准将劳伦斯·科尔尼（Lawrence Kearny）要求对在广东中英交战过程中美国人受到的攻击和监禁给予"补偿"。② 1844 年，中国在美国的军事压力之下签订《望厦条约》，为美国在华贸易提供优

---

① 这些舰队包括 1815 年成立的地中海舰队、1817 年成立的东印度舰队、1821 年成立的太平洋舰队、1822 年成立的西印度群岛舰队、1826 年成立的巴西舰队、1843 年成立的总部舰队和 1853 年成立的非洲舰队。

② Charles C. Chadbourn Ⅲ, *Sailors and Diplomats: U. S. Naval Operations in China 1865 – 1877* (Washington: University of Washington, 1976), p. 195.

越的条件，其背后就是美国海上实力的支撑。

在西方对东方奉行炮舰政策的大背景下，美国海军始终充当着开辟贸易的"先锋"。海上力量发展为美国摆脱英国殖民统治、保护美国海上贸易、打击海盗、扩张美国在大西洋、太平洋两洋的影响和势力范围等保驾护航。在推崇"丛林法则"的国际关系中，美国效仿其他列强提升制海能力，完成从"被殖民者"向"殖民者"的华丽转身，但此时的美国海军仍是一支区域性海上力量，美国离海权强国仍有不小的差距。

19世纪80年代，美国经济发生根本性变化。工业总产量跃居世界首位，生产高速发展，国内资本和商品生产严重过剩，美国急需进一步开拓国际贸易和海外市场，但传统政治势力和国民根深蒂固的孤立主义意识，使美国徘徊在向海外开拓和孤立于新大陆的十字路口。[①] 美国商人们认为，美国经济正充满活力地进行扩张，不应该受到海洋的阻碍，[②] 开辟新的大陆市场，能够实现美国经济的繁荣，提高美国的声望。这些都呼唤着美国海军思想的复兴和海军力量的建设。

马汉海权论的诞生恰逢其时。1890年阿尔弗雷德·马汉的《海权论》问世，其主要思想就是只有当一个国家具有足够强大的海上力量，能够扩张并保护国家的经济利益，这一国家才能富强并保持强大。马汉海权论成为美国海军发展的指导思想，推动国家从政府层面重视海上力量的建设。在海军力量建设中，大型舰艇的建造与作战性能的提升成为衡量海军力量建设的关键指标。

从19世纪80年代伊始，美国历任海军部长都特别重视舰艇的发展。1881年至1882年任海军部长的威廉·H. 亨特（William H. Hunter）组织了以约翰·罗杰斯（John Rogers）上将为首的海军管理委

---

① 姜鸣：《龙旗飘扬的舰队：中国近代海军兴衰史》，第44页。
② 詹姆斯·M. 莫里斯：《美国海军史》，第72页。

员会，对船只的类型和数量提出建议。亨特继任者威廉·E. 钱德勒（William E. Chandler）致力于舰艇的制造，并支持成立美国海军学院，标志着美国海军思想复兴的开始。钱德勒继任者威廉·C. 惠特尼（William C. Whitney）主持建造了 30 艘舰艇，这些舰艇在设计、武器装备、军火设施和速度上都强于其他舰艇。之后的本杰明·F. 特雷西（Benjamin F. Tracy）认为，只有建造出能够在海上迎敌的大型军舰，才能最大程度保卫国家的海岸，以及美国在世界航线上的商业贸易。

2. 美国追求制海权优势下的亚太海洋强国地位

直至 19 世纪 90 年代中期，美国才真正认识到海军所能带来的经济效益，以及它在提升国家实力和发展外交关系的过程中所占据的至关重要的地位。[①] 通过多年大规模的造舰运动，美国逐步建立起一支与英国皇家海军并驾齐驱、傲视群雄的海军部队，并利用这支部队进行对外扩张，拓展美国的势力范围。该时期美国垄断资本财团迫切需要开辟新的市场、投资场所和原料产地，但是在美国准备向海外扩张时，整个世界已为老牌殖民国家瓜分殆尽。此时的西班牙已开始没落，昔日的庞大帝国的殖民地仅剩下古巴、波多黎各和亚洲的菲律宾。其中，古巴和菲律宾群岛既有重要的经济价值，又是美国向南美洲和亚洲扩张的理想战略要地，而西属殖民地人民的斗争也为美国创造了有利环境。

1898 年 2 月 15 日，美国保护侨民的"缅因"号[②]在古巴哈瓦那港爆炸沉没，美国政府向西班牙发出最后通牒，要求西班牙立即同古巴革命军停战并取消集中营法等；4 月 19 日，美国国会发布决议："承认古

---

① 詹姆斯·M. 莫里斯：《美国海军史》，第 74 页。

② 1898 年，古巴民众反抗西班牙暴虐统治，遭到官方的残酷军事镇压，美国政府派军舰"缅因"号至古巴保护侨民，"缅因"号却于 2 月 15 日在哈瓦那近海爆炸沉没，造成 266 人死亡。此次爆炸事件激起美国报刊的强烈反响和国内民众的愤怒。

巴独立，要求西班牙军队撤出古巴。同时保证在古巴岛上建立一个能够维持秩序并执行国际义务的稳定政府，授权总统必要时使用陆海军力量。"4月22日，美国海军封锁古巴港口。24日，西班牙向美国宣战，美西战争正式爆发。

这场战争在菲律宾和加勒比海两个战场展开。在远东地区，美国试图控制西班牙统治下的菲律宾，作为其在亚太地区的前沿军事基地，从而确保其在亚洲大陆的政策得以推行。海军准将乔治·杜威（George Dewey）率领的亚洲分舰队驻扎香港，以应付远东地区的军事行动。1898年2月，美西外交陷入僵局之时，美国海军助理部长西奥多·罗斯福给杜威发送急件，要求随时待命准备行动。当战争爆发时，这支舰队开往菲律宾以摧毁驻扎在此的西班牙舰队。

从美西舰队力量对比看，战争胜败早已显现。1898年4月27日，杜威率领的舰队中有4艘护卫巡洋舰和3艘辅助舰，而西班牙在菲律宾的舰队仅由2艘护卫巡洋舰和5艘老式的小型舰艇组成。杜威的舰队顺利突破西班牙在克里基多岛和弗来利岛的防线到达马尼拉湾。在马尼拉湾之战中，美国火炮的射程和精确度均强于西班牙舰队，致使西班牙舰队全军覆没，撤出马尼拉湾。6月21日，舰队又占领了关岛。7月底，美国远征军第八军赶至菲律宾，西班牙正式放弃了马尼拉。12月10日，美西在巴黎签订《巴黎条约》，西班牙完全放弃古巴，将波多黎各和关岛等殖民地割让给美国，并以2000万美元的代价，把菲律宾的主权转让给美国。

美西战争胜利标志着美国作为海权国家在西太平洋的军事崛起。在双方海战中，美国凭借舰船力量和技术优势等，在同西班牙的制海权争夺战中摧毁了西班牙舰队。以该战争为界线，美国在太平洋地区确立起较强的海上控制能力，为其更多地参与影响中国在内的地区政治、经济和安全事务提供了可能。由于美国占领了夏威夷、菲律宾，美国地缘性质发生改变，成为在亚洲和太平洋地区保有利权的海洋国家。美国海军从世界第 12 位上升至第 4 位，美国俨然以海权大国形象出现在太平洋地区，为其在东亚大陆推行"门户开放"政策奠定实力基础。美国也成为影响东亚力量格局与海洋秩序的关键性国家。

二、日本制海权助推东亚扩张政策

日本海权战略形成于明治维新之际，发展于甲午战争和日俄战争之时，它承袭了世界殖民主义发达期间以"丛林主义"为特征的国际政治理念，吸收了以进攻性军事战略和地缘战略为特征的马汉海权理论。[①]在马汉海权理论指导下，日本军事战略发生重大转变，由重视制陆权转为重视制海权的发展，依据建设强大海军思想大力扩充舰队规模。日本海军舰队规模从 1880 年的 1.5 万吨上升到 1914 年的 70 万吨，增长 46.7 倍，成为世界第 7 大海上强国。

1. 明治政府主导下的制海权建设

19 世纪的日本在德川幕府统治下长期奉行闭关自守的锁国政策，俨然成为没落封闭的封建主义国家。西方的殖民扩张冲击着日本闭锁的国门。18 世纪末，日俄出现领土争端。从 1794 年到 1823 年，英国去过日本 8 次，美国去过 3 次；从 1824 年到 1854 年，英美各去过 11 次，法国也去过 2 次，各国共同的要求就是日本开国通商。[②] 然而，日本并没有就此放弃锁国政策，接受西方殖民者开展海外贸易的要求。

鸦片战争中英国军舰大败清政府的现实，对日本统治者的心理造成巨大冲击。1854 年美国佩里将军率领的"黑船"压境时，日本感受到

---

① 鞠海龙：《中国海权战略》，时事出版社，2010，第 139—140 页。
② 俞学标编《海权——利益与威胁的双刃剑》，海潮出版社，2008，第 35 页。

西方列强强大的海上力量攻势，被迫与殖民者签订不平等条约，日本闭关锁国的状态被打破。这开启了1868年日本资产阶级改革运动——明治维新，结束了长达200余年的德川幕府封建统治，为日本资本主义的产生和发展开辟了道路。日本开始实行"富国强兵""殖产兴业""文明开化"三大政策，展开了一场广泛深入学习西方的运动。

1868年10月，明治政府颁布大力建设海军的谕令。为推行以海军和对外扩张为先锋的国家战略，1869年日本设立兵部省，翌年向太政官呈交创建海军建议书，提出创建日本海军的基本原则，规划了海军的建设目标，该建议书成为日本海权战略的蓝本。该建议书在详细研究世界形势和英、法、美、德、俄、荷、澳强国军备情况基础之上，以7国的国防力量为参照系，确定军费标准为年财政收入的1/5，并确立20年内将建成拥有大小战舰200艘，常备军25000人的海军建军目标。①

同时，海军建议书提出将俄国作为日本的假想敌，认为俄国的夙愿是将欧亚大陆连成一片，自己独霸，其手法是先近后远，先易后难，逐步扩张领土。故欧洲东部、亚洲北部，凡与其接壤之国，无不受到其侵略。俄国为实现扩张野心，派其海军在亚洲建立基地。俄国沿黑龙江侵占中国东北土地，威胁北海道与朝鲜的安全，损害了日本在中国和朝鲜北部的利益。若俄国势力进入东海，夺去了良港，驻扎了海军，日本就难以制止其扩张野心，俄国将成为两大洲之大害。故日本须首先提高警惕，制定对付俄国的作战方针。② 为此，明治天皇明确"海军建设为当今第一急务"的方针。

1872年，日本效法欧美制度，撤销兵部省，分别设置陆军省和海军省，使海军完全独立。为培养海军人才，日本派遣留学生学习西方造船和海军作战技术，积极引进先进国家的海军技术和制度，实施以征兵制

---

① 外山三郎：《日本海军史》，龚建国、方希和译，解放军出版社，1988，第20页。
② 外山三郎：《日本海军史》，第21页。

为主、志愿兵为辅的兵役制度。1873 年，日本聘请英国海军少校道格拉斯为首的 34 人教官团来日，推进日本海军教育的正规化。1876 年，日本雇请的外国人包括 101 名教官和 118 名技术人员。1874 年和 1888 年，日本海军分别创办海军兵学校和海军大学。明治政府的军事教育改革重视对军人的"精神教育"，向军队灌输绝对尊崇天皇的思想。日本颁布《军人训诫》《军人敕谕》，宣扬为天皇尽忠、不惜为天皇而死的"忠节"，勇于为天皇卖命、残暴杀人的"武勇"，无条件服从上级、甘作驯服工具的"礼仪"。[①] 武士道作为近代日本军人的伦理标准，为统治阶级所利用，以推行对外扩张政策。

日本还实行远洋航行实习制度。1875 年，"筑波"号搭载 47 名学员从品川出发横渡太平洋到达旧金山和夏威夷；1878 年，"筑波"号搭载 41 名学员从横滨出发，到达南太平洋的布里斯班和悉尼，完成首次通过赤道的远洋航行。1878 年，日本制造的"清辉"号访问欧洲，总航程 2.63 万英里，停靠港口 60 余个。1883 年，"龙骧"号访问了智利和秘鲁，这是日本军舰首次开到南美西海岸。日本进行远洋航行，表面是在进行军事考察，加强同各国的友好往来，实则是在向西方展示新生的日本文明开化程度和崛起的强国海军实力。远洋航行拓展了日本在太平洋地区的军事存在，使其初具相当程度的大洋制海能力，在震慑西方列强、获取西方尊重的同时，也预示着日本有能力依托海洋走对外扩张的道路。

日本为大幅提升制海能力而展开大规模的舰艇建造。1882 年，明治天皇批准了日本海军卿川村存义的造舰计划，筹措款项 2400 万日元用于海军建设。1885 年，天皇颁布敕令充实海防，掀起日本海军的第二次造舰高潮。1886 年，日本开始发行海军公债，实施第一期海军军备扩充

---

① 潘俊峰：《日本军事思想史的考察》，《军事历史研究》1989 年第 3 期。

计划，并针对中国的"定远"号、"镇远"号专门建造了"严岛"号、"松岛"号、"桥立"号3艘舰船。1887年，日本天皇下令拨付30万日元资助海军建设。1888年，日本海军大臣西乡从道以英国远东海军可能支持中国为由提出总吨位12万吨的海军扩建目标。1889年日本提出《第二期扩充军备案》。1891年，日本海军大臣桦山资纪再次提出海军扩建计划。天皇下令6年内皇室和政府要员每年拿出薪俸的1/10作为造舰经费。日本将军费提高到国家财政预算的30%左右，1893年更高达32%。① 1894年，日本建成拥有军舰31艘、鱼雷艇24艘的近代海军。②

　　为体现"海军建设为当今第一急务"的谕令，天皇经常亲自参加军舰的下水典礼和阅舰式，到各厅和部队视察，还将每年的1月9日定为海军节，天皇每年都会御驾亲临参加海军节仪式。正是由于明治天皇的重视，日本打造出了一支强大的海上力量，明治政府具备了推行对外扩张政策的实力。1872年，日本以武力吞并琉球，1874年入侵中国台湾，1875年炮轰朝鲜炮台挑起江华岛事件，1894年挑起侵略中国的甲午战争，1904年，发起争夺中国东北和朝鲜的日俄战争。在日本海军战略战术思想指导下，日本实现对东亚海区的绝对控制，运用制海权获取海战场的主动权，并取得历次战争的胜利。日本由此上升为东亚地区举足轻重的海洋强国。

2. 争夺制海权优势确立东北亚海洋强国地位

　　明治维新之后，日本在羽翼还未丰满之际就开始觊觎周边邻国领土，利用其有限的海上力量开疆拓土。1874年5月，日本利用琉球船民漂流台湾被杀事件编造"番地无主"的论调，率4艘军舰及陆海军官兵3600余人侵犯台湾。清政府采取外交和军事方式迫使日本撤离台湾，和

---

① 姜鸣：《龙旗飘扬的舰队：中国近代海军兴衰史》，第328页。
② 外山三郎：《日本海军史》，第28—31页。

日本签订《北京专条》，保全了对台湾的领土主权，但是日本非但没有放弃占据台湾的企图，反而坚定了将中国视为假想敌的信念。

山县有朋作为日本总体战略调整的主要代表人物，其论调主导了日本国家战略走向对外进攻与扩张。1880 年 11 月，山县有朋向天皇上呈的《进邻邦兵备略表》称，现今世界，"万国峙，各划疆域以自守"，列强"论兵之多寡，急于论国之贫富"，故兵不强而不能独立。[①] 所谓独立，"不是防御与自卫性可保，唯恃进攻与侵略可成"。"独立必须扩张，扩张须勇悍，越勇悍越能保国之独立。"[②] 因此，富国首先要强兵，"兵强则民气始可旺，始可言国民之自由，始可论国民之权利，始可保平等之交往，始可收贸易之利益。始可积蓄国民之劳力，始可保住国民之富贵"。[③] 如今，"邻邦军备愈强，中国军备亦不容忽视"。日本欲拓国威于四海，必须先败中国。

1887 年，日本参谋本部二局局长小川又次制定了《征讨清国策》，讨论了中日开战的诸多战略原则和开战时限，并将侵略意图指向中国辽东半岛、山东半岛、舟山群岛、澎湖列岛、台湾地区，以及长江两岸 10 千米的范围。1889 年，山县有朋就任日本首相后，将大陆政策定为国策，他在第一次施政演说中提出："保持国家的独立，振张国势，是我们共同的目标。"为实现该目标，日本一要守卫主权线，二要防护利益线。山县有朋的施政演说明确表达了"不扩张就难以立国，不扩张就没有国权、国威可言"的立国理论。

1893 年，山县有朋提出《军备意见书》，明确提出日本要在欧洲和俄国对东亚出兵计划启动之前，"事先确保战略要地朝鲜，尽快寻找机

[①] 信夫清三郎主编《日本外交史》，天津社科院日本问题研究所译，商务印书馆，1980，第169 页。

[②] 武寅：《近代日本政治体制研究》，中国社会科学出版社，1997，第220 页。

[③] 信夫清三郎主编《日本外交史》，第169 页。

会对华作战，夺取东亚盟主地位"的战略设想。[①] 1894 年，日本参谋本部根据"战时大本营条例"设置了海陆军最高统帅部，统一指挥联合舰队与陆军，并将海军的战略任务确定为摧毁中国舰队，夺取制海权。[②]同年 5 月，朝鲜南部爆发东学党起义，日本政府以保护侨民为由，派兵在仁川登陆。为占领并控制朝鲜，日本提出中日两国共同改革朝鲜内政的方案，还向清政府递交绝交国书，举国进入战争状态。

7 月 25 日，日本海军在丰岛海域附近对清政府北洋舰队的"济远"号和"广乙"号发动突然袭击，甲午战争爆发。日本为夺取制海权还制订了攻势作战计划。

> 一、第一期作战，将第 5 师派往朝鲜，以牵制清军。舰队则引诱清政府船队出来，将其击毁，夺取制海权。
>
> 二、第二期作战，有下列三个作战方案，其选择取决于第一期作战的结果。
>
> 甲，若夺取了制海权，则令陆军主力从山海关登陆，按预定作战计划在直隶平原进行决战。
>
> 乙，若未掌握制海权，但清政府海军也不能控制日本近海时，则陆军开进朝鲜，以帮助朝鲜独立。
>
> 丙，若海战日方失利，制海权为清军所控制时，则采取各种手段增援在朝鲜作战的第 5 师团，同时陆军主力在日本做好防备，等待清军来袭，将其击退。[③]

丰岛海战是中日甲午海战的第一场海战。通过这场海战，日本提高

---

① 藤村道生：《日清战争》，米庆余译，上海译文出版社，1981，第 80 页。
② 外山三郎：《日本海军史》，第 42—45 页。
③ 外山三郎：《日本海军史》，第 42—45 页。

了海军的国际威望，阻止了清军对牙山的增援，清军丧失了1200名陆军和14门火炮，日本陆军得以顺利发动牙山攻击战并取胜，陆海军协同作战告捷。[①] 8月2日，战时大本营向联合舰队发布命令，要求其歼灭清军舰队并控制清军控制的海域。9月16日，联合舰队率部从泊地出发，开往黄海北部寻机决战，遇到专门护送陆军在此活动的北洋海军舰队主力。9月17日，黄海海战爆发。

日本采取自由机动的纵队队形，充分发挥速射炮威力的炮击战术。这与当时世界普遍采取的楔形队形实施冲击的战术完全不同，这是在没有经过理论研究而只是从技能的角度进行判断的，表明日本海军已经在吸收西方先进海战战术经验的基础上，结合本国的实际情况推陈出新，形成了新的海战战术，并用战争结果证实了其效果。这是日本海军努力学习西方，并结合日本军事传统与地缘政治条件创新的结果。这种战术的运用为日本取得战争最终胜利，在黄海海域谋取控制权，逐步走向海洋强国铺平道路。

北洋舰队则固守陈旧战术因而付出惨重代价。9月21日，日本实施第二期作战计划，对旅顺和大连发动攻击。11月，日本对威海卫和澎湖列岛展开攻击。为保存北洋舰队实力，李鸿章不接受丁汝昌积极进攻的主张，舰队始终在沿海活动以保护陆军，错失对日运输船队实施攻击的良机，终使威海卫港内残存的"镇远"号等10艘舰艇被日军俘获，北洋舰队全军覆没。同时，日本舰队在澎湖列岛登陆，继而占领台湾岛。甲午海战之后，清政府被迫承认日本对朝鲜的宗主权，并将台湾及其附属岛屿割让给日本，向日本赔款两亿两白银。从此日本同西方列强一样，走上对外扩张，进行殖民主义侵略的道路。

甲午战争是日本首次进行的对外战争，日本海军取得重大胜利，海

---

① 外山三郎：《日本海军史》，第46页。

军在诸军种中的地位得以提升。由于黄海海战中本队与游击队的协同作战方式成效卓著，所以在日本海军军备建设中形成"六六舰队"设想，这成为日俄战争中日本海军的基本战略战术。这场战争也让日本认识到快速获取制海权的重要性和必要性，并且夺取制海权可以为下一阶段的战争提供战略支援。这种作战思想在随后的日俄战争中得以具体运用。联合舰队在夺取战争胜利中发挥重大作用，日军在之后的舰艇编队中沿袭了联合舰队的编法，这也在未来的日俄战争和太平洋战争中有所体现。

甲午战争胜利后，日本对外侵略的胃口越来越大，欲以朝鲜为跳板把中国东北纳入其势力范围。这就遭到觊觎中国东北地区的俄国的不满，俄国担忧日本过度扩张将严重威胁其远东利益。1896 年 6 月，俄国和清政府以日本为防范对象缔结《御敌互相援助条约》（俗称《中俄密约》），[①] 规定两国合作在中国东北和朝鲜联合抵制日本势力扩张。1898年，俄国与清政府签订租借条约，允许俄国将势力进一步扩张至辽东半岛的旅顺、大连，大连湾完全由俄管辖。在义和团运动期间，俄国不断对中国东北增兵，兵力达 10 万人，实际控制了整个中国东北。面对俄国的南下扩张政策，日本强烈感受到危机，俄国南下扩张也使日俄矛盾尖锐化。日本在与俄国进行外交周旋的同时，将俄视为头号假想敌，积极备战，陆海军悄然大规模扩充军备，以抢夺战争的主动权。

外交层面，为使用武力将俄国势力赶出东北亚，日本利用英俄矛盾和英国霸主地位，开始摸索日英同盟的建立，以争取国际支持。在小村外交路线指导下，1902 年日本与英国缔结《日英同盟条约》，加速日本

---

① 《中俄密约》规定：如果日本侵占俄国远东或中国、朝鲜领土，中俄两国应以全部海、陆军互相援助，为使俄国便于运输军队，中国允许俄国通过黑龙江、吉林修筑一条铁路至符拉迪沃斯托克（海参崴）。铁路的修筑和经营，交华俄道胜银行承办；无论战时还是平时，俄国皆可在此路运送军队和军需物资。

对俄战争的步伐。军事层面，日本开始召开御前会议确定兵力部署和战术。1903 年，日本提前完成扩军计划，陆军扩充至 13 个师共 20 万人，海军已有 106 艘新造舰艇交付使用，各类舰艇共计 152 艘。日本通过外交结盟和扩军备战的方式，为发动对俄战争创造有利的国际环境和强大的军事支撑。1904 年 2 月 5 日，日本宣布与俄正式断绝外交关系。随后，日本海军联合舰队兵分两路直取朝鲜仁川和中国旅顺，通过不宣而战的方式突袭仁川港和旅顺口附近的俄国舰队，日俄战争由此爆发。

日本对俄国发动战争最终目标是夺取对朝鲜半岛和中国东北的控制权，而制海权在日俄战争中则发挥着关键作用。从参战兵力对比看，俄国明显不及日本。俄国太平洋舰队拥有 74 艘舰艇，但都分散部署在旅顺港、符拉迪沃斯托克和仁川，难以集中力量展开对日作战。东乡平八郎在日俄战争中任联合舰队总司令，秋山真之作为参谋主要负责战略战术的制定与指挥。舰队对旅顺港实施了严密的封锁、护送、支援日本陆军在中国辽东半岛登陆，在陆军配合下歼灭困守旅顺的俄国第一分舰队，然后将主力集结在对马海峡，发挥日本舰艇的火力、速度优势，灵活机动作战，歼灭从波罗的海来支援的俄国太平洋第二分舰队，取得海上战场胜利。

日俄战争中，对马海战作为决定性战役，挫败俄国以海军舰队保卫陆上要塞的战略，至此日本联合舰队完全掌握了渤海、黄海、日本海的制海权。俄国在军事上的失败使其不得不承认日本对朝鲜的控制权，并将其在辽东半岛的港口、铁路权益转让给日本，还将库页岛南部及其附近岛屿割让给日本。日本获得俄国经鄂霍次克海大陆边缘海域通往太平洋的海上咽喉要道的控制权。俄国在东北亚海上力量的失败使得日本成为独霸东北亚的海上地区强国。

日本的胜利推动了当时东亚国际关系的重组。作为阻止俄罗斯膨胀的东亚新兴势力，日本完成了加入列强队伍的进程。① 日本学者寺本康俊认为，日俄战争给了日本作为 20 世纪国际政治角色的资格，这是日本经过半个世纪向西方国家学习而实现了现代化的证明。日本学者认为，日本在日俄战争中取胜宣告了非西方社会也能够通过实现现代化而成为国际历史舞台上的演员。由此可以看出日本学界对于日俄战争于日本的历史地位和价值评价之高。

　　日本的崛起带来亚洲格局的大变革，其对未来亚洲安全秩序的变化将产生重大影响。日本的崛起使日美关系从一直以来的师徒关系发展成为包含有战略要素的、复合型的多重关系。② 日美两国关系逐步"离开了平缓而淡泊的初期友好时代，进入了不可避免的合作与对抗双重游戏身份的时代"。③日美在英国主导的海洋秩序下，同其他列强竞逐求得生存，并利用大国利益矛盾和老牌大国衰退等契机，大力发展海权优势，在制海权争夺战中实现了崛起。海战让日本获取了制海权优势，逐步确立了其在地区内的海权强国地位，从而使日本在新的地区格局变革中拥有了更大的话语权。同时，实力的膨胀和利益的扩张也加剧了美日的竞争与对抗。它们所倡导的地区秩序与理念无法相容，一场排他性、扩张性与进攻性的制海权争夺战难以避免。

第三节　美日利益冲突加剧制海军备竞赛

　　美国经过 19 世纪末的美西战争，日本经过 20 世纪初的日俄战争，

---

① 五百旗头真编著《日美关系史》，周永生等译，世界知识出版社，2012，第 44 页。
② 五百旗头真编著《日美关系史》，第 44—45 页。
③ 五百旗头真编著《日美关系史》，第 53—54 页。

成为在西太平洋和东北亚地区举足轻重的两支力量。日美两国之间实质性的力量关系相互交错和碰撞，意味着太平洋变得日益狭小。[①] 在世纪交替的历史时期，日本不得不面对美国在东亚的重要利益，遂使两国关系新局面的到来不可避免，即由原来两国之间的直接关系，演变成围绕亚洲利害问题的复杂交错关系，合作与对抗成为日趋深化的日美关系的特征。[②] 1907 年，日本《帝国国防方针》首次将美国作为假想敌。同年，美日海军军备竞赛开始。

一、美日在中国利益的碰撞与海军建设

纵观大国海权发展史，任何大国之间的制海权争夺，都不能只从海上利益冲突与军事较量层面解读，也不能过度扩大制海权争夺对于大国总体战略博弈的作用。我们需要从广义视角认识到，制海权争夺是大国间因陆海利益无法协调，发生军事冲突后在海上的较量，而海战的发生也更多是配合支援陆上作战或为陆上利益谈判争取有利环境和条件。

1. 中国议题与美国对日政策的变化

随着美国势力向东亚地区扩张，美国越来越多地卷入中国的事务。1900 年 7 月义和团运动期间，美国国务卿海约翰（John Milton Hay）表示："美利坚合众国政府的政策是为给中国带来长期的安全与和平，为维护中国的领土与主权的完整，为保护一切由条约和国际法所授予友好各国的权利，为世界各国捍卫与整个中国平等公正地通商的原则而寻求一种解决方法。"要求平等贸易机会和尊重中国的主权完整一度成为美国对华政策的重要基础。在美国看来，只有维护中国的主权完整才能最

[①] 五百旗头真编著《日美关系史》，第 27 页。
[②] 五百旗头真编著《日美关系史》，第 31 页。

有效地坚持贸易机会均等的原则，才能从一个由四亿人口组成的未来市场中获取巨大的利益。这就决定了美国必然要采取既反对瓜分中国，也反对别国排除美国而对中国实行统治的政策。

美国重视其在中国的商业利益，并不希望卷入列强利益争夺战，特别是此时在中国东北竞争日趋激烈的日俄关系之中。1901年，日本政府询问美国是否愿意向俄罗斯施压，要求俄罗斯撤出中国东北时，国务卿海约翰则表示，美国"当前并不准备单独地或与其他任何国家一道在东方使这种观点得以实施，正如在中国的领土与完整的问题上，它不准备做出对其他国家带有敌对性质的表示一样"。之后，对俄罗斯承诺将撤出中国东北却违背诺言一事，海约翰对西奥多·罗斯福说，美国对此毫无办法。1904—1905年日俄战争结束后，美国作为日俄的协调方在朴茨茅斯召开会议，罗斯福总统依然遵循的是"在日本和俄国之间保持平衡的政策，避免美国与日本在远东的利益发生冲突的政策"。

罗斯福表示，既然"日本的生死攸关的利益是在中国东北和朝鲜，那么我们不在中国东北问题上采取任何步骤是有利的。这样，我们就不会给日本人造成他们的利益受到威胁的感觉，不管这种感觉是否有道理，也不管这种感觉是多么微乎其微"。[1] 之后，罗斯福对其后任发出忠告："中国东北问题上，如果日本决定在一个对我们不利的方向上发展，那么除非我们做好参战的准备，否则是无法阻止日本的行动的。而要在中国东北打一场胜仗，我们需要一支像英国那样的舰队加上像德国那样的步兵。"[2]

由此可见，此时美国的东亚战略仍然是避免同日本发生利益冲突，但是美国新任总统塔夫脱（William Howard Taft）没有听取罗斯福的忠

---

① 邹谠：《美国在中国的失败（1941—1950年）》，王宁、周先进译，上海人民出版社，2012，第11页。

② 乔治·凯南：《美国外交》，葵阳、南木、李活译，世界知识出版社，1989，第35页。

告，主张将企业利益置于优先位置，推出用金元代替枪炮的"金元外交"，排斥日本与俄国在中国东北的统治地位，鼓吹这是与理想主义和人道主义观念相一致的，且与前任西奥多·罗斯福崇尚"实力"和"势力均衡"的现实主义色彩的"大棒政策"不同。在中国政策上，他总是强调"着眼于中国的未来，努力保持该国的行政及领土完整"，无不渗透着他"更加注重稳健且人道的理想主义"① 情怀。然而，历史的事实证明，"人道主义"与"理想主义"只是塔夫脱政府用来掩饰美国谋取经济利益的遮羞布。

塔夫脱总统开始修正罗斯福与日本划分势力范围的政策，要求在中国东北与日本分享铁路特权，遭到日本政府的强烈反对。同时，1908年，美国国务院设立远东部，负责制定东亚政策，该部成员多为反日亲华派，认为拥有悠久历史文明的中国比日本更加优秀，重视与地大物博的中国的关系可以获取更大的经济利益。因此，塔夫脱政府的东亚政策逐步由侧重日本的罗斯福-鲁特路线，转变为以中国为中心的塔夫脱-诺克斯（Philander Chase Knox）政策，推翻罗斯福政府时期达成的牺牲中国、容忍日本在中国东北势力范围的《高平-鲁特协定》。这意味着，美国政府不再容忍日本在中国获取排他性利益的做法。

美国反对任何国家瓜分中国，且排除美国在中国的利益，而日本一直试图单独征服并控制中国。1909年9月，美国国务院在说明"金元外交"政策的备忘录中指出："我们在亚洲海域的利益要求我们防止其他列强在北京获得占统治地位的利益与影响，美国在中国的声誉不容降低。"在"中东铁路"事件发生后，美国国务卿史汀生阐述对日本采取强硬政策的原因："美国在发展与中国的友谊方面有一个很好的开端。当中国急需帮助时，如果我们对她置之不顾，那么这将是最愚蠢的鼠目

---

① 五百旗头真编著《日美关系史》，第59页。

寸光之举。"然而，塔夫脱政府的"金元外交"没有使美国获得在中国东北的利益，其东北铁路"中立化"方案遭遇日、英、俄的联合抵制未能实现，反而促使日俄缔结公约维护各自势力范围。

即便如此，美国政府并没有放弃对中国事务的介入。1911—1912年中国辛亥革命爆发时，美国总统威尔逊（Thomas Woodrow Wilson）宣称："我们这一代最有意义的事件，如果说它不是最重大的事件的话，是正在觉醒的中国人民意识到他们在一个自由的政府下所能享有的各种可能。美国人民对此抱有深厚的同情心。"美国如此看待中国，实则是从未来的憧憬中得到极大的激励：一个具有古老文明的大国将变成一个现代的国家并追随美国的领导。[①] 可以看出，美国的对华政策不同于其他列强赤裸裸的抢夺，但也是从其本国利益出发作出的选择，中国付出的代价仍是国家的主权、独立与尊严。

然而，由于地理位置上相对孤立，美国孤立主义传统仍发挥重要作用；美国此时尚不具足够的实力，也未做好通过武力来实现其对华政策的准备；同时，美国经济高度自给自足，它对海外市场和经济特权的需求程度仍有限度。为此，尽管美国的理想赋予它的远东政策以积极的和干涉主义的特征，但没有美国官员认为在中国打一场战争以捍卫或推进美国的利益是有道理的。[②] 除非美国认为当它在中国的利益对它来说是生死攸关的或至少是必不可少的时候，对美国来说，使用武力才是正当的。

无论如何，不少美国人还是产生日本威胁美国在东亚利权的担忧。加之"黄祸论"在西方国家盛行，西方国家认为不是白人国家的强国日本是一个可怕的存在，意识到日本在中国东北的排他性控制，可能影响美国在中国东北商业利益的实现，只是美国无法得到其他列强的有力支

[①] 邹谠：《美国在中国的失败（1941—1950年）》，第4页。

[②] 邹谠：《美国在中国的失败（1941—1950年）》，第7—8页。

持，自身外交缺乏军事实力支撑。美国试图"通过金元外交实现其亚洲目标，抵抗日本在中国东北的扩张，并力推罗斯福开启的海军建设"，[①]但成效甚微，而且刺激了日本海军的敏感神经。1910 年，日本海军大臣斋藤实（Saito Makoto）建议增强海军实力，提出必须警惕美国从门罗主义转向帝国主义并介入中国东北问题。[②]

2. 排日移民法案和土地法案加剧美日矛盾

日本通过日俄战争以实力改变现状以后，暂时成为维持现状的拥护者并致力于巩固其战争成果。其主要的目标是确立"帝国"的势力范围，赢得国际上对日本新的地位的承认和支持。然而，美国排日移民法案与土地法案出台实施，导致日本对美敌意上升。日美间摩擦日渐增多，反映至海军层面就是以对方为假想敌展开的军力建设与展示。

1890—1907 年是日本人移民美国的高峰时期，1900 年，在美国大陆的日本人为 24326 人，1910 年为 72157 人，1920 年达到 111010 人。1900 年以后，工会工人党主导着旧金山市的政治，对于维持低工资工作、非工会成员的日本移民进行攻击；1905 年，日本东京发生反对《朴茨茅斯条约》的"日比谷骚乱"事件，美国加州地方媒体登载煽动主张排日的新闻，美国对日印象趋于恶劣；1906 年，美国旧金山教育局决定将日本学童隔离至东洋人学校，这极大地刺激了日本强烈的民族自尊。由于在国际社会中有过近代签订不平等条约的经历，日本对获得国际平等待遇十分敏感，不能允许给予日本不平等的待遇。[③]

日本对这种明显的种族歧视反应强烈，东京和横滨出现反美抗议活

---

① 乔治·贝尔：《美国海权百年：1890—1990 年的美国海军》，吴征宇译，人民出版社，2014，第 51 页。

② 麻田贞雄：《宿命对决：马汉的幽灵与日美海军大碰撞》，第 64 页。

③ 五百旗头真编著《日美关系史》，第 50 页。

动，在东京还发生美国教堂被焚事件。日本报纸强烈呼吁政府派军舰到美国西海岸去护侨。美日矛盾由于移民问题而爆发，两国均出现"战争威胁论"的声音。美国开始制订与日本对阵太平洋的"橙色计划"，但该计划准备将战列舰队集中于大西洋，并没有使用海军对菲律宾提供直接防御，也没有计划在夏威夷以西投放强大的地区性兵力，在太平洋仍采取守势。同时，罗斯福要求大西洋舰队进行全球巡航，通过军事展示方式对日形成威慑政治效果。这与罗斯福总统时期秉持对日友好政策有关，他在政治层面并不想同日本发生直接的军事冲突。

1907 年却成为日本海军史上重要的转折点。日本陆海军大臣和最高统帅部制定了《帝国国防方针》，包括附件《帝国国防所需兵力》和《帝国用兵纲领》，指出尽管必须和美国保持友好关系，但双方因地理、经济和种族的原因存在着冲突的可能性，从海上作战的角度来看，日本最重要的假想敌是美国，日本的国防须"以攻势为特点"。为此，国防兵力中的海军需要建造一支由战列舰 8 艘、巡洋舰 8 艘组成的常备"八八舰队"。1907 年 3 月，日本拥有 25 艘战列舰和装甲巡洋舰，美国则拥有 35 艘。日本处于劣势的现状亟待改变。为达到美国海军 70% 的水平，日本海军自此开始打造"八八舰队"的时代。

此时美国进一步收紧日本移民进入美国的政策。1907 年 3 月 14 日，国会授权总统禁止日本劳工从夏威夷、加拿大和墨西哥边境进入美国。尽管 1908 年日美达成"君子协定"，日本每年把向美国的移民限制在 500 人，并承认美国有权拒绝接纳移居其他国家的日本移民，美国取消隔离学校，解决日本学童事件，日本政府则保证不再给到美国的劳工颁发护照，但是美国根深蒂固的种族歧视观念没有改变。同年，日本海军展开以美国为假想敌的首次大规模军演，假定"美军将攻占日本在奄美大岛的基地并北进，日本将在四国南部进行反击实行舰队决战"。①

然而，移民问题并没有就此终结。1910 年，美国加利福尼亚州举行地方选举，民主党政治家利用白人社会对外来文化流入的不安炒作日本移民问题。1913—1924 年，美国西部各州和联邦政府陆续通过了一系列歧视和排斥日裔移民的立法，颁布了所谓《外国人土地法》，矛头直指日裔移民。1914 年 4 月，日本大隈重信内阁成立，新内阁更加重视日本的威信和国际地位，对于当时美国以"排日土地法"为前提举行会谈表示拒绝。7 月，第一次世界大战爆发，东亚多边力量格局被打破，日本趁势扩大国家防御圈，迅速"南进"占领德国在中太平洋的岛屿。这引起美国极大的恐慌和愤怒，美国海军战略委员会就警告道，这会"对关岛以及菲律宾的舰队行动造成永久威胁"。② 1915 年，日本强加给中国的"二十一条"也在美国海军界激起强烈反响，美国认为如果日本成功控制中国，将彻底扼杀外贸并将白种人从远东赶走。为应对日本威胁，美国海军应派遣优势舰队前往远东，建立在西太平洋的统治地位，确保对该区域的控制，并能够切断日本的海上交通。③

美日间利益冲突加剧彼此间军事对立认知。美国由此加速扩大海军军备和太平洋军事设施的建设，日本则认为美国把国家政策强加于日本，恶意阻挠日本的发展，如果美国不停止在日本周边建立基地，战争就无法避免。虽然双方海军的反应比较激烈，但政府层面还是竭力维持表面的友好关系。美国政府采取劝说、调解等方式阻止国内排日活动，避免移民问题影响政府对日外交。然而，一战结束后，美国排日运动再次死灰复燃，这主要是因为日本移民的土地所有量没有明显减少，刺激

---

① 麻田贞雄：《宿命对决：马汉的幽灵与日美海军大碰撞》，第 63 页。

② Edward S. Miller, *War Plan Orange: The U.S. Strategy to Defeat Japan, 1897 - 1945* (Naval Institute Press, 2007) , p. Ⅲ.

③ William R. Braisted, *The United States Navy in the Pacific, 1909 - 1922* (Austin: University of Texas, 2008) , pp. 207-208.

了与之存在竞争关系的白人。日本则为维护自己作为"一等国"的体面，绝不会对再度高涨的排日运动坐视不管。①

1920 年 11 月 2 日，美国加州通过更为严厉的第二次"排日土地法"。1921 年，联邦国会通过法案，规定"任何国家移民的数量每年度不能超过该国 1910 年在美侨民的 3 ％"。1923 年日本《帝国国防方针》提出对美必战论，原因之一是"加利福尼亚州对我国人之排斥已渐渐波及其他各州，愈来愈根深蒂固。在夏威夷的日本人问题并不容乐观。这些起因于经济问题和人种偏见之每年的纠纷甚难解决，利害之冲突，感情之隔阂，将来会越来越大。如此下去，总有一天与我帝国发生冲突已是必至之势"。②

1924 年，美国联邦国会通过的移民法规定，只有有权成为美国公民的人才能进入美国。该部移民法也因此被非正式地称为"排日法"。这对日本产生了巨大震撼，加深了美日之间原本存在的裂痕。移民法于 7 月 1 日生效，日本政府宣布这一天为"国耻日"。日本国内报纸称，美国国会将日本人视为劣等民族为将来可能发生的"剧烈的种族争斗埋下了种子"。③ 这场由移民问题引发的排日浪潮，转化为种族主义偏见，将双方逐步推向冲突的边缘。

美国歧视和排斥日裔移民等相关法案是刺激美日趋于对抗的催化剂。虽然移民问题并不涉及双方的重大战略利益，但任其恶性发展就可能损害两国之间竞争与合作关系的基本格局。美国政府试图在排日移民问题与安抚日本情绪之间保持平衡，避免该问题对美日关系造成重大损害。反观日本，此时的日本存在着双重属性，它在"对落后的亚洲各国

---

① 五百旗头真编著《日美关系史》，第 95 页。
② 刘世龙：《美日关系（1791—2001 年）》，世界知识出版社，2003，第 291 页。
③ 戴超武：《美国移民政策与亚洲移民（1849—1996）》，中国社会科学出版社，1999，第 68—69 页。

发挥强烈的军事侵略性的同时，在同先进资本主义国家的关系中，又一直没有失去其半殖民地的从属性"。① 也就是说，美国没有真正将日本作为平等国家而对待，而日本的力量尚不足以与美国在远东进行公开对抗，只能以协调外交为主，不得不作出更多的让步。

3. 罗斯福政府展开以日本为对手的造舰计划

罗斯福深受马汉海权思想的影响，重视海军舰艇的建设与海军军力在外交中的政治运用。增加战列舰的建设便是当时美国海军建设的重点之一。1905 年 12 月，罗斯福在致国会的年度报告中说：今后每年只需增加一艘战列舰即足以保持舰队的实力。1906 年，美日矛盾日益尖锐，罗斯福要求海军递交一份关于美日海军实力对比的详细报告。之后，乔治·杜威海军上将报告说：美国海军现在有 12 艘战列舰可用，还有 4 艘正在维修，有 8 艘在建；日本海军只有 5 艘战列舰可用，有 5 艘正在维修，有 3 艘在建。到 1907 年夏天，美日双方可用战列舰数量之比将是20 : 12。此外，美国早已具备独立制造战列舰的能力，而日本自行建造的 2 艘萨摩级战列舰还远未完工，其重要部件还需从英国进口。

1906 年 12 月，罗斯福为推动美国海军建造大量无畏级战列舰，开始支持海军部每年更换和增加 2 艘战列舰的计划，而当时国会只授权在1907 年建造 1 艘战列舰。美日危机爆发后，罗斯福通过夸大战争危险来争取国会支持建造无畏舰。1906 年 12 月 3 日，罗斯福致国会的年度咨文中对日本军人的素质、战斗力极力加以赞颂，把日本军人的表现拔高到无以复加的地步。他表示，日本的陆军和海军的战斗力已证明他们可与历史上记载的任何军队相比。日本产生了伟大的陆军上将和非凡的海军上将。无论在海上还是在陆上，其战士表现了最英勇的气概、坚贞的

忠诚、对困难和死亡的极度蔑视，这就是忠诚的武士们的特质。日本军人还展示出他们极高的爱国主义理想。

罗斯福想说服国会议员不要支持加州的种族歧视政策，而是批准每年更换和增加 2 艘战列舰的计划。1907 年 1 月，罗斯福在众议院指出，美国必须建造无畏舰，否则美国的地位将受到削弱。他还提交一份《关于无畏级战列舰的技术质量》的文件，说明发展无畏舰给美国带来的巨大政治影响，但由保守势力控制的国会最后只批准了建造 1 艘战列舰的计划。7 月初，日本国内的战争气氛逐渐消退，罗斯福下令将亚洲舰队的所有大型战舰撤回大西洋，并敦促财政部长将储存在旧金山的国家储备黄金转移到丹佛。罗斯福试图以此警告国会议员：如果美日战争爆发，日本可能随时进攻美国的西海岸。12 月，罗斯福在致国会的年度报告中提出建造 4 艘最先进战列舰的要求。经过激烈的政治斗争和讨价还价，美国国会最终批准 1908 年和 1909 年建造 2 艘战列舰的计划。美国海军建设得以与世界海军发展潮流保持一致。

1908 年，美日达成君子协定，移民问题暂时平息。对于两国军方间的战争叫嚣，罗斯福总统则试图通过"大白舰队"环球航行计划，以政治方式化解两国间的战争杂音，使日美沙文主义舆论趋于平静。对于美国的主战派而言，环球航行表现出美国不是对日本单方面让步；对于日本的主战派而言，环球航行使其明白居于世界第二位和第五位的两国海军实力之间存在很大的差距，如果发动战争，日本无论如何也不是美国的对手。[①] 环球航行在远东地区经过夏威夷、新西兰、澳大利亚以及菲律宾。所幸此时日本政治家也较为理性地看待美国环球航行，没有附和军方主战派的意见。

在民众广泛支持扩建海军的气氛下，罗斯福政府不断加强水面舰艇

---

① 五百旗头真编著《日美关系史》，第 51 页。

的建设。1909 年 2 月，即将卸任的罗斯福总统告诫下一任国务卿诺克斯：美国与日本之间仍存在爆发矛盾的隐患，故在处理对日关系时一定要小心谨慎，同时还应加强海军以准备应付可能发生的战争。此后，美国除了加强在亚太地区的军事实力，还致力于瓦解明显威胁美国利益的英日同盟。[①] 1908 年，日本举行首次以美国为假想敌的大规模军演。可以看出，双方政治矛盾的加剧表现为以对方为假想敌的军备发展和军演，这也促使双方更加重视军事制海能力的提升。

二、两次世界大战期间的美日矛盾激化与军备竞争

两次世界大战期间，美日围绕中国山东问题、德属太平洋岛屿问题、限制军备问题展开激烈交锋，美国试图通过条约形式将日本置于英美主导的东亚海洋秩序之下，抑制日本单方面以力量大幅改变地区现状的行为，而日本则要扩张其在东亚地区的利益，抗衡美国的控制，不断扩军备战，以实现独霸东亚西太平洋地区的野心。随着世界战略格局变化，美日在太平洋地区的矛盾逐步激化，双方在拟定未来战争计划时都把对方作为主要敌手。[②] 随着大英帝国在东亚地区的衰落，美日努力建立各自主导的东亚秩序，通过加强海权建设提升制海能力，以确立相对于对方的力量优势与威慑态势。

1. 一战期间的美日西太平洋地区的利益竞争与妥协

1914 年 8 月，日本内阁会议决定参战，利用列强忙于欧洲战事以及英日同盟的契机，迅速展开南北并进的扩张态势。日本外相加藤高明提

---

① 荣正通、汪长明：《西奥多·罗斯福对美日危机的管理》，《文史天地》2011 年第 9 期。
② 王绳祖等《国际关系史》（第五卷），世界知识出版社，1995，第 282 页。

出，"趁此时机从东洋清除德国之据点"。① 日本向德国发出最后通牒，要求德国从日本和中国水域撤出军舰和武装船只，将其在中国胶州湾权益移交日本。之后，日本在中国山东半岛登陆，占领胶济铁路和青岛，取代德国在山东的殖民统治地位。10 月，日本"南进"占领赤道以北德属太平洋岛屿，包括马里亚纳群岛、加罗林群岛与马绍尔群岛，从而将在太平洋的控制海域向前推进 3000 海里。日本对岛屿的占领直接影响着美国与西太平洋地区之间的海上通道安全。

中国政府对日本扩大战争的行为表现出担忧，希望美国出面干涉，但美国政府没有同日本开战的准备，对日作战计划"橙色计划"在 1914 年进行了修改，却没有解决海军的行动困境，就是战争时如何迅速将庞大的兵力从大西洋转移至西太平洋。对美国来说，太平洋战略优先等级低于大西洋，这决定美国政府不会为中国的利益而同日本发生战争。1915 年 1 月，日本向中国政府提出"二十一条"。② 美国采取容忍中日"特殊关系"的绥靖政策，条件就是日本承诺不对领土内的外国利益采取垄断性和歧视性措施。然而，日本政府将美国的绥靖政策理解为对其在中国政策的默许，大举向中国增兵施压，强迫中国接受损害主权的条款。对日绥靖政策未能有效地约束日本，于是美国在《第二次布莱恩备忘录》中表示，美国绝不容忍日本侵犯中国主权的政策和行为。

由于美国忙于与墨西哥的纷争以及欧洲对德潜水艇战，重心不在亚太，美国只能采取避免对东亚、太平洋问题过度干预的政策，但是围绕"二十一条"美日间产生对立，这不仅是威尔逊对日不信任的原点，也成为决定此后威尔逊政府对日政策的重大原因。③ "二十一条"之后日

---

① 信夫清三郎主编《日本外交史》（上册），商务印书馆，1980，第 393 页。
② "二十一条"共五项，分别为：第一项山东问题；第二项"南满"和内蒙古东部问题；第三项汉冶萍公司问题；第四项禁止中国割让、租借沿海港湾；第五项列举的其他希望达成的条款。
③ 五百旗头真编著《日美关系史》，第 68 页。

本的扩张活动加剧美日关系的恶化。1916 年，美国驻日大使格思里（George W. Guthrie）表示，"美日两国在中国问题上有发生战争的危险或可能性"，两个国家必须就这个问题达成协议。①

1917 年，日本同其他协约国（英俄）缔结秘密条约，支持它获得在赤道以北原德属岛屿和德国在山东的权利。为促使美国对这些权利作出保证，日本希望同美国就解决各自关注议题展开谈判。4 月 6 日，美国参加对德作战，为集中全力在西线战胜德国，华盛顿也想与日本达成确保太平洋和平与现状的协议。美国主动要求日本政府派特使赴美，表示双方可以讨论远东问题、美日在太平洋的海军合作问题以及稀缺资源的分配问题。② 日本对谈判表现出兴趣，任命石井菊次郎为特使，训令在谈判美国提出的议题外，主要谋求解决在美日本人的地位和日本在华特殊关系问题。③ 中国问题成为美日谈判的核心议题。

美国重申传统的在华"门户开放"政策，反对日本独霸中国的野心，而日本则要求美国承认其在中国的优越地位和特殊利益。最终，为巩固其联日抗德的战略态势，美国对日作出原则性妥协，换取日本与美国的战时合作。1917 年 11 月，美日达成《兰辛-石井协定》，规定美国承认日本在华有特殊利益，日本则承认美在华奉行的"门户开放"政策。该协定是日美对华政策对立妥协的产物。美国主张与日本在平等基础上共同侵华，而日本则谋求在华拥有凌驾于美国之上的支配地位。美国虽没有承认日本要求取得的在华"优越地位"，却首次承认日本在华有"特殊利益"。④ 协定暂时缓和日美在华利益分歧，但并没有从根本上解决之，这成为战后远东秩序安排时美日争论的焦点。

---

① 罗伊·沃森·柯里：《伍德罗·威尔逊与远东政策（1913—1921）》，张玮瑛、曾学白译，社会科学文献出版社，1994，第 126—127 页。
② William R. Braisted, *United States Navy in the Pacific, 1909–1922*, p. 328.
③ 外务省编纂《日本外交文书》（第 3 册），日本外务省，1968，第 729 页。
④ 刘世龙：《美日关系（1791—2001 年）》，第 229 页。

此外，日本"南进"占领赤道以北原属德国的南太平洋诸岛，将制海攻势范围扩张至该区域，确立日本海军在西太平洋地区的明显优势地位，危及既有的东亚海洋秩序。这引起美国威尔逊政府的担忧。就这些岛屿的战略价值而言：第一，日本占据加罗林群岛和马绍尔群岛意味着日本在将之要塞化后就有能力切断夏威夷和菲律宾之间距离最近的海上通道。"对菲律宾或者一些远离美国的殖民地进行攻击有可能发生，不能不引起注意。"[1] 如果日本进攻菲律宾，美国就只能绕道驰援。第二，日本占据的岛屿之一雅浦岛是北美通往中国、东南亚和澳大利亚的海底通信电缆枢纽，日本对之取得排他性控制意味着美国可能失去其与东半球进行通信联络的唯一备用线路。[2] 雅浦岛成为战后华盛顿会议美日争论的议题之一。

由于当时美国作战重心在欧洲战场，美国海军希望日本接替美舰在太平洋的巡逻任务。对于美国来说，这不但可减轻美军在太平洋的负担，使美国可以集中力量在大西洋作战，而且盟国在太平洋的利益可以"完全得到保障"，[3] 日本袭击菲律宾并威胁海上通道的可能性也随之降低。为此，日美签订海军协同作战协定，日本获得在该海区的局部控制权，但这也助长了日本在东亚建立垄断性地区秩序的战略野心。

2. 美日华盛顿会议重塑西太平洋地区秩序

第一次世界大战结束之后，美国的权力增长，声望提高，它不再需要面对一个世界大国集团，而可以采取有效的措施，实行公开的远东政策，避免了之前列强热衷于保护各自在中国的特殊利益与特权，而无法

---

① 罗伊·沃森·柯里：《伍德罗·威尔逊与远东政策（1913—1921）》，第159页。
② 刘世龙：《美日关系（1791—2001年）》，第240页。
③ William R. Braisted, *United States Navy in the Pacific, 1909-1922*, p. 335.

确保美国对华政策的有效施行。[①] 同时，日本战争时期占领的赤道以北德属岛屿和在中国的领土扩张获取的诸多权益极大地增强了日本在西太平洋的军事地位，特别是其对中国沿海的绝对控制得以提升。

美日在亚太地区力量的增强带来的是对亚太地区秩序的塑造。美国通过华盛顿会议对列强在远东地区的海军军备规模进行规范性制约，弱化它们在中国的势力，并拆散英日同盟来削弱日本的地区优势。在1921—1922 年由美国主导的华盛顿会议上，美国展现出与其实力相称的世界领导者姿态，试图确立美国居首要地位的太平洋秩序。华盛顿会议主要议题为太平洋问题、中国山东问题和海军裁军。美日双方有意愿开展谈判，但在利益协调方面展开激烈的战略博弈。

太平洋问题上，双方在具有战略意义的德属太平洋岛屿委任统治方面发生利益争执。1920 年 12 月 17 日，国联通过《关于太平洋中赤道以北旧德国殖民地委任统治书》，正式标志着该地进入日本统治下的委任统治时期。1921 年 12 月，美、日、英、法签订《关于太平洋区域岛屿属地和领地的条约》（简称《四国条约》），条约规定，"互相尊重它们在太平洋区域内岛屿属地和岛屿领地的权利"，"缔约国之间发生有关太平洋某一问题的争端"时，应召开缔约国会议解决。美国以《四国条约》拆散英日同盟，结束两国在太平洋地区的合作状态，消除了美国在远东争霸的一个障碍。日本则通过该公约首次同欧美列强处于平等地位，它在太平洋地区三岛的委任统治权得到正式承认，这巩固了日本对太平洋上的岛屿控制与海上地位。

然而，美国又担心日本对托管岛屿加以军事要塞化，"因为这些为数众多的岛屿都横列在从夏威夷到菲律宾的航线上，并有可能发展成日

---

① 邹谠：《美国在中国的失败（1941—1950 年）》，第 13—14 页。

本的海军基地，而美国在这一地区只有关岛"。① 于是，美国提出关于岛屿托管的决定中不包括雅浦岛，日本则坚持将全部岛屿置于日本委任统治下。在美国的压力之下，日本同意与美国分享雅浦岛的权益。双方于1922年2月签署《日美关于雅浦岛及其他赤道以北太平洋委任统治岛屿条约》。美国以不再质疑日本在赤道以北德属岛屿的委任统治权，换取在雅浦岛的自由出入权、居住权、财产权、电缆通信权、无线通信权及其他特权。随着一战后英法在亚太地区实力的下降，美日逐步成为中太平洋地区事务的实际主导者。

在中国山东问题上，日本反对在华盛顿会议上讨论山东问题，坚持在中日双边范围解决之。中日签署《中日解决山东悬案条约》及附件，规定日本将胶州湾归还中国，中国将该地全部开为商埠；撤退日本在青岛、胶济铁路沿线的驻军；胶济铁路归还中国，由中国付赎金等。除租借地外，其他诸如废除"二十一条"、撤销列强在中国的治外法权、中国享有财政和关税自主权等合理要求都形成相应的条约或协议书。1922年2月，美、日、法、英等九国签订了《九国关于中国事件应适用各原则及政策之条约》（简称《九国公约》），条约声称"尊重中国的独立和领土、主权的完整"，遵守"在中国之门户开放或各国商务实业机会均等"的原则。条约的签订使日本独占中国的政策受到沉重打击，标志着美国外交的又一重大胜利，中国回到多个帝国主义国家共同支配的局面。

在海军军备问题上，美日主流派为控制无限制海军军备竞赛，同意开展军备限制谈判。第一次世界大战推动列强追求战列舰更大的规模和火力。威尔逊政府提出从1916年到1919年美国海军将形成拥有多达50

---

① 罗伊·沃森·柯里：《伍德罗·威尔逊与远东政策（1913—1921）》，第251页。

艘战列舰的庞大舰队计划。① 一战后，美国改变传统海军力量集中在大西洋的做法。1919 年，成立两洋实力相当的战列舰队。1921 年，海军将 10 艘最强大的战列舰调往太平洋，就此将海军重心转向太平洋。② 1920 年 7 月，日本国会批准海军制订新的"八八舰队计划"，计划建造一支由 103 艘舰艇组成的舰队，主力包括舰龄均在 8 年以内的 8 艘无畏级战列舰、8 艘战斗巡洋舰，同时组建 9 个海军航空队。

双方无限制的扩建海军和在远东太平洋地区的扩张，均令对方认为有必要展开军备谈判。一方面，日本海军内部对日美军备竞赛与日本军备发展出现激烈争论。以加藤友三郎海军大臣为代表的条约派认为，与美国的军备竞赛是毁灭性的，和平共处与外交调整比对抗和冲突更有利。日本未来应位居亚洲之首，并非自行其是而是融入国际社会，做到这一点不能通过暴力的修正主义而要依靠渐进主义。帝国海军应是一支防御力量，舰队主要任务是威慑美国。以军令部部长加藤宽治为代表的舰队派则认为，美国必定成为日本经济、文化、军事上的竞争对手，日本只有拥有一支强大的舰队才能对付美国，日本应做好海上决战的准备。日本如果无法实现马汉式的战列舰主力拦截战略，那就只能通过改良式的渐进战略，利用限制以外的巡洋舰、驱逐舰和潜艇，辅之以高水平训练、战术创新，改进武器等打败美国舰队。③

加藤友三郎被任命为华盛顿会议首席代表，并得到原敬首相的全力支持，加藤宽治仅作为首席顾问参加代表团。在加藤友三郎看来，新的"八八舰队"超出日本经济承受能力。避免陷入军备竞赛的条约派占据优势，这为日美达成军备限制条约、实现关系缓和提供可能。

---

① E. B. Potter, *Sea Power: A Naval History* (Annapolis: Naval Institute Press, 1981), p. 232.

② William R. Braisted, *United States Navy in the Pacific*, *1909-1922*, p. 548.

③ Sadao Asada,"The Revolt against the Washington Treaty: The Imperial Japanese Navy and Naval Limitation, 1921-1927," *Naval War College Review* 46, no. 3 (1993): 82-97.

另一方面，美国海军与国务院、国会对于战后海军扩张计划的必要性、日本安全威胁等存在分歧。海军希望充实更多战列舰应付日本水面舰队，将西太平洋系列岛屿发展为驻防基地，作为战争到来时海军向西行进的跳板。此时，美国国内孤立主义盛行并忙于推动经济恢复与军队复员等工作。总统哈定（Warren Harding）和国务卿休斯（Charles Evans Hughes）的目标是降低战争威胁而非打赢战争。[①] 他们重视外交政治手段而非动用军舰解决问题。美国国会不认为日本威胁足够大到需要扩张军备，反而在 1921 财政年度海军拨款上附加修正案，要求政府与日本达成协议，并将未来 5 年的舰船建造减半。

应该说，该时期日美内部主流派同意进行军备限制、建立稳定的东亚秩序，避免海军军备竞赛消耗巨额军费，以及由此产生的安全危险。这是由美国发起，多国参与的华盛顿会议取得成功的关键。于是，按比例限制军备成为美方提出供各方谈判的替代方案。美国国务卿休斯提出，未来 10 年内不再建造新的舰艇，将美、英、日的主力舰吨位比保持在 10∶10∶6，换算成标准吨位，主力舰美英为 52.5 万吨，日本为 31.5 万吨，航空母舰美英为 13.5 万吨，日本为 8.1 万吨。日美围绕海军比例方案曾发生激烈争执。日方以加藤宽治为代表的强硬派坚持 70% 的比例，一度致使双方会谈陷入僵局。

最终，日本从财政负担和对美协调外交大局出发作出让步，条件是"减少太平洋防务或至少维持现状，从而削弱美国舰队在太平洋的集中活动并保持现在的均势"。[②] 双方规定各自维持防务现状的地区为：第一，美方包括菲律宾、关岛、萨摩亚、阿留申群岛等在太平洋地区已占有或将来可能占有的岛屿，但夏威夷、阿拉斯加和巴拿马运河区除外；

[①] 乔治·贝尔：《美国海权百年：1890—1990 年的美国海军》，第 102 页。
[②] 鹿岛守之助：《日本外交：1894—1922》（第 3 卷），鹿岛国际和平研究所，1980，第 467—469、471 页。

第二，日方包括千岛群岛、小笠原群岛、奄美大岛、琉球群岛、台湾和澎湖列岛，以及将来可能占有的岛屿。[1] 在这些地区，双方均承诺不可以建立海军基地或使之要塞化。

1922 年 2 月，日、美、英、法、意五国签署《限制海军军备条约》（亦称《五国公约》），对美国的主张和美日协调结果予以确认。条约规定主力舰、航空母舰的比率；5 国 10 年内不许建造大型军舰（包括战列舰和战列巡洋舰），现有大型军舰不可超过 3.5 万吨；不在太平洋各岛屿建造要塞和海军基地。由此，美国实现对日保持海军优势，成为最强大的海军国家之一，英国则被迫放弃舰队实力应超过两个最强国家海军舰队总和的"双强标准"，接受与美国海军实力相等的"一强标准"。

日本利用在西太平洋的力量优势，形成由远东的库页岛南部—日本本土—琉球群岛—台湾岛—澎湖列岛组成的包围东亚大陆的第一道防线，以及由远东的堪察加半岛以南的千岛群岛—日本本土—小笠原群岛—南洋群岛组成的环绕西太平洋的第二道防线。这两道防线的存在使日本海军在西太平洋占据垄断地位，[2] 保证日本在未来战争中能够在西太平洋取得对美英的制海优势，奠定了日本主导东亚海洋秩序的基础。美国则被迫放弃在阿留申群岛、关岛和菲律宾修建新的海军基地和要塞。这使得日本在第二次世界大战初期可以采取突袭取得重大胜利。[3]

《限制海军军备条约》在世界裁军史上具有重要意义，它标志着制海权已经成为全球利益的支配性力量，并以此为基础确立起各国在国际格局中的地位，但条约对各方制海权的规范作用只是暂时性的妥协。在华盛顿会议召开时，日本的军舰总吨位仅是美国的 50%，按照新的比率

---

① 外山三郎：《日本海军史》，第 86 页。

② Xu Qiyu, "Conflict at Sea: How It Happens and How It Can Be Avoided," in Peter Dutton, Robert S. Ross and Øystein Tunsjø (eds.), *Twenty-First Century Seapower: Cooperation and Conflict at Sea* (London and New York: Routledge, 2011), p. 52.

③ 王生荣：《海权对大国兴衰的历史影响》，第 139—140 页。

来算，日本海军实际又争取到 10% 的发展范围。即便如此，日本没有完全达成 70% 目标，令日本以加藤宽治为代表的对美强硬派极为不满："与美国的战争始于今日。一定要报复。"[1] 1923 年，日本制定《帝国国防方针》，把美国定为日本的头号敌国，声称"帝国不久将来之国防，应以与我发生冲突可能性最大且有强大国力和军备之美国为目标而主要防备之"。[2]

美国也并非全是获利。美国同意报废 15 艘正在服役的战列舰，取消 1919 年建造 15 艘战列舰军备计划中的 11 艘，美国海军不能在夏威夷以西设立驻防基地，那么美国在菲律宾、关岛或者阿留申群岛就没有安全港口，这对美国的攻势制海战略极为不利。这意味着，美国将西太平洋的制海权让予日本，日本在该地区享有优势。美国的远东利益完全取决于日本的自制。[3] 此外，条约没有裁减巡洋舰，美国巡洋舰力量屈居英日之后，牺牲岛屿基地没有换得日本同等让步，无疑削弱了美国在西太平洋的影响力。[4] 1924 年，美国也制订了第一个具有国策性质的对日作战计划——"橙色计划"，这标志着日本已从美国可能的假想敌国变为必然的假想敌国。[5]

因此，华盛顿会议只是对战后亚太力量格局变化的重新安排，上述议题的处理没有形成令各方完全满意的解决方案，利益的分歧由于实力的差距、利益的考量而暂时搁置，而日美争夺利益的动力和追求制海权的野心没有改变，两国制海权争夺的态势越发突出。华盛顿体系下的太平洋注定不会太平，华盛顿会议后的和平成为列强为再战积聚力量的短和平。

---

[1]　细谷千博、斋藤真主编《华盛顿体制与日美关系》，东京大学出版社，1978，第 363 页。

[2]　刘世龙：《美日关系（1791—2001 年）》，第 291 页。

[3]　乔治·贝尔：《美国海权百年：1890—1990 年的美国海军》，第 113 页。

[4]　Dudley W. Knox, "The Eclipse of American Sea Power," *American Army and Navy Journal* (1922): 137.

[5]　仇海燕：《美国日裔移民问题与 20 世纪初美日中三角关系》，《江海学刊》2008 年第 2 期。

3. 伦敦海军裁军会议限制美日辅助舰军备建设

华盛顿会议后，地区力量格局随之发生改变。这种新的力量结构的根本特点是，美日对立作为远东政治稳定的威胁因素，取代列强在相互冲突的利益中形成的多极平衡。战败的德国、暂时处于沉闷状态的俄国、被削弱的英国全都让位于一个强大的美国和太平洋彼岸它所面对的野心勃勃的日本。[①] 20 世纪 20 年代的美国基于条约而非能力来发展海军力量，反海军主义导致舰队力量削减、海军预算和使命缩小、海军技术革新和战略理论发展缓慢。在战列舰数量和吨位受限之后，各国将海军力量发展重心转向战列舰的加固和航母、巡洋舰、驱逐舰与潜艇等辅助舰的建造。

日本极为重视巡洋舰在地区防御战略中的作用。日本重型巡洋舰设计领先世界，在速度、巡航半径和火力等方面均优于美国。日本海军试图利用重型巡洋舰替代条约禁止的战列舰，在舰队决战中发挥重要作用。为争取在下次裁军会议中占据有利地位，日本军令部加快辅助舰的建造。至 1927 年日本辅助舰舰只数量已超过美国的 70%。同时，日本 1924 年后建造大量的远洋潜艇，巡航半径达两万英里，水面速度达 20 节，且配备性能可靠的鱼雷。日本拟定的潜艇计划就是具备战时侦察、监视并攻击美国舰队，在决战前消耗敌人大约 30% 的力量的军力。[②] 为克服日美间舰艇比例差距影响，日本开始进行夜间近战演习。

柯立芝（John Calvin Coolidge, Jr.）政府时期，美国更看重美元和条约对资本主义经济秩序与海上航行的影响。对于美国同其他国家巡洋舰差距的现实，政府主张延续华盛顿会议精神，将主力舰比例标准方案

---

① 邹谠：《美国在中国的失败（1941—1950 年）》，第 13 页。
② 麻田贞雄：《宿命对决：马汉的幽灵与日美海军大碰撞》，第 139—140 页。

适用于辅助舰。① 美国力主举办辅助舰裁军会议以实现在总吨位上与英国的对等，在比例上确立对日本的优势，在总吨位上限以内建造各级别舰船，进而为美国增加重型巡洋舰在总吨位中的比重提供契机。此外，美国根据"橙色计划"展开大规模对日跨洋作战演习和巡航，这些能力有助于战时封锁并切断日本的海上交通线，夺取西太平洋制海权，瘫痪日本经济。

1927 年，日、美、英在日内瓦召开裁军会议商讨辅助舰军控问题，但日美就万吨级重型巡洋舰比例与火炮口径争执不下，美国甚至告诫日本，美国不会在可能成为交战海域的西太平洋给予日本任何优势。日内瓦会议无果而终。1929 年大危机重创之下的各国不得不紧缩财政，这推动了 1930 年伦敦海军裁军会议的成功。1929 年 6 月 28 日，日本代表团提出事先经内阁批准的三大原则：日本水面辅助舰总吨位占到美国的 7成；重型巡洋舰要达到美国的 7 成；潜艇保持现有的 7.8 万吨。② 日本代表团提案和强硬派拒不妥协的立场，令裁军会议陷入胶着状态。最终，美国作出部分妥协并于 1930 年 3 月 12 日达成美日《里德-松平协定》，规定日本对美国的辅助舰总吨位的比率分别为：重型巡洋舰为69.75%，轻型巡洋舰为 70%，驱逐舰为 70.33%，潜艇总排水量两国吨位持平。

4 月 22 日，美、日、英等国签署《伦敦海军条约》。该条约是美国主导的华盛顿体系下遏制日本军力发展，确立美国力量优势的继续。然而，从协定达成到条约签署期间，日本国内以文官为代表的海军省和以武官为代表的军令部发生激烈争论。海军省担忧在国际社会遭到孤立，以及财政趋于崩溃，试图避免与英美发生冲突，防止出现军备竞赛。军

---

① 细谷千博、斋藤真主编《华盛顿体制与日美关系》，第 362 页。
② 日本外务省：《日本外交年表并主要文书》（下卷），东京原书房，1966，第 147 页。

令部则认为协定仅是象征性给予 70% 的总吨位，而在关键性的重型巡洋舰和潜艇问题上却拒绝了日本的要求，这将给日本国内政策带来严重后果。[①] 政府从军事、外交和财政的角度出发主张缔结条约，海军领导人加藤宽治、冈田启介等强硬派不得不同意政府的决定，但此举却引起海军年轻军官"舰队派"的哗然，军令部与海军省的关系完全破裂。

对于美国来说同样如此，美国海军认为从华盛顿到伦敦，美国对日本作出实质性让步，利益天平已向日本倾斜更多，美国在远东推行政策更不可能。《伦敦海军条约》是美国的重大失利，美国在重型巡洋舰比例上对日妥协，使日本牢牢掌握西太平洋的霸权和对东亚事务绝对的支配权。[②] 以国务卿史汀生（Henry Lewis Stimson）为代表的国务院则不以为然，认为海军谈论的对日战争是梦幻般的恐惧，美日不会因为中国问题发生战争，美国"门户开放"政策并不靠武力维系。史汀生期待通过支持日本温和自由派压制国内狂热的海军至上主义者，并声称日本是有效维持远东稳定的重要力量，可以通过条约实现两国合作，形成友邦关系。

可以说，美方没有充分认识到《伦敦海军条约》对日本海军军人和国内政治的影响程度，它严重削弱了日本温和派和华盛顿体系。伦敦海军会议后，日渐壮大的少壮军人都成为加藤宽治的信徒。他们都是马汉海权思想的信奉者，过度迷信军事力量的作用，竭力摆脱华盛顿条约体系制约，主张放弃对美协调路线。推行亚洲版"门罗主义"，完全掌握亚太地区的主导权，越发成为他们的思想共识。1932 年 2 月，伏见宫博恭大将出任海军军令部长，加藤宽治派的高桥吉三郎中将就任军令部次

---

① 麻田贞雄：《宿命对决：马汉的幽灵与日美海军大碰撞》，第 182、193 页。

② Robert W. Love, *History of the U. S. Navy: 1775–1941* (Volume 1) (Stackpole Books, 2017), pp. 559–561.

长，实际掌握了军令部的实权。① 军令部发言权的增加和支持条约的温和派领袖遭到暗杀直接影响海军军备条约的存续。

1932 年之后，日本军国主义色彩不断强化，强硬派主张发展海上力量，并提出与美国分治太平洋的主张，要求美国认可其独霸远东乃至西太平洋的目标。1934 年，日本驻美大使斋藤博在致国务卿赫尔（Cordell Hull）的备忘录中表示，两国政府相互承认：美国在东太平洋地区、日本在西太平洋地区是主要的稳定因素，两国政府将尽最大和不断的努力，在其适当和合法的范围内，在其各自国家地理上相近地区建立法治和秩序。② 美国不接受任何将其利益从西太平洋地区排挤出去的做法，也不想与日本发生公开对立。美国驻日大使格鲁（Joseph C. Grew）就此提出，必须在"不牺牲原则而又能争取将美、日间摩擦缩至最小限度的办法"③ 来推进对日政策。美国国内对日政策争论的焦点是在何种程度上绥靖日本，而奉行消极的"只说不做"的政策成为美国对日政策选项，即反对日本只应保持在口头上而不能见诸行动。④

美国消极绥靖政策是对日本扩张野心的纵容，日本军官们深受马汉海权学说影响，总是进行对抗美国的演习。日本在 1934 年制定的《处理非常政治事变纲要》中，确定将"逐步驱逐在东方的欧美势力""要有不惜挑起对英美战争的决心"⑤ 视为国策。日本对外战略趋于调整完善：第一，在政治上把欧美势力逐出远东，实行亚洲版"门罗主义"；

---

① 刘景瑜：《日本批准〈1930 年伦敦海军条约〉过程及对其政局的影响》，《安徽史学》2008 年第 6 期。

② U. S. State Department, Papers Relating to the Foreign Relations of the United States, Japan, 1931–1941, Volume Ⅰ, p. 233.

③ 约瑟夫·C. 格鲁：《使日十年：1932 至 1942 年美国驻日大使格鲁的日记及公私文件摘录》，蒋相泽译，商务印书馆，1983，第 152 页。

④ U. S. State Department: Foreign Relations of the United States Diplomatic Papers, 1935, the Far East, Volume Ⅲ, pp. 855–856, 829, 833.

⑤ 复旦大学历史系日本史组编译《日本帝国主义对外侵略史料选编（1931—1945）》，上海人民出版社，1975，第 112、114 页。

第二，在经济上建立封闭的东亚乃至"大东亚经济圈"；第三，在军事上南北并进，控制整个西太平洋。这决定着美国对日采取绥靖政策只会加速日美太平洋战争的爆发。[①] 随着日本国内"舰队派"与"条约派"之间权斗的发展，《军令部令》进行了修订，打破军令部从属于海军部的传统，树立军令部相对于海军省的优势，将海军在和平时期的指挥权移交给军令部总长，大幅削弱了海军大臣的控制能力。由此，军令部掌握了华盛顿-伦敦条约体系的命运。[②]

这决定了日美第二次裁军谈判走向破裂。1935 年 11 月，日本内阁会议认为，为了帝国海军能够控制西太平洋，保护重要的海上交通线，确保日本作为维持东亚稳定的重要力量的地位，实力对等是绝对需要的。[③] 内阁还决定任命日本舰队派永野修身作为首席代表参加第二次伦敦海军会议。在 12 月 9 日召开的伦敦海军会议上，美国拒绝接受日方要求实力对等的要求，认为这将有助于日本海军在菲律宾和阿拉斯加海域建立绝对优势。日本宣布退出裁军谈判，《华盛顿-伦敦海军裁军条约》归于失败。华盛顿体系下的海军裁军谈判破裂，东亚地区彻底丧失国际协调机制，国际体系内的合作时期就此结束。

日本战略是纯粹马汉式的，受马汉主义海战思想支配。至 1936 年海军军备条约期满时，日本海军总吨位已上升至相当于美国海军总吨位的 73%。要实现日美势均力敌并获取对美战争的胜利，日本必须在美国舰队穿越太平洋时先挫伤其 30% 的战斗能力。为此，日本加快建造岛屿基地和飞机场，研制最快、最强的远程鱼雷，在巡洋舰和驱逐舰方面获得充分优势，并建立现代化的潜艇力量和强大空军。[④] 同年 5 月，日本

---

① 刘世龙：《美日关系（1791—2001 年）》，第 261—262 页。

② 麻田贞雄：《宿命对决：马汉的幽灵与日美海军大碰撞》，第 220—221 页。

③ The Instructions to Nagano Appear in NGB, 1935-Nen Rondon Kaigun Kaigi Keika Hokokusho, pp. 211-213，转引自麻田贞雄：《宿命对决：马汉的幽灵与日美海军大碰撞》，第 258 页。

④ 乔治·贝尔：《美国海权百年：1890—1990 年的美国海军》，人民出版社，2014，第 147 页。

第三次修改《帝国国防方针》，编成由战列舰 12 艘、航空母舰 10 艘、巡洋舰 28 艘、驱逐舰战队 6 个、潜艇战队 7 个组成的远洋作战部队，从而进入无裁军条约时代的舰队编制。① 其中，最突出的就是要建造有史以来最强大的大和级战列舰，大和级战列舰将是吨位最重、火力最猛和装甲最厚的战列舰，具备领先美国 5 年的优势。②

反观美国，美国国会和公众对于政府参与外部事务表现出强烈的敌对情绪，孤立主义传统对政府的行为构成极大的制约。1935 年 8 月颁布的《中立法案》是 20 世纪 30 年代中后期美国舆论、国会反战和孤立主义影响空前强大的产物。1937 年 12 月 12 日，日本战机轰炸了停泊在南京长江江面上的美国军舰"帕奈"（Panay）号，海军部长威廉·利希（William Leahy）主张立即对日本实施封锁以示警告，但总统罗斯福拒绝进行反击，认为这等同于战争，而是等待日本的道歉和赔偿，并亲自把递交日本天皇的抗议书措辞从"抗议"改为"要求"，③ 并设想了一些方案来对付日本，他不想因这件事而对日本宣战，这是他的底线。④此时的日本大举侵华，担心日美关系恶化对其不利，迅速向美国表示"诚恳的歉意"并承诺愿意赔偿 221400736 美元，之后两国关系得到缓和。⑤ 同时，美国国内舆论要求政府立即将美国舰船撤离战区以避免此类事件重演。⑥

在此期间，美国对日政策经历从强硬为主向绥靖为主的转变，而日

---

①　外山三郎：《日本海军史》，第 78 页。

②　Asada Sadao, "Japanese Admirals and the Politics of Naval Limitation: Kato Tomosaburo VS. Kato Kanji," in Arthur Jacob Marder and Gerald Jordan (eds.), *Naval Warfare in the Twentieth Century, 1900 - 1945: Essays in Honour of Arthur Marder* (London: Croom Helm, 1977), pp. 141-146.

③　Joseph B. Icenhower, *The Panay Incident: December 12, 1937* (New York: Franklin Watts, Inc, 1971), p. 55.

④　Dorothy Borg, *The United States and the Far Eastern Crisis of 1933 - 1938* (Boston: Harvard University Press, 1964), p. 502.

⑤　汪熙、秦岭、顾宁：《美国海军与中美关系》，复旦大学出版社，2013，第 51 页。

⑥　五百旗头真主编《日美关系史》，第 121 页。

本的对美政策则由有限协调为主转为趋向对抗为主的政策。无论政策如何变化，都反映了第一次世界大战之后，美日在争夺地区事务主导权、建立亚太地区安全秩序上存在着根本性利益冲突，任何政策调整与外交接触都只是加强了对双方利益分歧与危机的临时管控，却没有从根本上解决彼此间的利益冲突。1936年《伦敦条约》失效时，世界环境因大萧条和侵略而大为改观。华盛顿体系下的权力结构没有能够制约日本军国主义的扩张，反而刺激日本加快海军力量的发展，以实现日本独霸西太平洋的政治野心。

第四节　美日制海权争夺与海洋秩序的重塑

美国对日绥靖政策没有能够阻止日本扩张侵略的步伐，随着第二次世界大战在欧洲战场爆发，美国为避免两洋作战而奉行欧洲第一、亚洲第二的政策，谋求与日本妥协、避免过早与日本作战成为美国亚太政策的重心。日本则利用国际形势的变化加速对美作战准备，为建立日本主导下的东亚秩序开展军备建设。日本海军战略比美国的更马汉主义，两国都相信海上竞争者的挑战不可避免，以及攻势制海战略，都认同拥有一支公海战略舰队的必要性。[1] 于是，海战成为美日争夺亚太制海权的最高形式。

一、日本"南进政策"出台与美国的反制

1938年11月，日本近卫文磨内阁发表关于"东亚新秩序"的声明，

---

① 乔治·贝尔：《美国海权百年：1890—1990年的美国海军》，第134页。

否定华盛顿体系并宣布该体系的解体，称中日战争的目的是建立地区秩序。日本单方面改变地区秩序的行为，决定了日本必然与美英产生对立。[①] 1939 年 7 月，英日签订《克莱琪-有田协定》（Craigie-Arita Formula），承认日本的"东亚新秩序"主张。[②] 1940 年 7 月，第二届近卫内阁通过《适应世界局势演变时局处理要纲》，提出日本将适应世界形势的发展和变化，迅速调整对外政策。其中，"南进政策"的重点在于压制英、法、美等国在远东的势力，实现日本对太平洋地区的领导权。这标志着日本正式把"南进政策"作为日本对外侵略扩张的战略予以推行。美国成为阻碍日本建立"新秩序"的主要国家。

1937 年，日本发动全面对华战争之后，美国没有立即对日采取制裁措施，之后对日实行的经济制裁也基本是威慑的手段。1938 年 7 月，美国对日实施航空物资的道义禁运，但该措施没有法律基础，收效甚微。1940 年以前，美国在对日出口管制方面，基本上说的多做的少。1937—1939 年，美国输日战略物资、设备数额增至 2.3 亿美元。与 1928 年相比，石油制品增长 2 倍，废铁增长 10.5 倍，铜增长 11.7 倍，机器及设备增长 28.5 倍。其中，日本进行的对华战争中，54% 的军需物资依赖美国。[③]

1940 年，美日关系发生具有深刻意义的变化。日本经济的军事化造成对进口资源的需求增加。日本石油进口主要来自美国和荷属东印度。东南亚为英、法、荷殖民地和资源产地。随着法荷在西欧沦陷，英国在欧洲与德国孤军奋战，东南亚出现权力真空。这为日本推行"南进政

---

① 五百旗头真主编《日美关系史》，第 121 页。

② 1939 年 7 月 24 日，英日双方签署《克莱琪-有田协定》，规定：英国"完全承认"日本造成的"中国之实际局势"；承认日本军队在其占领区内"即有各项特殊需要，以保障其安全，并维护其所控制区域之公共秩序"；允诺"凡有阻止日军或有利于日军之敌人之行动与因素"，英国"均无意加以赞助"。

③ 须藤真志：《日美开战外交研究》，庆应通信股份公司，1986，第 342—343 页。

策"提供机会。1940 年，日本宣布推进"南进政策"。美国驻日大使格鲁表示，日本"南进政策"将威胁美国在太平洋的利益。他说："众所周知，美国的安全在某种程度上取决于英帝国的支持。在英帝国处境困难的时候，我们必须想尽办法在欧洲战争胜败揭晓以前，维持太平洋的现状。在我们对这个国家尚未形成完全成熟的政策之前，武力的显示和如有必要就用它的决心，既会帮助我们有效地取得这样的结果，又会有助于我们未来的安全。"[1]

然而，美国仍主要通过加强对日出口管制牵制日本"南进"步伐。1 月，规定锡、废铁对日出口额为上半年 50%；6 月，对专用机床出口实行出口许可证制度；7 月，对武器、军需品、原料资源、飞机零部件、光学机械等 259 个品种实行出口许可证制度，后又追加石油和废铁在内的废金属；禁止向西半球以外出口航空汽油；9 月，全面禁止出口废铁。即便如此，由于美国 90% 的橡胶和锡从荷属东印度进口，美国对日贸易禁运仍保持克制。11 月，罗斯福在内阁会议上明确表示："如果我们的禁运再进一步，就有使日本对英荷尤其是后者在远东的属地动手之虞。我们的政策将是，直到日本通过某种明显的行为来迫使我们去改变。"[2]

此时，欧洲战场局势变化要求美国担负更大防御任务，美国以维护国家安全为由实施大规模造舰计划。1940 年 6 月起，美国国会多次通过法案批准造舰计划，扩充海军规模，打造两洋平衡的舰队，以在太平洋方向军事牵制日本。其中，虽然战列舰当时是攻势制海战略的核心，但随着现代科技对武器多样性的提高，美国开始认识到巡洋舰、驱逐舰、航母以及潜艇的作用。这也意味着，美日在即将到来的制海权争夺战中的舰队作战理念出现差别。

---

[1] 邹谠：《美国在中国的失败（1941—1950 年）》，第 17 页。

[2] Jonathan G. Utley, *Going to War with Japan, 1937-1941* (Knoxulle: The University of Tennessee Press, 1985), p. 110.

美国海军航空局首任局长威廉·莫菲特（William A. Moffett）就认识到了海军航空兵的作用，指出未来舰队间的战斗可能以空中较量拉开序幕，取得空战胜利的舰队将获得优势，战列舰的时代就要过去了[①]。此外，航母进攻性价值得到重视，太平洋战争中成为美国海军主力舰，而战列舰在战争结束后已成为航母战斗群的一部分。二战结束后，美国海军拥有多达 28 艘重型和 71 艘轻型航母，海军航空兵统率 41272 架飞机，而战列舰数量则不足 10 艘。1939 年美国政策指针中提出，潜艇首要任务是攻击敌军大型舰，如战列舰、战斗巡洋舰以及航母。珍珠港袭击后，潜艇被赋予无限制消耗战的独立进攻任务。

然而，由于当时美国海军计划与外交协调度低，国务院、陆军对海军坚持的"橙色计划"体现的全面海战理念缺乏认同，以及海军缺少运输陆军部队计划、没有做好武装护航准备等[②]，制约了美国应对战争的准备。1940 年 9 月，作战计划司起草的备忘录表示，美国并未准备好在远东采取重大军事行动。作战部要求尽快在菲律宾建立一支有效的空中堡垒式轰炸机力量，完成对菲律宾的增援方案，但是美国因其重心仍在欧洲方向，认为美国亚洲利益有限，重要性较低。美国在能够反转来全力对付日本以前，只能对日进行有限的防御战争。[③] 在珍珠港事件前夕，日本现代化的、完整的舰队总吨位是美国海军的 81%，美国根本无法在两洋同时承担作战任务，这注定美国在日本采取行动时有着仓促上阵的危险。

于是，战略力量的评估要求美国在太平洋依然采取守势。只要日本在远东的行动不会对欧洲的战争产生重大影响，美国在远东的军事战略

[①]　Thomas C. Hone and Mark D. Mandeles, "Interwar Innovation in Three Navies: U. S. Navy, Royal Navy, Imperial Japanese Navy," *Naval War College Review* 40, no. 2 (1987), p. 72.

[②]　乔治·贝尔：《美国海权百年：1890—1990 年的美国海军》，第 155—156 页。

[③]　Edward S. Miller, *War Plan Orange: The U. S. Strategy to Defeat Japan, 1897–1945* (Washington: Naval Institute Press, 1991), pp. 269–270.

就是防御性的。为避免与日本发生战争，美国采取与日本进行接触会谈的拖延战术。不过美日在德意日三国同盟和改变西太平洋现状问题上针锋相对。1941 年 4 月，美国国务卿赫尔提出维护美日关系的四点原则：第一，尊重所有国家的领土完整与主权；第二，支持不干涉别国内政的原则；第三，支持包括商业机会均等在内的平等原则；第四，维持太平洋的现状，除非这种现状以和平的方式得以改变。[①] "赫尔四原则"成为美国在此后谈判中的基本指导思想，它扩大了美日间的分歧，双方都不愿为对方条件所制约，于是矛盾处于难以调和的境地。

1941 年 6 月，在第 36 次大本营政府联络恳谈会上，近卫首相声称："现在我们将到法属印度支那，尔后我们将一步步地前进。"[②] 7 月，日本占领南印度支那，并准备向新加坡和荷属东印度群岛发起进攻。美国国务卿赫尔表示："日本此举将对菲律宾和世界重要地区的和平与商业构成威胁。"[③] 日本的行动还将切断英国在南太平洋的贸易通道，可能严重影响英国抗击德国的战争，致使西方各国无法获取东南亚的重要原料，直接影响欧洲战场的事态发展。在此情况下，美国决定冻结日本资产，施行对日全面石油禁运。

同时，美国政府内部也开始考虑对日军事行动的红线。11 月，陆军参谋长乔治·C. 马歇尔（George Catlett Marshall）将军和斯塔克（Harold Raynsford Stark）海军上将提交罗斯福总统备忘录，提出美国对日作战的条件。他们建议只有当日本军队进犯美国和英联邦国家的领土或它们的托管地，进犯荷属东印度群岛，或进入泰国并到达克拉地峡，或进入

---

① U. S. State Department, Papers Relating to the Foreign Relations of the United States, Japan, 1931–1941, Volume Ⅱ, p. 403.

② Nokutaka Ike, *Japan's Decision for War: Records of the 1941 Policy Conferences* (California: Stanford University Press, 1967), p. 74.

③ U. S. State Department, Foreign Relations of the United States Diplomatic Papers, 1941, The Far East, Volume Ⅳ, p. 329.

葡属帝汶、新喀里多尼亚或忠诚群岛时，美国才应对日本采取军事行动。这是美国对日本画出的一条红线，这一红线的实质是"为了保护东南亚的战略资源和重要的贸易通道，而英国对抗德国封锁与进攻的生死存亡的斗争的一部分，就取决于这些战略资源与贸易通道"。①

美国试图以禁运方式威慑日本停止"南进"步伐，日本领导人则将禁运视为战争行为。② 从现实意义上看，日本必然要向中国和东南亚扩张：第一，大多数帝国建设者受到一种继续前进以保护胜利成果的总趋势的影响；第二，中国和东南亚对一个人口迅速增长但资源匮乏的国家来说是一块令人垂涎的"肥肉"；第三，日本认为向南扩张的道路上没有任何实际的阻碍，美国不愿意且无能力以军事力量支持它的政策；③第四，最关键的还是日本试图"打破围困，保卫日本在亚洲的地位，结束日本政府（是否"南进"）的犹豫不决和分裂，以及军方内部的不同意见，维护日本自主地位、文化统一和民族命运"。④

可以说，加强海军军备，确保抗衡美国海军和西太平洋制海权，已成为日本海军应对美国的基本政策。正是亚太地区力量格局无法对日本形成绝对性制约让日本海军从"南北并进"的不利态势转入"北守南进"态势，⑤ 通过战争扩大并建立日本主导下的"东亚新秩序"。同时，美国外交缺乏全局战略视野来塑造并维护美国的国家利益。两战之间，美国对亚洲与其他地区之间的利益关系的认识模糊不清。在亚洲，哪些至关重要的利益可以证明战争是必要的，这一问题从未得到澄清。美国对战争的看法不是从维持远东的政治均势出发的。美国对外交所采取的

---

① 邹谠：《美国在中国的失败（1941—1950 年）》，第 19 页。
② Michael Barnhart, *Japan Prepares for Total War: The Search for Economic Security, 1919 - 1941* (Ithaca: Cornell University Press, 1987) , p. 273.
③ 邹谠：《美国在中国的失败（1941—1950 年）》，第 23 页。
④ 乔治·贝尔：《美国海权百年：1890—1990 年的美国海军》，第 192 页。
⑤ 刘世龙：《美日关系（1791—2001 年）》，第 309 页。

非军事态度反映其军事能力与直接目标和长期原则之间存在差距。[1]

二、美日爆发太平洋制海权争夺战

第二次世界大战爆发之后，从 1940 年底至 1941 年春，日美的亚太战略表现出巨大差异。日本从亚洲战略角度出发，试图政治上将欧美势力逐出远东，经济上建立"大东亚共荣圈"，军事上独霸西太平洋，对美开战意识增强。美国则从全球战略角度出发，确立"先欧后亚"的战略原则，与日本避战的防守倾向增强。[2] 为推迟相互开战的时间，美国竭力通过会谈与日本进行周旋，但会谈没能取得实质性进展，日本"南进政策"却激怒了美、英、法等西方列强。争夺对海上交通线的控制权成为双方制海权争夺的主要内容之一。

太平洋战争日益迫近，美国把驻扎在珍珠港的舰队编为太平洋舰队；将兵力较少的远东舰队改称为亚洲舰队，驻扎在香港；在菲律宾成立远东部队司令部。美英召开参谋长联席会议，制定太平洋战略计划：美国太平洋舰队在战争初期保卫盟国海上交通线，破坏日本海上交通线，保卫中途岛—檀香山西南的约翰斯顿岛—莱恩群岛的巴尔米拉岛—萨摩亚群岛一线，并在马绍尔群岛—加罗林群岛—马里亚纳群岛南端的关岛一线建立连接菲律宾马尼拉的基地。美国亚洲舰队则协同陆军保卫菲律宾，尔后盟军共同保卫马来半岛防御区。[3]

日本军部对于日美谈判早已表示不满，并着手准备对美开战。1940年 4—5 月，日本海军开展兵棋推演，测试舰载鱼雷攻击机攻击港口舰船效果，并要求驻外武官研究英国空袭塔兰托的成功案例。1941 年，日

① 邹谠：《美国在中国的失败（1941—1950 年）》，第 24 页。
② 刘世龙：《美日关系（1791—2001 年）》，第 305—306 页。
③ 王生荣：《海权对大国兴衰的历史影响》，第 144—145 页。

本驻檀香山领馆工作人员开始观察珍珠港太平洋舰队在港、出港舰船及其行程情况，并向东京情报中心发送报告。1941 年 11 月 5 日，日本秘密向高级军官下达 1 号作战指令，即《帝国对美、英、荷的作战计划》，[1] 提出"向东歼灭美军舰队，切断美军远东战线和补给线，拦截敌军并消灭之，充分利用胜利来粉碎敌军的作战意志"。[2]

日本将珍珠港作为对美战争的首选，主要目的是摧毁美国舰队主力，以期确保日本南方作战计划的实施。同时，日本将菲律宾争夺战作为夺取东亚制海权的重要战争，这是因为菲律宾关系到日本夺取东南亚石油产地，是建立自给自足的"大东亚共荣圈"的关键。[3] 于是，日本海军兵分两路对美作战，一路"南进"参加对菲作战，一路"东进"袭击珍珠港。

11 月 26 日，美国再次向日本递交了赫尔备忘录，内容为：无条件接受"赫尔四原则"；[4] 日本从法属印度支那和中国全面撤军；撤销对汪精卫政府和伪满洲国的承认；放弃三国同盟条约；等等。日方认为美方此举意味着结束谈判，是对日本发出的最后通牒。12 月 1 日，日本政府召开御前会议决定开战，强调谈判无法贯彻日本的主张，如果任由事态持续下去，日本的生存将会受到危及，必须尽早对美开战。日本开始大力扩充和整编海军兵力，为即将爆发的日美太平洋制海权争夺战做最后的军事准备。

珍珠港位于夏威夷群岛的瓦胡岛南岸港湾，是美国在太平洋地区最大的海军基地，也是美国主力舰队的停泊地。1941 年 12 月 7 日，日本

<hr />

[1]　外山三郎：《日本海军史》，第 118—119 页。

[2]　保罗·达尔：《日本帝国海军战史 1941—1945》，谢思远译，吉林文史出版社，2019，第 9 页。

[3]　刘世龙：《美日关系（1791—2001 年）》，世界知识出版社，2003，第 326 页。

[4]　Hull Note by Secretary of State Cordell Hull, November 26, 1941, Japan Center for Asian Historical Records, National Archives of Japan, https://worldjpn.net/documents/texts/pw/19411126.O1E.html.

偷袭珍珠港，太平洋战争爆发。珍珠港内停泊的 96 艘美国舰船以及港口附近机场停放的近 400 架飞机成为日本的攻击目标。日本先后派出两波舰载机（共 350 架）进行突袭，重创美国太平洋舰队。

战争初期，美方舰队遭受严重损失：战列舰沉没 4 艘，4 艘受重创；巡洋舰、驱逐舰各 3 艘受重创或轻微受损；海军船舶沉没 2 艘，2 艘受重创；飞机 300 余架被毁或受到严重损坏，空袭之后只有 43 架飞机仍可使用；美军 2430 人阵亡，1178 人受伤。日方仅损失 29 架飞机和 5 艘袖珍潜艇。[①] 位于珍珠港的机械工厂、油罐区和潜艇三大战略目标没有遇袭，美军航母也不在珍珠港内。这确保了珍珠港后续作为海军基地的使用与攻击功能的发挥。

同时，日本海军开始动用驱逐舰炮击中途岛，派遣飞机、舰载机对菲律宾发动攻击，攻占关岛，占领威克岛三座小岛，扩大日本海军防卫圈，并切断美国通往菲律宾的海上生命线。日本海军在入侵菲律宾行动中主要采取瘫痪、消灭或者驱逐美军海空力量的做法，掩护支援日本陆军先后在菲律宾和马来半岛登陆行动，完全掌握整个西太平洋和马来海域的制海权。

1942 年 3 月，对日作战国家美、英、中、荷等 7 国设立"太平洋作战会议"（Pacific Council）机制，协调建立对日"ABCD 包围圈"。[②] 日本则计划攻击美国在太平洋的防线，即北起阿留申群岛的荷兰港，经由中途岛，南到萨摩亚、新喀里多尼亚和莫尔兹比港。为此，美日海军在西太平洋展开大规模海战，夺取并实施制海权是取得战场主动权的关键。两国制海权的争夺更是直接影响着太平洋地区乃至中国战局的走势，以及战后地区国际秩序的安排。

日军在占领东南亚广大地区后，决定向西南太平洋推进，夺取新几

---

① 保罗·达尔：《日本帝国海军战史 1941—1945》，第 16—17 页。
② ABCD 由美、英、中、荷四个国家英文拼写 America、British、China、Dutch 的首字母组成。

内亚岛的莫尔兹比港和所罗门群岛的图拉吉岛，以掌握该地区制海权和制空权，切断美国通往澳大利亚的海上交通线。美国海军任务之一就是作为保护海岸延伸防御的部分，保证通往澳大利亚的补给线，并运送尽可能多的飞机和部队。1942年5月，美日爆发珊瑚海海战，美军损失1艘重型航母、1艘驱逐舰和1艘油轮，损失飞机66架，阵亡官兵543人；日本则损失1艘轻型航母、1艘驱逐舰，1艘航母受重创，损失飞机77架，阵亡官兵1074人。日本虽取得战术性胜利，但突破美军防线面临战略性失败，不得不推迟进攻莫尔兹比港。

珊瑚海海战是历史上第一次航空母舰之间的战斗，双方舰队出动大批飞机进行超视距作战，舰载飞机成为海战中最有效的主战武器，航空母舰作为舰队的支柱取代了战列舰的地位。这不但挫败了日本南下控制珊瑚海和澳大利亚海上通道的战略计划，也从战略上遏制住了日军的进攻势头。这是太平洋战场上战局进入战略相持阶段的标志。

中途岛处于亚洲和北美之间的太平洋航线的中途，是美国在中太平洋地区的重要军事基地和交通枢纽，也是美军在夏威夷的门户和前哨阵地。如果中途岛掌握在日本手中，日本海军则可以轻易地进攻珍珠港，进而控制夏威夷。而日本一旦控制了夏威夷，也就将控制整个中太平洋和西太平洋，美国的交通线则将被压缩至西南太平洋，这将对美国西海岸构成直接威胁。因此，中途岛海战对日本与美国来说，都是生死攸关的决战。①

为防止美军从夏威夷出动并攻击日本，日本决定将美国太平洋舰队残余军舰引至中途岛一举歼灭。然而，美军通过破译侦听日本电报，准确掌握日军的作战计划，并且利用假情报误导联合舰队司令山本五十六，采取避免舰队决战的消耗战术和航母空中力量对决方式，在中途岛

---

① 王生荣：《海权对大国兴衰的历史影响》，第151页。

海战中击沉 4 艘日本航母，美方仅损失 1 艘航母，1 艘驱逐舰；日方损失飞机 332 架，美方仅损失 147 架；美军阵亡 307 人，日军至少有 3500 人阵亡。中途岛海战改变了太平洋地区日美航空母舰实力对比，太平洋地区两国海军力量发生重大逆转，中太平洋地区完全由美国掌控局面。日本在太平洋战场开始丧失战略主动权，战局向对盟军有利的方向转变。

在战场局势不利于日本的情况下，日本仍决定实施"南进计划"对南太平洋诸岛的进攻，而美国也准备实施夺取西南太平洋诸岛的"瞭望塔"作战计划。于是双方在所罗门群岛的瓜达尔卡纳尔岛（简称"瓜岛"）展开争夺。如美军占领瓜岛就与新几内亚岛形成钳形之势，可对日军基地拉包尔进行两面夹击，进而切断日军在马绍尔群岛—吉尔伯特群岛一线与新几内亚岛—马鲁古群岛—加里曼丹岛—爪哇岛—苏门答腊岛一线的战略联系。日军如占领瓜岛就能与新几内亚岛东部形成呼应，攻取新几内亚东南半岛的莫尔兹比港，进而建立航空兵前进阵地，切断美国及其盟国的夏威夷群岛—莱恩群岛—萨摩亚群岛—斐济岛—新赫布里底群岛一线与澳大利亚的交通线，使澳大利亚陷入孤立无援的境地。[①]

1942 年 8 月 7 日，美军在瓜达尔卡纳尔岛登陆，双方进行了六次规模较大的海战，其中四次是水面舰只之间的海战，两次是舰载航空兵空袭水面舰只的海战，由驱逐舰和鱼雷艇进行的小规模海上战斗从未间断，潜艇、空战也较频繁。这场战争极大地削弱了日本的军事实力，致使日本丧失了战略主动权，日军不得不从战略进攻转为战略防御直至战败。美国逐步改善了不利的战略态势，为即将开始的战略进攻创造了有利条件。美军取得瓜岛的制海权和制空权，标志着太平洋战争发生历史性转折，美攻日守的战略格局正式形成。[②]

---

① 王生荣：《海权对大国兴衰的历史影响》，第 154 页。
② 刘世龙：《美日关系（1791—2001 年）》，第 338 页。

　　其实，1942 年 5 月以后，日军就呈现全面败退态势，致使其放弃攻势战略，确立与国力相适应的战场，并提出"绝对防卫圈"[①] 概念，陆军在近日本本土的小笠原群岛—马里亚纳群岛—加罗林群岛一线重点部署兵力。11 月，日本召开大东亚会议并发布《大东亚共同宣言》，提出日本的战后秩序构想。该宣言实则是"描绘以日本为霸权国的地区秩序构想"，[②] 但是建立在武力征服基础上的殖民帝国，其过度扩张和战争规模之大已非其国力所能承担，势必在美军的新攻势之下土崩瓦解。

　　1943 年 5 月，美国太平洋舰队发起太平洋攻势，在北太平洋收复了日军占领的阿图岛和基斯卡岛，这有利于美国西南太平洋部队和南太平洋部队协同作战。11 月起，美军太平洋部队采取"蛙跳战术"，沿吉尔伯特群岛—马绍尔群岛—马里亚纳群岛一线，由南至北大举进攻日军在太平洋上的岛屿。1944 年 6 月，日本航母在马里亚纳海战中全军覆没，美国开始在塞班岛、关岛、天宁岛大规模建造战略轰炸机基地。在参战舰队吨位和战斗涉及范围方面，1944 年 10 月发生的莱特湾战役是太平洋战争最后一次重大战役。日本海军进攻能力彻底被摧毁。11 月，美国开始以马里亚纳群岛为主要基地对日展开战略轰炸。1945 年 4 月 17 日，美国海军击退"大和"号战舰的海上攻势，掌握了日本近海的制海权，并通过潜艇攻击日本商船，阻断自东南亚向日本输送资源和军队的海上通道。这无疑切断了日本的海上生命线，日本因物资匮乏而无法继续战争，加速了日本战败投降的进程。

---

　　① 1942 年 9 月 30 日，日本内阁和大本营召开御前会议，决定在千岛群岛—小笠原群岛—马里亚纳群岛—加罗林群岛—新几内亚岛西部—巽他群岛—马来半岛—缅甸一线建立"绝对防卫圈"。
　　② 五百旗头真主编《日美关系史》，第 151 页。

三、美日太平洋制海权争夺的启示

太平洋战争主要分为太平洋战区和中国战区两部分，其中太平洋战区的战争主要是以美为首的盟军与日本在太平洋展开的激烈制海权争夺战，最终美国挫败日本，在该地区确立了绝对制海权、制空权，并根据美国的战略设想建立起战后亚太海洋安全秩序。总结太平洋战争，美国能够夺取亚太制海权，与其先进的技术、武器研发生产能力，正确的海上指挥作战战术和准确的情报信息分不开。

第一，从技术层面看，制空权成为最终影响制海权夺取的主要条件。太平洋战争初期，日本占据优势地位，依赖的是当时处于国际领先水平的零式舰载机等高性能战斗机，以及大量熟练驾驶这些战斗机的飞行员，但是美国很快研制出超越该机型的战斗机，从而成功地从日本手中夺回了太平洋的制空权。美国在电子技术领域也处于领先地位，应用雷达、VT 信管[1]等高科技武器，并通过利用这些新式武器的新战术成功压制了日本。[2] 可以说，技术革新带来武器装备的现代化，为美国战胜日本获取制海权提供了重要支撑。

在武器研发生产方面，美国将民用工厂转为生产军需物资，注重生产能力、效率和规格的统一。大量新式装备的量产确保了美军实力的单方面优势。同时，美国重视研制防弹装备，提高士兵生存能力，大量减少了人员伤亡造成的战斗力下降。这与日本采用人海战术造成大量人员伤亡，战争能力不可持续的情况截然不同。太平洋战争中的海战告诉世人，技术革新可以弥补军事力量的不足，利用有效的战术可以实现技术

---

[1] VT 信管指地对空炮弹用的信管，它能够在没有命中目标的情况下，感知附近目标进而引爆，通过产生大量碎片提高命中率。

[2] 五百旗头真主编《日美关系史》，第 149 页。

使用效能的最大化。

第二，从战术思维层面看，制海权争夺已经进入一个崭新阶段。在太平洋战争中，潜艇和舰载机在制海权争夺中发挥了更为关键的作用。美国通过潜艇袭击日本运输船、战船，承担巡航、救援和情报收集等任务，直接影响日本战争能力的存续。日本24%的煤、88%的铁矿及将近90%的石油依赖进口，运输船以及运输船通行的通道就是日本的海上生命线。1943年以后，美国在新型潜艇上安装雷达，采用小型"群狼作战"战术突袭日本商船。1944年，美国舰队对从荷属东印度和婆罗洲运送石油的日本油轮发起攻击。太平洋战争中，美国共出动288艘潜艇，击沉276艘日本战船、超过400万吨的日本商船，以及接近甚至超过10万吨的其他船只，美国只损失了50艘潜艇。①

同时，在珊瑚海海战和中途岛海战中，美国以航母为核心的战斗群组成编队，打破先前战列舰队集中原则以及战列舰中心地位传统。飞机机动远程攻击能力在制海权争夺中取代战列舰的炮火，意味着"曾经在海军思维和战争计划中占据中心地位的战列舰队悄然消失"。② 此外，基于美日间水面火力差距等，美国采取避免舰队主力之间交火的"打了就跑"消耗战术，而非日本所期待的马汉式的舰队决战。可以说，日本海军领导人不加批判地秉承马汉理论，专注于战列舰、决定性遭遇战和歼灭敌人舰队，忽视了护航作用。③ 这决定了美日之间太平洋制海权争夺的结果。

第三，从官僚政治层面看，日本决策混乱影响有效制海战略的形成。海军省对军令部缺乏强有力的领导与约束，不希望同美国发生战

---

① 詹姆斯·M. 莫里斯：《美国海军史》，第155页。

② Samuel Eliot Morison, *Coral Sea, Midway and Submarine Actions, May 1942−August 1942* (Boston: Little, Brown and Company, 1950) , p. 82.

③ 麻田贞雄：《宿命对决：马汉的幽灵与日美海军大碰撞》，第361页。

争，坚持通过外交谈判方式解决，但军令部特别是中层以下强硬派军官开战决心强烈，把持舆论话语权和战争主动权，政府和海军省担心被贴上"软弱"标签而被动卷入对美开战泥潭。同时，日本陆海军之间存在冲突，政府无法制定出深思熟虑的制海战略。海军与陆军之间争夺预算和物资，海军认为要制衡陆军，除战争冒险"南进"外别无选择。海军缺乏强有力的领导者，无法客观评价国际形势和现实，估计胜利机会。陆海军之间的内讧和官僚政治斗争均影响国防方针和海军军事战略的制定。

第四，从生产能力层面看，日本支撑制海权争夺的海军力量和战争能力相差甚远。在 1941 年 6—8 月，日本海军军令部就对美作战前景进行估计，认为"以在日本本土海域进行截击作战为前提，日本舰队如果拥有美国舰队 50% 以上的实力，就可望获胜。至 1941 年底，日本海军的整体实力将升至美国的 70%，这对日本不啻是个战机，但是从 1942 年起形势将急转直下。日本正在建造或设计的舰艇为 32 万吨，而美国则为 190 万吨，从两国海军力量对比判断，日本很可能失败。如果战争持续两年以上，日本成功的希望将进一步降低"。[①]

根据 1941 年日美主要物资生产力的比较，煤炭美国为日本的 9.3 倍，铣铁与钢铁为 12 倍，铁矿石为 74 倍，石油则高达 527.9 倍，在生产力平均值上日美间差距为 77.9 倍。[②] 日美造船能力方面，开战时美国的造船能力比日本大 3 倍多，1943 年，日本的造船能力将达到美国的 50% 左右，1944 年将降为美国的 30%。因此，无论从生产能力、海军实力，还是造船能力看，由于存在着巨大的实力差距，日本无法与美国展开长时间的战争，必须在最短时间内对美发起攻击，摧毁美国在西太平

---

① James W. Morley (ed.), *Japan's Road to the Pacific War: Japan's Negotiations with the United States* (New York: Columbia University Press, 1994), p. 269.

② 五百旗头真主编《日美关系史》，第 129—130 页。

洋的主力舰队，以获取战争的主动权和战场的控制权。

当然，日本把十分有限的兵力分散在中国、东南亚及太平洋广阔海域的各个岛屿，也削弱了自己的战斗力，容易被美军各个击破。例如，在中途岛海战中，日本将自己的兵力分成六路出击，原本数量占压倒优势的日本海军便失去优势，而美国则采取在一定范围内集中优势兵力打击敌军的战略战术，逐渐扭转了战争初期的不利局面。

因此，制海权的争夺不仅是先进武器装备的较量，也是战略战术、物资潜力和生产能力的比拼，它建立在强大综合国力的基础之上，需要能够支撑战争所需的人力、物力、财力和战争意志。纵观美日力量对比，美国具备夺取制海霸权的一切条件，而日本国力的先天不足决定其霸权野心终将归于失败。两国的海军战略均受到马汉海权论的影响，都带有海外扩张的独特性，但马汉在日本的影响也最具破坏性。日本海军主义者任意片面地解读马汉理论，忽视与美国在地缘政治上的不同而滥用和误解马汉的著作，最后必然自酿苦果。①

美日作为亚太地区后起的海权国家，通过与老牌大国西班牙、中国和俄罗斯的战争，确立起在东亚地区的海权地位。第一次世界大战爆发与战后处理，为它们扩张在太平洋地区的力量和利益提供了契机，但实现霸权的野心和利益分配的矛盾加剧了两国间的对抗。日本妄图建立排他性地区秩序，这驱动其追求绝对性制海权优势，最终导致双方爆发激烈的制海权争夺战。日本的战败意味着近代以来群雄争霸的太平洋力量格局和英国主导下的东亚海洋秩序彻底终结，美国制海权支撑下的力量格局和美国治下的海洋秩序就此诞生。

---

① 麻田贞雄：《宿命对决：马汉的幽灵与日美海军大碰撞》，第53页。

第四章

美苏制海权竞争与东亚海洋秩序

美苏作为二战后崛起的世界性大国，冷战期间呈现出较强的地缘政治对抗性。美苏两霸的地缘战略围绕海陆对抗的二元命题展开，使远东形成新的势力均衡。以大陆上的共产主义阵营的地面部队为一方，美国的海空力量以环形岛屿为另一方，互相对峙。[1] 海权国家与陆权国家对亚洲"条形地带"之"政治无人地"的角逐、争夺和控制，转变为帝国主义国家对社会主义国家的围堵、遏制和打压。[2] 殖民解放运动与民族国家的独立、国际海洋法的发展等，使地区海洋秩序充满权力竞争的同时，也被赋予新的规范性要素。

第一节　二战后美苏制海权指导思想与东亚军事部署

二战后，美国取代英国成为全球海上霸主。美国护持海洋霸主地位需要新的海上战略指导原则和思想，马汉式的海权思想已经不符合冷战

---

[1]　邹谠：《美国在中国的失败（1941—1950年）》，第316页。
[2]　王生荣：《海权对大国兴衰的历史影响》，第219页。

时期美国的地缘政治需要。杜鲁门主义（Truman Doctrine）是美国对外政策的重大转折点，它将世界划分成"自由民主"和"共产主义"两大阵营，美苏双方在全球范围内展开战略对抗。远东地区的地缘战略价值极大，护持与争夺亚太制海权成为该区域竞逐的新常态。

一、美国制海权指导思想与亚太"海上防御岛链"

太平洋战争的结束意味着日本在西太平洋不再能够对美国构成真正的威胁，美国成为主宰西太平洋海域安全与秩序的支配者。随着美国遏制战略的出台和美苏冷战格局的形成，资本主义与共产主义意识形态的竞争塑造着美国亚太海权战略的转变及其制海权指导思想的运用。美国以此护持在亚太地区海洋霸权与利益防卫线。

1. 斯皮克曼"边缘地带论"及其应用

太平洋战争打破华盛顿体系下的美日亚太两极体制，美国在太平洋地区确立起制海权优势和海洋霸主地位。进入冷战时期，美苏对抗格局形成，为护持霸主地位和海洋秩序，美国开始运用制海权优势，遏制欧亚大陆国家海上力量的延伸。美苏对峙在亚太地区则表现为海陆国家间的对抗。这种战略对抗的理论源于"边缘地带论"的出现。"边缘地带论"作为地缘战略学的代表性理论，兴起于西方霸权主义时代，也服务于海洋国家的对外战略扩张，成为美国二战后亚太海权战略与制海权指导思想的主要来源。

20世纪40年代，美国地理学家尼古拉斯·斯皮克曼（Nicholas Spykman）先后发表代表作《世界政治中的美国战略》《和平地理学》，在综合并修正马汉海权论和麦金德陆权论基础上提出"边缘地带论"。他将欧亚大陆的心脏地带与靠近欧亚大陆海洋区域间的大陆边缘地带称为"陆海缓冲地带"，并指出这一半弧形大陆边缘地带人口众多，资源丰富，交通发达，因此是世界战略格局的关键。"谁支配着边缘地带，谁就控制欧亚大陆；谁支配着欧亚大陆，谁就掌握世界的命运。"[①] 他对20世纪后半期的地缘政治特征预示道："根本的冲突是俄国和拥有海上霸权的国家之间为控制边缘地带领土的斗争。"[②]

斯皮克曼重视欧亚大陆在世界政治中的地位以及维护欧亚大陆均势的重要性。他担忧陆权强国独霸边缘地带，进而控制靠近欧亚大陆的非洲和大洋洲。他认为若如此新世界将陷入旧世界帝国的包围，美洲和美国的安全就会遭遇严重威胁。对此，斯皮克曼主张依据现实主义权力政治考虑，干预欧亚大陆事务，认为美国的防线存在于维持欧洲与亚洲的均势之中，美国对外政策应是依据美国在世界上的地理位置所表现出的政治内涵，制定适用于战时与平时的总体战略计划。其主要目标就是控制欧亚大陆的边缘地带，以防止欧亚大陆出现反对美国的权力重心，因为这是海上强国与大陆强国发生冲突的区域。

"边缘地带论"是对马汉"海权论"和麦金德"心脏地带"学说的延伸和发展，影响着二战后美国推行全球霸权的"遏制"战略理论。美国乔治·凯南（George Kennan）基于该理论提出"遏制政策"，他曾在《美国外交》一书中指出，美国的利益要求其在欧亚大陆上维持某种稳定的平衡，以免一个强大的国家沿着海洋征服该边缘地带。美国就此需要加强同欧亚大陆边缘地带的亲美国家形成军事同盟遏制苏联。

由于这一地带具有海陆双重战略价值，既是大陆势力向海洋扩张的跳板，也是海洋势力向大陆扩张的前沿基地。[③] 海洋国家将此地带视为

---

① 尼古拉斯·斯皮克曼：《和平地理学》，刘愈之译，商务印书馆，1965，第76—78页。
② P. 奥沙利文：《地理政治论——国际间的竞争与合作》，李亦鸣等译，国际文化出版公司，1991，第43页。
③ 郑保国：《美国霸权探析》，台北：秀威出版社，2009，第57页。

控制欧亚大陆的关键，其地缘战略地位较高。其中，太平洋地域广阔，分布着大量具有战略重要性特征的岛屿，这些岛屿的战略价值就是形成贯穿濒海区域的"岛链"，即从阿留申群岛南下至新西兰南部岛屿，这些近海岛链形成系列边缘海，如鄂霍次克海、日本海、黄海、东海和南海。① 这些外部海域既构成了亚太地区海陆国家间的边缘地带，也成为海陆国家展开制海权争夺的主要海域。

为控制亚洲边缘地带，美国在亚洲周边构筑针对中国和苏联的新月形包围圈，建立了一系列相互连接的军事条约集团，企图最终控制欧亚大陆。② 美国在东北亚签订美日、美韩、美台"军事防御协定"，在东南亚构筑集体防务条约组织，参加国家有英国、法国、澳大利亚、新西兰、泰国、菲律宾等。这些参加国在边缘地带构成一道围堵陆地的屏障。美国通过建立大量军事基地和部署大批军事力量，强化边缘地带的权力优势。朝鲜半岛和中南半岛则是海陆国家间权力争夺最为激烈的区域。美国海军通过强大的制海权支援陆军作战，并对东亚大陆国家形成高压态势，以最终影响陆上事务的解决。

可以说，斯皮克曼的"边缘地带"学说是服务于美国霸权主义和对外扩张政策需要的，美国有着强烈意识形态色彩的全球战略充满局限性，错误地认为控制边缘地带便可维持全球海洋霸权。在此学说指导下，美国在边缘地带建立并维持自北向南的"岛链"，甚至在边缘地带发起两场激烈的局部战争，这给美国造成极大的财政和军事负担。美国滥用其制海权优势，护持亚太海洋霸主地位的做法，更是给东亚地区国家和人民带来深重的灾难。

---

① Robyn Lim, *The Geopolitics of East Asia: The Search for Equilibrium* (New York: Routledge, 2003) , p. 7.

② 金应忠、倪世雄：《国际关系理论比较研究》，中国社会科学出版社，2003，第261页。

2. 美国"岛链防线"构想出台与海军建设

随着战后英国首相丘吉尔（Winston L. S. Churchill）"铁幕演说"和美国"遏制政策之父"乔治·F. 凯南《苏联行为的根源》一文的发表，1947 年美国总统杜鲁门宣读国会咨文，指责共产主义扩张浪潮造成的"混乱和无序状态"对全世界都是"灾难"，声称美国外交政策的转折点就是"从现在起"，"不论什么地方，不论直接或间接侵略威胁了和平，都与美国的安全有关"。[①] 这表明，美国决心要领导世界，要创建一种可以增进美国利益的世界秩序，使美国不仅能够提升自己的财富和权势，也可以将其价值观推广到世界的任何角落。[②]

"杜鲁门主义"是美国推行世界霸权政策的宣示，标志着冷战的正式启动。美国国务院发表的《美国与苏联关系》报告提出，欧亚大陆的"心脏地带"将被一个庞大的军事强国所控制，海洋强国若想保持全球力量均势，就要抗击它向欧亚大陆边缘地带的进一步扩张。为此，美国必须拥有强大的军事力量，将苏联的势力范围抑制在目前所控制的地区，以便进行强力有效的抵御。

在亚太地区，乔治·凯南勾画出"环形防线"的早期版本："我们应当进行仔细研究，以考察太平洋和远东的哪一部分对我们的安全绝对重要，我们的政策应集中于那些我们可控制或依赖的地区。""日本和菲律宾将是这一太平洋安全体系的基石，保持对这些地区的有效控制，便不会有从东边对我们的严重安全威胁。"[③] 之后，凯南提出系列"运用对抗力量遏制苏联"的对策，其实质就是在欧亚大陆的社会主义国家周

① 何春超等主编《国际关系史纲（1917—1985 年）》，法律出版社，1987，第 246 页。
② 孔华润主编《剑桥美国对外关系史》，王琛等译，新华出版社，2004，第 221 页。
③ PPS/23, Review of Current Trends: U. S. Foreign Policy, February 24, 1948, U. S. Department of State, Foreign Relations of the United States: 1948, Vol. Ⅰ, p. 525.

围构筑"环形防线"。这条"防线"为格陵兰—冰岛—斯堪的纳维亚—西欧—伊比利亚半岛—北非—地中海—中东—伊朗高原—南亚次大陆—中南半岛—菲律宾群岛—朝鲜半岛—日本列岛环欧亚大陆外缘一线。

20世纪50年代初，美国从东北亚经西太平洋至东南亚，构筑起旨在包围东亚大陆边缘社会主义国家的"岛链"体系。1949年夏，"环形防线"的概念被广泛接受。美国中情局（CIA）的研究强调，要获得接近印度和东南亚的战略原材料，沿海岛屿极其重要，尤其是如果苏伊士运河被关闭的话。[1] 美国参谋长联席会议（JCS）于6月通报国家安全委员会（NSC）："从军事角度看，美国同苏联在远东的最低限度对抗，也要求我们至少维持对亚洲沿海岛屿链的现有控制。"[2] 11月，美国国务院内部备忘录引用五角大楼权威人士的意见来证实其论点，"只要这些岛屿的安全得以继续保持，我们的地位就不会因为失去中国而受到直接威胁"。[3] 美国国家安全委员会12月草拟的文件得出结论，保卫亚洲"对抗未来苏联入侵"的"最低限度"，要求"至少维持我们目前在亚洲沿海岛屿链的军事地位，保证一旦发生战争，该岛链不会落入共产主义国家手中"。[4]

1950年1月，美国国务卿迪安·艾奇逊发表演说，提出"阿留申群岛—日本—琉球群岛—菲律宾群岛是美国需要绝对防卫的安全线"。1951年，美国国务卿约翰·杜勒斯（John Foster Dulles）首次明确提出

---

① CIA ORE17-49, The Strategic Importance of the Far East to the US and the USSR, May 4, 1949, Harry S. Truman Papers, PSF, Box 256, CIA Reports—ORE 49.

② NSC 49, Strategic Evaluation of the United States Security Needs in Japan, June 9, 1949, U. S. Department of State, Foreign Relations of the United States: 1949, Ⅶ, pp. 774-775.

③ State Department Consultants Reports, Outline of Far Eastern and Asian Policy for Review with the President, Enclosed in Philip C. Jessup to Acheson, November 16, 1949, U. S. Department of State, Foreign Relations of the United States: 1949, Ⅶ, pp. 1112-1211.

④ NSC 48/1, The Position of the United States with Respect to Asia, December 23, 1949, U. S. Department of Defense, United States-Vietnam Relations, 1945 - 1967, Pentagon Papers (Washington: Pentagon, 1971), Ⅷ, p. 257.

兼具地理、政治和军事内涵的"岛链"概念。"第一岛链"由位于西太平洋、靠近亚洲大陆沿岸的阿留申群岛、千岛群岛、日本群岛、琉球群岛、菲律宾群岛、印度尼西亚群岛等群岛组成，它是美国海外军事部署的最前沿；"第二岛链"则由南方诸岛——小笠原群岛、硫磺岛、马里亚纳群岛、雅浦群岛、帛琉群岛及哈马黑拉马等岛组成，它是亚太美军和日韩等国的后方依托，也是美军重要的前进基地；"第三岛链"主要由夏威夷群岛基地群组成，它既是支援亚太美军的战略后方，又是美国本土的防御前哨。

海军力量弱化影响了"岛链防线"的最初设定。二战结束后，美国海军面临大规模裁军，其重要性也遭到其他军种和政治家的贬低。他们认为攻势制海原则不再重要，要求将海军解散或实现三军合并，大幅度削减海军预算和舰只数量，出现进攻式海军时代终结的论调。1949年，海军不再是美国进攻战略的中心，削减预算对美国太平洋海军冲击最大。1950年朝鲜战争爆发时，美国在西太平洋仅部署一艘航母"福吉谷"号。美国海军军事力量遭到削弱也是"艾奇逊防线""第一岛链"最初不包括台湾和朝鲜半岛的原因所在。海军不得不通过强调以对苏反潜战为契机，以制海名义进行武力投送，即海军使用航母空中力量打击海岸陆上目标，为20世纪40年代后期的海军存在提供理由。

随着美苏冷战升温，美国军力收缩引发担忧。苏联原子弹试爆成功，美国遏制战略开始在远东推行。美国改变预算紧缩政策，加快重新武装应对苏联"威胁"。海军力量和制海权意义的重要性逐步突出。美国海军上将尼米兹（Chester William Nimitz, Sr.）就指出，舰队存在的目的不只是与别国舰队作战争夺制海权，制海只是实现目标的手段，"我国凭借海上力量可以获得对外影响，靠手中的制海权以保持这种影响。没有制海权，我们将被限制在本洲边界之内"。① 此外，制海权的意义还在于，一旦拥有它，美国可以支援苏联周边陆上盟国以及沿海的盟友，如远东的琉球群岛和菲律宾。海军陆战队的两栖部队可以建立安全基地，给空军远程轰炸机实施反攻提供立足点，还可通过海运能力将陆军的登陆力量运到岸上，并为地面战争提供补给。②

20世纪50年代，受"大规模报复战略"的影响，美国海军建设重点是加紧发展核动力潜艇和战舰以及舰载导弹。核潜艇、"北极星"导弹、核动力航空母舰和核动力巡洋舰的问世，使海军成为美国战略打击力量中不可或缺的组成部分。以航空母舰为核心的特混舰队成为美国护持制海权优势、进行战略打击的重要手段。60—70年代，美国海军更为注重"海上控制"和"力量投送"的战略作用，将确保海上各种商业和军事航运的畅通无阻、确保能够通过海洋对外运用军事力量定义为美国海军两大任务。③

在亚太地区朝鲜和越南两场局部战争中，美国正是利用岛屿防线上部署的海上力量，运送作战部队、实施沿海封锁，以航母为作战平台出动舰载机夺取制空权，轰炸地方战略目标，为海军陆战队进行两栖登陆作战提供前沿打击和后勤支援，确保美国获取战场相对主动权。可以说，美国在岛屿防线构筑的军事攻势，使其得以形成制海权优势，服务于美国的亚太安全战略。正是这种优势确保了美国能够以海制陆，在对关键海域保持控制的同时，进而对陆上战场局势施加重要影响，尽管它并不能对陆上战场形势起到决定性作用。

---

① 内森·米勒：《美国海军史》，卢如春译，海洋出版社，1985，第302页。
② 乔治·贝尔：《美国海权百年：1890—1990年的美国海军》，第337页。
③ Elmo R. Zumwalt Jr, *On Watch: A Memoir* (New York: Quadrangle/New York Times Book Co. , 1976), p. 60.

3. 构筑海上军事基地强化美国亚太制海攻势

冷战时期，美国为打造亚太制海攻势，充分发挥"岛链"封锁作用，通过军事条约的形式在亚太建立军事基地，开展前沿军事部署。美国以日本和菲律宾为进攻基地，将攻势战略重点放在位于东北亚的朝鲜半岛、位于东南亚的中南半岛和台湾岛，将这两个半岛作为在南北两个方向遏制大陆国家中苏的钳制阵地，把台湾作为对大陆发动攻势的"永不沉没的航空母舰"。朝鲜战争爆发之后，美国加快建立绝对防卫的安全线，以日本、菲律宾为支点，在东北亚、东南亚建立军事前沿存在并进行兵力部署，构筑军事同盟体系，形成南北两大海上基地圈和遏制包围圈。

在东南亚地区，美国以菲律宾为支点建设东南亚基地圈。菲律宾地处东南亚要冲，其战略意义是扼守从印度洋到东亚的海上通道，是美军直接伸向东南亚的触角。自 19 世纪末，菲律宾就成为美国在远东推行"门户开放"政策的前沿基地。太平洋战争期间，菲律宾成为日本占领并实施"南进政策"的重要争夺点。1946 年，菲律宾掀起独立运动，美国便采取承认菲律宾独立的政策，并利用菲律宾经济困难以提供军事援助为手段，于 1947 年与菲律宾签订《美菲军事基地协定》，规定菲律宾将包括苏比克湾在内的 23 个军事基地租借给美国，菲律宾由此被纳入美国的全球战略体系。1951 年，美菲签订《共同防御条约》，美国在菲律宾的战略地位得以巩固。

美菲军事同盟为美国驻守东南亚建立军事存在提供了保障，在后勤、训练及情报等方面发挥着重要作用。苏比克湾海军基地作为美国在海外建立的最大海军供应仓库，其库存物资包括海上给养、五英寸油桶等 18 万个不同品种的物资。每月吞吐的燃油达 100 万桶，并为第七舰队、克拉克空军基地和约翰·哈伊营储存和供应燃油等其他消费品。作为第七舰队的服务站，它为整个第七舰队及其航空母舰提供后勤、指挥与控制、通信、训练和医疗方面的支援。苏比克湾毗邻印度洋与太平洋的分界线，处于第七舰队管辖范围的中心位置，具备迅速集结海军力量和为该地区所有船只提供后勤支援的有利条件。苏比克海军基地是美国海军最完善和最具有战略意义的支援设施，也是美国海军在印度洋和太平洋地区采取有效军事行动的关键，使其能在很短的时间内向印度洋的任何地区集结优势兵力。

冷战时期，苏比克海军基地是美国第七十七特混舰队和第七舰队部分舰船的母港，也是 8 个主要指挥部和 40 个小型支持机构和附属机构的大本营。美国海军对苏比克湾水域的导航系统和码头控制实行着非常高效的管理。基地还能进行两栖作战演练和实弹射击演习，以提高部队作战应变能力。此外，第七潜艇大队的基地设在苏比克湾，这里部署了作为重要威慑力量的"北极星"核潜艇，经常在印度洋和波斯湾一带巡逻。因此，苏比克海军基地的战略价值不言而喻。

当然，美军在菲律宾还设有克拉克空军基地。这些军事基地意义重大，主要体现在以下方面：第一，这是美国对菲律宾承担安全承诺的象征，体现了这种承诺的可信度；第二，为美国与中东地区往来的海上交通线、市场和利益提供着保护；第三，美国在东南亚负有防务义务，和一些国家有着防务关系，基地的存在有助于美国确保东南亚地区基本稳定；第四，对日本和韩国的军事基地起着后援作用，是其可靠的战时补给线，也为美军从太平洋通向印度洋和波斯湾之间架起重要的海上桥梁，在连接美国西太平洋战略防护链中起着重要作用。

在东北亚地区，美国以日本为支点建立东北亚基地圈。1947 年秋至1948 年春，美国远东战略的重心从中国移到日本，对日"非军事化"政策发生重大转变。1949 年中国革命取得伟大胜利。为挽回美国对华政策失败的影响，在远东维持有利于美国的战略格局，美国更为重视日本作为新的战略基地的作用。[①] 1950 年，朝鲜战争爆发，驻日美军 4 个陆军师投入朝鲜战场，还迅速动员日本的经济和技术力量，以"惊人的速度将日本四岛变成一个大的供应基地"，[②] 日本为美军提供了总价值约 1.1 亿美元的武器弹药。[③] 日本海上保安厅还先后密派 1200 人、54 艘船只到 5 个朝鲜港口为侵朝美军扫雷、引航。[④] 这场战争检验了日本作为远东战略后勤基地的重要作用，也坚定了美国独占日本并建立军事基地的决心。

1951 年 9 月 8 日，美国连同 49 个国家在旧金山签署排除中国的对日和约，赋予日本独立国家地位。同时，美日签订《美日安保条约》《美日行政协定》《美日设施与区域协定》，为美军常驻日本建立海、陆、空军事基地提供基本保障。至 1958 年，美国在日本建立的军事基地总数达 440 个，驻日美军人数达 75000 名，其中，空军 50000 名，海军 13000 名，陆军 12000 名。[⑤] 这些军事基地建设极大地强化了美国对日本的军事控制，也护持着美国在远东地区的海空优势地位。

在众多军事基地中，冲绳岛极具战略价值，地处美国"岛链"防线中的中心位置，是美国在亚太最大的军事基地和战略据点。美国将其视为在西太平洋地区进攻力量的中心，提出"依赖以冲绳为基地的空军，加上先进的海军，来阻止任何两栖力量在亚洲中东部或东北亚的主要港口集结的战斗"。[⑥] 美国可以"从那里控制能发动两栖作战的所有亚洲

---

① 方连庆、刘金质、王炳元主编《战后国际关系史（1945—1995）》，北京大学出版社，1999，第 189 页。

② Robert D. Murphy, *Diplomat among Warriors* (Washington: Doubleday, 1963), p. 347.

③ 日本为美国提供价值 5916 万美元的榴弹、迫击炮炮弹和火箭炮弹，2108 万美元的飞机油箱、凝固汽油弹贮油器等，931 万美元的枪榴弹，26 万美元的反坦克地雷，等等，刘世龙：《美日关系（1791—2001 年）》，第 419—420 页。

④ 刘世龙：《美日关系（1791—2001 年）》，第 414 页。

⑤ 朱育莲：《美国在日本的军事基地图》，《世界知识》1958 年第 22 期。

⑥ Kennan to Marshall, March 14, 1948, U. S. Department of State, Foreign Relations of the United States: 1948, vol. I, pp. 531–538.

北部的港口"。[1] 1949 年后，冲绳岛成为美国重点建设的军事基地之一。1950 年，美国国会通过 5000 万美元冲绳基地建设预算。朝鲜战争爆发后，美军在冲绳岛南部修筑以琉球美军总司令部为中心，北面通往嘉手纳，南面通向小禄的军用公路，并沿着这条公路修建要塞，该要塞被誉为"美国在远东的直布罗陀"。[2]

朝鲜战争中，冲绳充当美军前沿出击基地，以及演习、通信和补给基地。朝鲜战争之后，美国政府认为，亚洲"共产主义的威胁"已经从朝鲜半岛转向台湾海峡和中南半岛，因而将作为快速反应部队的第七舰队和海军陆战队部署到离台湾海峡和中南半岛距离较近的冲绳。海军陆战队自此从日本本土移驻到冲绳。美国把日本和冲绳的"国境"从北纬 29 度移到北纬 27 度，明确无限期领有冲绳。1953 年，美国副总统尼克松（Richard Milhous Nixon）在视察冲绳基地时表明："只要共产主义的威胁还在，美国就将领有冲绳。"之后，总统艾森豪威尔（Dwight David Eisenhower）也多次表示，美国准备无限期领有冲绳基地。[3]

同时，美国在 1950 年至 1954 年通过签署《美泰军事援助协定》、《美澳新共同防御条约》、《东南亚集体防务条约》、《美韩共同防御条约》、"美台共同防御条约"构筑军事同盟体系。军事同盟成为美国在西太平洋构筑制海优势，强化海洋霸主地位，从而维持美国治下的亚太海洋基本安全格局的重要方式。美国在欧亚大陆进行的两场局部战争，均得益于军事基地建设与前沿兵力配备，及其提供的有效后勤、防空与作战保障。可以说，该时期海军制海优势主要是依赖"以航母战斗群为核心，在世界各地部署前沿舰队的全球性多功能军事力量，承担制海、反

---

① 凯南对与麦克阿瑟谈话的记录，1948 年 3 月 5 日和 21 日，收入 PPS/28, "Recommendations with Respect to U. S. Policy Toward Japan," March 25, 1948, U. S. Department of State, Foreign Relations of the United States: 1948, vol. VI, pp. 700-701, 709。

② 苏维诠：《美国在西太平洋的军事基地冲绳岛》，《世界知识》1955 年第 16 期。

③ 新崎盛晖：《冲绳现代史》，胡冬竹译，生活·读书·新知三联书店，2010，第 68—69 页。

潜、两栖行动，以及针对近岸目标的常规或核轰炸等多种进攻使命"①
来实现的。

二、苏联制海权指导思想与太平洋舰队建设

相较于美国成熟的制海权思想和亚太军事安全布局，苏联时期的制
海权思想和远东军事发展则远落后于美国，也没有美国进展得顺利。这
也是由二战后苏联战略重心集中于欧洲大陆方向，海军从属于陆军的
"近海防御"模式等决定的。直至苏联元帅戈尔什科夫海权思想诞生并
实施后，苏联海军战略思想变革和海上力量发展发生突飞猛进的飞跃。
太平洋舰队建设亦由此改观。

1. 苏联海军学派的制海权思想演变

苏联的海军战略经历了一个"从沿袭马汉海权理论向无产阶级海权
理论的过渡时期"，也就是从"老海军学派"到"新海军学派"海权思
想的过渡。

（1）苏联新老海军学派思想演变

从一战结束至 1928 年，苏联海军战略沿袭传统的马汉海权理论，
并用其指导海军建设，即发展与西方国家同等的大型战列舰、巡洋舰应
对西方列强，相信战列舰决战是取得制海权的根本，但是 20 世纪 20 年
代苏联受经济实力限制无力投入一支远海舰队的建设，加之陆军控制政
治权力中枢。他们认为建设海军的目的不是要到大洋争夺制海权，而是
优先考虑保卫苏联沿岸地区，以及濒海要地的安全，防止海上方向的入

---

① 乔治·贝尔：《美国海权百年：1890—1990 年的美国海军》，第 368 页。

侵，也就是围绕"近岸防御力量体系"① 发展一支没有远洋能力的沿岸海军力量。

于是，苏联海军开始探索小型海军兵力协同陆军保卫海防，抗击海上优势敌人侵略的方法。苏联伏龙芝海军学院教授彼得罗夫（Petrov）指出，应"抛弃大而化之地谈论制海权，把确保制海权的区域缩小到苏联周边海域。在陆基空中力量的作战半径内，建立一支小规模舰队以实现实力与目标的一致"。② 这就为"新海军学派"的崛起提供可能。苏联元帅米哈伊尔·图哈切夫斯基（Mikhail Tukhachevsky）提出"小规模海战理论"的军事战略构想，主张建立一支由沿岸潜艇、鱼雷艇和其他沿岸舰艇组成，并由海军航空兵支持的海军。这样的海军没有远洋能力，主要任务是沿岸防御抵制外部入侵，为近岸陆军提供支援。③

"新海军学派"否定战列舰和舰队决战对于现代海军和海战的意义，认为不应该将战列舰视为舰队的主力，未来苏联海军面临的是反击敌人两栖登陆作战。在这种战争样式下，潜艇和飞机能够发挥更大的作用。④ "新海军学派"是建立在苏联社会主义革命和战争背景下的学说，它是对西方海权理论的重要批判和摒弃。苏联海军战争学院的亚历山德洛夫（A. P. Aleksandrov）认为，西方制海权是"帝国主义国家彼此之间争夺原料、市场、资本投资和势力范围，以及重新瓜分世界的帝国主义政策在军事上的表现"。⑤

---

① 王生荣：《海权对大国兴衰的历史影响》，第 245 页。

② Robert Waring Herrick, *Soviet Naval Strategy: Fifty Years of Theory and Practice* (Annapolis, Maryland: Naval Institute Press, 1968), pp. 9-18.

③ David G. Muller, *China As a Maritime Power* (Boulder, Colorado: Westview Press, Inc., 1983), p. 48.

④ Robert Waring Herrick, *Soviet Naval Doctrine and Policy, 1956-1986* (Lewiston, New York: The Edwin Mellen Press, Ltd, 2003), p. 7.

⑤ Geoffery Till, *Sea Power: A Guide for the Twenty-first Century* (Portland, OR.: Frank Cass, 2004), p. 65.

可以说，它是无产阶级海权军事学说的创新，强调苏联海军以维护工人阶级利益为共同目标，要求苏联陆、海、空军在统一指挥下协同作战，而海军在未来战争中的作用将是次要的、辅助性的和防御性的。[①]同时，这也是当时苏联在只有有限海军兵力的情况下同强大海上敌人作战和保卫自身沿海的最有效和最切实可行的方法。这是弱小海军采取的消极防御理论。这套海军理论对于当时苏联海军建设和运用产生重大影响，并在随后的第二次世界大战中经受住考验。

可是，"新海军学派"理论及其形成的以潜艇为主力的舰队结构，也导致苏联没有能够及时建成一支现代化的"均衡舰队"，在推行其集体安全政策和抗衡轴心国时缺乏有效的外交武器。苏联在"新海军学派"的指导下，对于较远海区作战思想准备不足。二战期间，苏联海军具备中等强国实力，但在公海海域作战经验较少，主要使用舰炮或岸炮为参加防御的陆军提供支援，海军航空兵根据陆军需要采取行动，并为陆军提供兵力[②]与运输补给，护送基地伤员和居民等。在破坏敌方海上交通线方面，苏联海军使用诸兵种协同作战，潜艇、航空兵、水面舰艇和水雷在破坏敌方交通线方面发挥主力作用，但苏联存在对潜侦察、对空防御两大弱项，其海军保护海上交通线的防御范围较为有限。

（2）二战后苏联海军作为防御力量的形成

二战结束后，苏联与西方世界意识形态矛盾加剧，形成冷战格局下东西方两大阵营。美国海军压倒性优势对苏联的海上安全形成威胁。苏联领导人约瑟夫·斯大林（Josef Stalin）决定将建立一支远洋海军作为重点工作，于1950年重启"大舰队计划"，试图在较短时期内拥有不少

---

① 师小芹：《论海权与中美关系》，军事科学出版社，2012，第156页。
② 整个二战期间，海军共输送登陆部队25万余人，派出40万官兵到陆地前线作战，组成40多个海军步兵旅、6个独立团和独立营。

于 1200 艘潜艇，约 200 艘护卫舰、200 艘驱逐舰、36 艘巡洋舰，以及 4 艘战列舰和 4 艘航空母舰规模的海军。[1] 1953 年斯大林逝世，苏联远洋舰队计划搁浅，造舰计划遭取消或削减，其中建造航母的计划没有通过。1953 年至 1957 年，核技术革命极大地影响了苏联的海军政策。

赫鲁晓夫时期（1957—1964 年），核导技术的突破助推苏联军事战略的转型。该时期，赫鲁晓夫将战略性打击力量视为赢得胜利的主要方式，认为它不仅能够摧毁敌方航母和潜艇，还能单独或同其他航空与战略火箭部队联合破坏敌方海上通道。这也带来苏联军事理论与作战思想的变化。当时，苏联舰载航空力量与航母远洋作战能力均相对薄弱，且易遭受美国航母空中力量打击。为打击部署于苏联周边海域的北约战略潜艇和航母战斗群，保卫本国领土免遭核打击，在反航母作战思想指导下，苏联海军开始以导弹为主要武器，在军舰、潜艇和陆基海军飞机上装备防区外制导导弹，[2] 采用导弹核武器，建立海上战略导弹核武库，建设核潜艇舰队，改进反潜侦察力量，以远程航空兵武装海军，采用无线电子设备，等等。

苏联海军由此拥有了远洋核潜艇和携带导弹武器的远程陆基轰炸机等，构建起强大的战略性力量，并将防御边界从陆上向外海拓展，以对国际危机作出灵活反应。1955 年 9 月，苏共中央作出建设"远洋导弹核舰队"的决定，提出建设一支以核导武装的全球性、进攻型海军，战略火箭为优先发展领域，力争在短期内同美国形成核均势态势。1955 年苏联拥有实战氢弹，1957 年洲际导弹试验成功，苏联具备核弹头远程投送能力。1958 年苏联开始发展核导弹潜艇，1960 年初建立战略火箭军，

---

① 张炜主编《国家海上安全》，海潮出版社，2008，第 242 页。

② Norman Friedman, "US vs Soviet Style in Fleet Design," in Michael MccGwire, Ken Booth, and John McDonnel (eds.), *Soviet Naval Policy, Objectives and Constraints* (New York: Praeger and London: Pall Mall Press, 1975), p. 231.

并开始部署核战略轰炸机。[①] 1961 年至 1981 年，潜艇在苏联海军总吨位中的比例由 20%上升至 50%。[②] 1980 年，苏联现役潜艇总数达到 342 艘，包括 90 艘弹道导弹潜艇、64 艘巡航导弹潜艇和 188 艘攻击潜艇。[③]

　　然而，由于赫鲁晓夫重视战略核武器的作用，他大量裁减陆军和海军，认为苏联陆军拥有核武器，能够依赖自身能力抵御海上来犯之敌。苏联海军认为水面舰艇不再适用，只需潜艇、航空兵和轻型水面舰艇组成的小规模舰队，航母耗资巨大无须建造，等等。于是，苏联改造旧式水面舰艇，建设以潜艇为主的海军，形成一支"近海防御"力量，这意味着苏联海军仍将作为附属性军事力量与其他军种配合，完成国家在战争期间交给的任务。这一时期苏联海军没有自主意识和军种战略，更没有强大能力同西方国家在至关重要的区域争夺制海权。

　　虽然苏联军事战略家仍坚信联合军种作战关乎最终的胜利，但战略核武器的出现已经影响了苏联海军"均衡发展"。赫鲁晓夫政府还认为，由于核武器强大的威慑力量，美苏可以实现"和平共存"（peaceful coexistence），发生海上战争的可能性下降，维持有限海军即可，主张裁军，采取削减海军人员、减少海军基地设施和军事预算[④]等措施。这造成海军常规力量严重不足，无法有效应对多元的海上任务。在 1962 年古巴导弹危机中，苏联没有可堪一战的大型水面舰艇，参加远征的潜艇处于美国海军反潜舰艇的包围中，忍受着美军近乎侮辱式的围捕。这使得赫鲁晓夫认识到海军对国防和外交的重要性，决定建立一支强大的远

---

　　① 徐光裕：《核战略纵横》，国防大学出版社，1987，第 215—216 页。

　　② Bryan Ranft and Geoffrey Till, *The Sea in Soviet Strategy* (Annapolis, Maryland: Naval Institute Press, 1989) , p. 119.

　　③ 国防科委情报资料研究所：《苏军常规武器资料汇集》（第 6 分册），1980，第 8 页。

　　④ 1955 年，苏联共削减兵力 640000 人，1957 年减员至 1200000 人，1955—1956 年军事预算减少 100 亿卢布，海军舰船减少 375 艘。转引自 Robert W. Herrick, *Soviet Naval Strategy: Fifty Years of Theory and Practice*, p. 80。

洋海军。[1]

(3) 苏联远洋海军发展与制海攻势的形成

1963 年，苏联海军司令戈尔什科夫"不顾苏联海军训练、经验和后勤支援能力的局限性，开始超出传统的近海海域活动范围，扭转它的防御势态"。[2] 1964 年至 1975 年，苏联海军战略呈现更加积极外向的态势。"平衡舰队"（balanced fleet）和海洋拒止（denial of the seas）作为苏联海军政策原则被接受。[3] 为打造更为平衡的远海作战能力，并将力量投送至地中海、印度洋甚至加勒比海和西非等前沿海域，苏联掀起大规模的造舰运动。

1965 年，苏联 10%的海军潜艇配备弹道导弹，另外 10%则装备巡航导弹。至 1972 年，潜艇携带弹道导弹比例上升至 17%，巡航导弹比例为 20%。核动力潜艇比例从 1960 年的 2%上升至 30%多，达到 48 艘。从 1965 年到 1975 年的 10 年中，苏联在造舰方面的费用超过美国 50%，同期建造舰艇数量比美国多 4 倍。1975 年，苏联拥有 120 艘核潜艇、190 艘常规潜艇、1 艘航空母舰、2 艘直升机航母、33 艘巡洋舰、106 艘驱逐舰、109 艘护卫舰。苏联海军与美国海军的舰艇数量之比达到 740∶436。[4]

苏联海军力量逐渐增强，其制海能力具备坚实基础，这也激起苏联争夺海上霸主的野心。美国深陷越南战争和石油危机等内外冲击，国力衰弱，不得不进行全球战略收缩，苏联综合国力快速成长，进行全球布

---

① 杨震、杜彬伟：《论戈尔什科夫的国家海上威力论及其现实意义——以海权理论为视角》，《东北亚论坛》2013 年第 1 期。

② N. 波尔玛：《苏联海军》，卫痴译，海洋出版社，1982，第 7 页。

③ George E. Hudson, "Soviet Naval Doctrine and Soviet Politics, 1953–1975," *World Politics* 29, no. 1 (1976): 90–113.

④ 徐辉：《"红色马汉"的舰队！戈尔什科夫元帅与苏联红海军》，《现代兵器》2008 年第 9 期。

局，提出打核战争和常规战争的"积极进攻战略"，远洋海军建设摆在与核武器同等重要的位置上。在第四次中东战争中，苏美海军在地中海对峙，苏联海军就以优势兵力迫使美国退却，体现出该时期苏攻美守的国际格局与力量态势。[①]

20世纪70年代中后期，苏联政府宣称建成进攻性远洋导弹核舰队，已拥有一支能实施远洋作战的初步现代化海军，执行任务也由战役战术层面上升为战略层面，且能够同美国海军相抗衡。[②] 作为战略现实主义者，苏联采取渐进式战略，逐步具备拦截美国海军交通线，将美军同海外军事基地相孤立，最终挑战美国海军力量的能力。[③] 苏联战略性打击力量的发展影响了美国对于苏联海军能力与意图的认知，美国认为"苏联蓝水海军重视和平时期的力量投送能力建设，战时对美国和其他西方海军及其海上通道的进攻，以及从海上发动战略核打击。作为一支海上拒止力量，如果苏联海军剥夺西方使用海洋的自由，就会造成政治、经济和军事灾难"。[④] 这在美国国内引发"大规模报复战略"有效性的争论，相关方要求美国发展多样化常规"有限战争"手段，以"灵活反应"方式来应对苏联集团的挑战。[⑤]

不过，苏联远洋海军发展有其弱点，随着它进攻性扩张政策的推进

① 杨震、杜彬伟：《论戈尔什科夫的国家海上威力论及其现实意义——以海权理论为视角》，《东北亚论坛》2013年第1期。

② 以1963年至1979年为例，苏联海军军费占国防预算比例从15%上升至20%，海军吨位则由1963年的170万吨增加至350万吨。1978年，苏联拥有3艘航母、466艘水面舰艇、50艘核潜艇以及294艘常规潜艇。左立平主编《国家海上威慑论》，时事出版社，2012，第131页；斯蒂芬·豪沃思：《驶向阳光灿烂的大海：美国海军史（1775—1991）》，王启明译，世界知识出版社，1997，第631页。

③ Mary Glantz, "Soviet Naval Strategy: A Quest for Global Reach?" assessed July 18, 2022, https://www.history.navy.mil/research/library/online-reading-room/title-list-alphabetically/c/conflict-coop-us-soviet-navies-cold-war.html.

④ John B. Hattendorf, "The Evolution of the Maritime Strategy: 1977-1987," *Naval War College Review* 41, no. 3 (1988): 7-28.

⑤ 刘磊：《从"大规模报复"到"有限战争"——艾森豪威尔时期美国有关核战略的争论》，《美国研究》2013年第2期。

而显现。由于苏联海军将战略威慑、反潜、反航母战、海上通道拦截，以及应对远海军事或政治紧急事态视为主要任务，而且在空中防御、两栖作战、反潜防御和后勤支援能力等方面，苏联存在着能力严重不足的情况，所以这些力量的部署仅具相当的政治意义，并不足以完全支撑苏联的进攻性军事战略。①

20世纪80年代，苏联深陷阿富汗战争，计划经济体制弊端突显，经济增长动力不足，这对进攻性海军战略构成极大制约。与此同时，美国则转为对苏全面攻势，拥有优于苏联的海外军事基地，以及海基"战斧式"巡航导弹、防区外弹道导弹和战时封锁海军基地能力等，而苏联在扩张海外势力范围，寻求美苏在海陆的全面对抗过程中，逐渐丧失同西方竞争的优势，导致国内资源汲取和动员能力过度消耗，制海能力逐步弱化，至戈尔巴乔夫时期不得不进行全球战略收缩，由此前的积极进攻转向战略防御。防止战争成为苏联武装力量的主要任务。

苏联在军事力量上追求"合理够用"原则，保持与美国最低程度的战略均势。至1985年，苏联海军兵力高达50万人，拥有舰船2100多艘，总排水量达420余万吨，海军航空兵飞机有1400余架，潜射核导弹有近1000枚。另外，苏联海军有远洋海域作战的制空能力不强、远程登陆输送等后勤保障能力较弱、缺少不冻港等自然地理限制条件等弱点，苏联作战地域逐步向近海收缩，将训练地理范围仅限于距离本土水域500千米以内的战术性行动（operational-tactical）。苏联海军大幅削减海军训练和维护等预算，将重点放在提升舰队现有硬件体系和批准的作战演练熟练度方面，而不再是着力于执行战略性任务。1986—1990年，

---

① Directorate of Intelligence, "The Soviet Navy: Strategy, Growth and Capabilities," U. S. Central Intelligence Agency（June 1972），assessed July 20, 2022，https://www.cia.gov/readingroom/docs/DOC_0000969876. pdf.

苏联仅有 5% 的防卫预算用于海上备战应对，而美国则高达 29%。[1]

此外，苏联海军在保证本国海岸线的安全外，只保有一些重要的海上交通线和战略枢纽的控制权。在新的威慑战略原则指导下，苏联海军建设重在完善兵力结构，缩小数量规模，提高装备质量。[2] 其中，海军弹道导弹核潜艇强调核威慑与核后盾，注重在高科技条件下常规力量的发展。制海作战任务强调在近海打击敌方水面舰艇编队和破坏敌方海上交通线，维护海上经济活动和运输；停止介入海上局部战争和武装冲突，减少海外军事基地的数量，减少海外军事存在；在具有战略重要性的区域和其他任务中保持军事存在；保持对领海和专属经济区的控制；等等。[3] 苏联制海权发展再次回归到局部性"近海防御"。20 世纪 80 年代中期后，苏联失去维持全球性海军同美国竞争的能力。

因此，苏联制海权理论发展反映的是一个陆权大国对于制海权认知的变化和现实与理论探索的过程，从确立"不是到公海或大洋上争夺制海权的小规模海军，与陆军协同作战抗击海上优势敌人侵略，保卫苏联沿岸地区及濒海要地安全"的弱势制海权，崛起至"夺取制海权是争夺海战胜利的重要手段"的进攻性制海权，最终衰退回归至"追求近海防御性制海权"。然而，苏联的进攻性制海权有其自身特性。它强调夺取制海权本身不是目的，"而是创造某种前提条件的一种手段，以利于海军兵力和兵器于某一具体时间、在规定的海战区内顺利执行某些任务"。[4]

即便 20 世纪 70 年代苏联建成远洋海军，但由于其缺乏以航母战斗

① James T. Westwood, "Soviet Reaction to the U. S. Maritime Strategy," *Naval War College Review* 41, no. 3 (1988): 62-68.

② 王晓笛：《冷战时代的苏联海洋战略——兼论对中国建设海洋强国的启示》，《内蒙古民族大学学报（社会科学版）》2020 年第 4 期。

③ Captain First Rank V. Zaikin, "The 300th Anniversary of the Russian Navy, Conflict and Cooperation: The U. S. and Soviet Navies in the Cold War," *Colloquium on Contemporary History*, no. 10 (June 1996).

④ 谢·格·戈尔什科夫：《国家海上威力》，房方译，海洋出版社，1985，第 289 页。

群为核心的水面主力舰队，特别是航母所能提供的区域制空权，苏联海军最多能对连接大洋的边缘海展开"制海争夺"，远谈不上建立远海制海权。① 或者说，"苏联航母编队强大的进攻能力并非用来在公海大洋与对手争夺蓝水的制海权，而是一种建立在海上拒止基础上的进攻战略，迫使对手无法使用制海权进攻苏联"。② 这反映出美苏在攻势制海的性质和能力之间存在着较大的差别。

2. 戈尔什科夫"国家海上威力"思想及其影响

谢尔盖·格奥尔吉耶维奇·戈尔什科夫，苏联现代海军创建者，素有"红色马汉"之称。1956年1月至1985年12月，出任苏联国防部副部长兼海军总司令，历经赫鲁晓夫、勃列日涅夫、安德罗波夫、契尔年科四位苏联领导人，致力于推动苏联海军实现向现代化、远洋化和均衡化方向发展。作为军事理论家和战略思想家，他开辟了苏联海军军事理论研究的新境界，他在苏联海军发展方面的理论成果丰硕，著有《战争年代与和平时期的海军》《国家海上威力》《海军学术的发展》等。在这些著作中，戈尔什科夫对苏联海上力量的整体定位和发展战略，以及建设思路、举措等作出系统而全面的阐述，提出"海军的战略使用""积极进攻""均衡海军"等思想。

他的海权思想直接影响了冷战时期的苏联海军发展，将苏联海军从一支近海防御的海上力量打造为可与美国相抗衡的远洋攻击性蓝水海军。戈尔什科夫有着强烈的海洋意识，这源于他对海洋于一个国家发展重要作用更为系统和全面的理解，即海洋乃世界强国之源。戈尔什科夫

---

① 刘怡：《"有限制海"与"杂交航母"：海军战略的嬗变与苏联航母发展》，http://123.57.143.90/art/ show.htm?id=474，访问日期：2022年8月12日。

② 杨震：《海权视域下的中苏海洋安全战略比较——以海军战略为视角》，《亚太安全与海洋研究》2021年第3期。

在其著作《国家海上威力》中创造性地提出"国家海上威力"概念，标志着苏联海军军事理论达到新的高度。他认为，"科学、经济地开发世界海洋的手段与保护国家利益的手段，将两者合理结合的总和，便是一个国家的海上威力。它决定着一个国家为自己的目的而利用海洋的军事与经济条件的能力"。①

在戈尔什科夫看来，"国家海上威力"还是一个体系，不仅在于它的各个组成部分（海军、运输船队、捕鱼船队、科学考察船队等）之间存在着联系，而且它与周围环境（海洋）也是不可分割的整体。可以说，国家海上威力是成就海洋强国的先决条件。戈尔什科夫强调，国家海上威力的最基本因素是海军，应当把海军看成国家安全的可靠保障、保障国家海上利益的重要手段，以及海上威力最重要的组成部分之一。在和平时期，海军可以用来在国外展示国家的经济和军事实力。无论是显示军事存在还是进行军事演习，都可以充当对潜在对手实施有效威慑的手段，还可以发展和巩固苏联同发展中国家的外交关系。

同时，戈尔什科夫以国家利益为基本出发点，研究如何最有效地利用海洋。他认为海军是唯一能够在国外保卫国家利益的军种，从而确立了海军在国防建设中的地位和作用。在苏联统一军事战略之下，戈尔什科夫提出"海军的战略使用"，包括预见海上武装斗争的性质，确定和研究在武装力量总任务中海军担负的任务，规定海军的兵力编成和组织形式，提出对海军装备和训练的要求，研究各军种在海洋战区内协同作战的有效方法，等等。这明确了海军建设与作战的方向，基本解决了海军与全军关系的问题。②

1956 年，戈尔科什夫就任苏联海军总司令时就公开宣称，苏联海军

---

① 谢·格·戈尔什科夫：《国家海上威力》，第 2 页。

② 苏读史：《苏联海军统帅戈尔什科夫的理论与实践》，《军事历史》1990 年第 1 期，第 15 页。

的旗帜迟早将在世界大洋上飘扬，那时美国将不得不承认，制海权再也不是它独有的了。他充分认识到海军建设是发展制海权的关键，也是一个极其复杂的过程，必须进行科学研究。为建立一支现代化的海军，他重视科学技术的发展趋势，强调自力更生、科学发展，走适合本国国情且独立自主的发展道路。1967年，他首次公开使用"均衡海军"一词，其含义就是科学确定海军的结构、数量和编成，按比例发展海军的各组成部分，从而达到最有利的配合。[1] 这支舰队的"均衡"体现在：能够执行核战或非核战战役任务；能够开展和平或战时的活动；不同服役舰船类型间保持均衡；舰队的声望和投入重要战役与和平时期活动方面的时间要与苏联其他军种相匹配，彰显均衡性军事力量。[2]

作为冷战时期苏联海军最高统帅，戈尔什科夫主张远洋进攻，主张建设一支与世界强国利益发展要求相适应的现代化远洋海军。面对拥有庞大水面舰队和强大造船工业的对手，戈尔什科夫提出，在保持均衡组合的基础上，可以优先发展战斗效率高且形成战斗力快的兵种。发展潜水兵力便是选项之一，它可以在最短时间内增强苏联海军突击能力，在各大洋战区对敌方海军主力造成严重威胁，以较少的资源消耗增强国家海上实力，剥夺敌人在反对苏联和社会主义大家庭的战争中可能拥有的优势。[3]

戈尔什科夫还提出"对陆作战"[4] 模式。机械化战争时代，海洋不只是各方海上力量角逐和战争抗衡的斗争舞台，也成为各国利用以发射导弹消灭敌国领土重要地面目标的重要平台。战略导弹核潜艇的出现推

---

[1] 谢·格·戈尔什科夫：《国家海上威力》，第414页。

[2] George E. Hudson, "Soviet Naval Doctrine and Soviet Politics, 1953–1975," *World Politics* 29, no. 1 (1976): 104.

[3] 谢·格·戈尔什科夫：《国家海上威力》，第316页。

[4] 海军对陆地作战任务包括运送士兵登陆、舰炮对岸突击、舰载机对岸袭击、潜艇导弹摧毁陆上目标等。

动了海军作战思想的变化。戈尔什科夫将海军作战分为海军对海军与海军对陆地两类，认为海军对陆地作战胜利意义大于海军对海军作战，它可以直接从海上袭击敌国生命攸关的重要中心，对敌国陆地纵深战略目标进行打击，摧毁其军事和经济潜力。戈尔什科夫的"对陆作战"模式是对近代制海权理论的扩展，按照他的理论，海军也不再仅仅扮演协助陆军的附属角色，而是可以通过控制海区针对陆地实施独立打击任务。

此外，戈尔什科夫强调苏联的国家地缘战略特性，即苏联不仅是强大的大陆国家，还是强大的海洋国家，为此海军要在世界大洋上遂行各种战略任务。"大洋战区"与"大陆战区"的战略性战役一样重要，都是战略行动的基本样式，理应将远洋进攻作战放在重要位置。他领导和指挥两次全海军规模的海上演习，以此检验远洋进攻作战理论。戈尔什科夫还对局部战争中的海军兵力使用进行研究，认为海军具有极强的机动性能，适于在局部战争中发挥运输士兵进行岸基登陆、使用舰载航空兵支援陆上作战、发射舰炮对岸攻击，以及利用舰艇和水雷实施海上封锁等作用。

这些观点对冷战时期苏联海军发展提供了理论基础和依据，也丰富和完善了苏联海军军事理论体系。在戈尔什科夫海权思想指导和实践下，苏联建成一支具有远洋作战能力的远洋导弹核舰队，能够在世界各大洋上遂行各种战略任务，并在某些海域与美国海军进行海上争夺和抗衡。然而，这并不能掩盖苏联海军战略的缺陷，其进攻性能力用于海上更多是大国威慑力的展示，海军主要还是用于执行陆地防御任务。戈尔什科夫也始终认为，只有陆军的实际参战才能确保胜利的现实性，巩固战局或整个战争的胜利成果。海军从属于陆军的关系没有发生改变。再者，他将潜艇部队和海军航空兵作为优先发展对象，致使苏联大型常规水面舰艇发展相对滞后，且沦为掩护潜艇的辅助装备等。[①] 这些都影响了苏联海军的发展。

3. 苏联太平洋舰队的远东制海能力兴衰

苏联太平洋舰队最早可追溯至 1731 年，当时它作为俄罗斯帝国海军部分而建立，旨在保护俄罗斯远东地区的利益。其名称由鄂霍次克舰队（1731—1856 年）、西伯利亚舰队（1856—1918 年）而来。一战中，日本和英国的强大海军控制着东亚海域，西伯利亚舰队没有在战争中发挥作用。俄罗斯遭到外国武装力量的干涉，海岸防线的武装亦被解除。1918 年，苏俄继承该舰队，1922 年该舰队成为苏联海军远东舰队。苏联海军"失去舰队中大部分较好的设备，失去大批在舰队中起过重要作用的、有经验的、有知识的指挥员，损失一系列的海军基地，最终也损失了红海军的主要核心"。[②] 战后苏联海军军力非常薄弱，新建舰船数量有限，海军建设重点是修复战争中损坏的或续建未完工的舰船。1926 年该舰队一度被解散，1932 年舰队重新建立并在 1935 年被命名为太平洋舰队。二战后该舰队因获得红旗勋章而被称为红旗太平洋舰队。

（1）冷战前期苏联太平洋舰队制海能力

在苏联卫国战争（1941—1945 年）时期，随着苏德战争的爆发和日本"南进"侵略政策的实施，苏联太平洋舰队负责向欧洲战场提供大批人员、武器装备等支援，并将驱逐舰、潜艇等转移至北方舰队。在整个战争中，共有 14.3 万名太平洋舰队的官兵参加了陆上战斗。至 1945 年 8 月 9 日苏联对日宣战时，太平洋舰队有 2 艘"基洛夫"级巡洋舰、

---

① 杨震、杜彬伟：《论戈尔什科夫的国家海上威力论及其现实意义——以海权理论为视角》，《东北亚论坛》2013 年第 1 期。

② 谢·格·戈尔什科夫：《国家海上威力》，第 219 页。

10 艘驱逐舰、19 艘巡逻艇、78 艘潜艇、49 艘猎潜艇、34 艘扫雷艇、204 艘摩托鱼雷艇和 1459 架战斗机。苏联按照《雅尔塔协议》对日宣战之后，太平洋舰队积极配合远东第 1 方面军解放朝鲜，协同远东第 2 方面军实施萨哈林岛（库页岛）和千岛群岛登陆战，并向旅顺和大连机降空降兵，为最终结束远东战事，确立苏联在东北亚的海上军事存在奠定基础。

冷战时期，为应对美国的攻势，夺取世界霸主地位和维护在社会主义阵营的领导地位，苏联最高决策层将发展强大的海军作为重点，开始摆脱"新海军学派"思想影响，转而扩充海军实力。戈尔什科夫在"国家海上威力"思想指导下，将斯大林的造舰计划与赫鲁晓夫对核武器的侧重相结合，充分利用核技术提高海军在国家军事战略中的地位，推动苏联海军由"近海防御"走向远洋。其中，太平洋舰队作为苏联四大主力舰队之一，其主要职责是在太平洋和印度洋战区，单独或协同其他舰队及其他军种的军团、兵团遂行战略战役任务，参加战略核突击，组织实施海上战役，等等。

为适应与美国争霸远东的战略需要，苏联加强了在远东海军基地的建设。太平洋舰队司令部设在符拉迪沃斯托克，而舰队的浮坞位于符拉迪沃斯托克东南的最大商港纳霍德卡。舰队的潜艇基地则位于符拉迪沃斯托克东北的鞑靼海峡中部西岸苏维埃港，舰队将萨哈林岛西临鞑靼海峡中部的亚历山德罗夫斯克作为小型舰艇基地。驱逐舰基地则处于萨哈林岛南端的科尔萨科夫，而堪察加半岛东南端的彼得罗巴甫洛夫斯克港则为核潜艇基地。

此外，苏联将二战中占领的南千岛群岛（日称"北方四岛"）建成军事基地，修筑大量军事设施并驻扎大量军队，在符拉迪沃斯托克总部与周围各个基地构筑海军基地网络，保护鄂霍次克海、鞑靼海峡范围以内的内海安全。① 这些基地网络也可以对宗谷海峡、津轻海峡、对马海峡及日本海形成突破力量，成为苏联向太平洋扩张、对冲美国攻势、威胁日本安全的据点，也是苏联获取北太平洋和西太平洋制海权的有力后盾。这为其在 20 世纪 70 年代加强亚太进攻性态势，寻求对美建立海上优势地位奠定基础。

（2）苏联利用中苏合作建立东亚制海据点

苏联没有能够在东亚边缘地带海洋国家建立军事基地，便将重心转向东亚大陆方向的中国，试图利用条约关系为太平洋舰队的海外扩张建立军事据点。1945 年，苏联与中国国民党当局签订条约，重新获得日俄战争之前在中国的权利，其中包括对黄海北部位于朝鲜半岛与中国大陆之间的旅顺港海军基地的使用权，并以此作为太平洋舰队在远东的军事立足点，构筑影响东北亚安全事务的能力。以旅顺基地为例，1946 年 8 月，苏联太平洋舰队 5000 名海军人员，19 艘巡逻艇和大量鱼雷船驻扎进旅顺基地；1947 年，4 艘潜艇由符拉迪沃斯托克转移至旅顺基地；至 1948 年，潜艇增加至 14 艘。②

1949 年，中国革命的胜利从根本上改变了远东的格局。为了在冷战的国际环境中加强与美国对抗的实力，斯大林需要新中国加盟苏联的东方集团。③ 不过，苏联以“不破坏雅尔塔体系及损害苏联在中国东北既得利益”为首要考量，这与中国以树立新中国独立自主的外交形象，在条约中保证中国的主权和经济利益的目标相抵触。中苏之间围绕权益发生争论。中国要求苏军撤出旅顺口，放弃租用旅顺口作为海军基地的权

---

① 王生荣：《海权对大国兴衰的历史影响》，第 264 页。
② David G. Muller, *China As a Maritime Power*, p. 12.
③ 沈志华主编《中苏关系史纲》，社会科学文献出版社，2011，第 111 页。

利。[①] 1950 年签订的《中苏关于中国长春铁路、旅顺口及大连的协定》规定苏联对旅顺港的控制至迟于 1952 年底结束。由此，苏联失去从中国港口通往太平洋的出海口，不得不考虑另辟海军基地。

朝鲜战争之后，苏联再次试图加强中苏海军合作，向东亚海域拓展军事影响力，从战略上扩张苏联的势力范围。中国在动员全国力量投入经济建设的过程中，也需要苏联提供军事援助，并联合苏联的军事力量以保障国防，巩固政权。[②] 中苏海空军合作有助于加强中国海岸线的防御体系。1957 年底，中国国防建设主要是发展海军新技术、新装备，苏联注重在战略上发挥太平洋舰队新装备的核潜艇的作用。1958 年，苏联第一艘核潜艇试航成功，标志着苏联潜艇舰队具备远洋航行的能力。建立潜艇与基地的通信联络，在没有通信卫星的情况下，只能依靠无线电台解决。苏联决定向中国提出"由两国海军共同建立和使用长波电台的问题"。[③]

1958 年，苏联国防部长马利诺夫斯基致函中国国防部长彭德怀，建议在中国华南地区，由中苏共同建设 1000 千瓦大功率长波发报无线电中心和远程通信的特种收报无线电中心，便于苏联指挥在太平洋地区活动的潜艇，建成后中苏共同使用。中共经军委会议研究讨论后，由彭德怀作出明确回复，中国不同苏联合建长波电台，而由中国承担全部费用，苏联提供技术援助，电台的所有权归中国，建成后共同使用。平时可向苏方提供情报，战时苏方也可来人。外国人不可以在中国搞军事基地。

对于中国的明确态度，苏联领导人赫鲁晓夫亲赴北京与毛泽东会

---

① 沈志华主编《中苏关系史纲》，第 118—119 页。
② 沈志华主编《中苏关系史纲》，第 220 页。
③ 徐明德：《第一座大型超长波电台的建设》，载《海军·回忆史料》编委会编著《海军·回忆史料》，解放军出版社，1999，第 509 页。

谈，表示这是军方的意图，苏共中央没有讨论。军方希望在中国南方建立一个长波电台，以便在需要时指挥苏联在太平洋的舰队。赫鲁晓夫表示，苏联可以通过贷款方式参与电台建设，电台所有权属于中国，苏联通过协议可以使用。中国可以使用苏联在符拉迪沃斯托克、千岛群岛和北部海岸的电台。毛泽东则强调，中国建立并负担长波电台全部费用和拥有所有权，苏联可以使用之。

中苏在围绕建设联合舰队问题上亦展开争论。苏联以本国自然条件难以发挥核潜艇舰队的作用，中国的海岸线较长为由，指出如果考虑到未来战争的话，中苏共同的敌人是美国。两国可以共同建立一支潜艇舰队。[1] 中国则提出苏联帮助建立舰队，中国负责指挥。如果爆发战争，中国将把一切港口和机场提供给苏联使用，但不同意和平时期在中国领土上建立外国军事基地。[2] 中国认为，共同建立潜艇舰队涉及主权归属问题。[3] 苏联领导人赫鲁晓夫予以澄清，表示"从来没有像中国所想的那样要共同指挥中国的舰队，从来就没有两国共有的想法"。[4]

最终，经双方领导人的沟通与澄清，中苏领导人关于长波电台问题签署了《关于建设、维护和共同使用大功率长波无线电发信台和专用远距离无线电收信中心的协定》，同意长波电台由中国建设，主权属于中华人民共和国。苏联在技术方面给予帮助指导，装备器材通过订货方式请求苏联援助。苏联需要使用该电台的问题由双方另行谈判。此后，双方还签订了关于苏联提供设备器材和派遣专家的合同。

关于提供海军技术援助问题，两国政府签订了《关于苏联政府给予

① 肖劲光：《肖劲光回忆录（续集）》，解放军出版社，1989，第183—184页；中共中央文献研究室：《周恩来年谱（1949—1976）》（中卷），中央文献出版社，1997，第149页。

② 沈志华主编《中苏关系史纲》，第229页。

③ 方连庆、刘金质、王炳元主编《战后国际关系史（1945—1995）》（上），北京大学出版社，1999，第271页。

④ 沈志华主编《中苏关系史纲》，第231页。

中国海军制造舰艇方面新技术援助的协定》。根据该协定，苏联将向中国出售 1 艘"高尔夫"级常规动力弹道导弹潜艇、4 枚 P-11 型潜射弹道导弹以及舰艇的动力装置、雷达、声呐、无线电、导航器材等共 51 项设备的设计图纸资料、部分舰艇制造器材及导弹的样品，并转让这些项目的制造特许权。[①]

尽管苏联没有能够如最初设想，实现在中国建立军事基地的计划，但双方围绕长波电台建设和舰艇制造方面达成的解决方案，为苏联在东亚地区扩展海上势力和拓展军事存在提供可能。某种程度上，中苏海军军事合作提升了社会主义阵营在东亚地区的整体实力，能够对美日韩同盟形成的海上攻势形成一定战略威慑与制衡效应，从而在东北亚地区维持相当的陆海力量均势与脆弱和平。

（3）苏联利用远东岛屿加强海军基地建设

由于远东地理条件受限，苏联太平洋舰队始终面临三大主要限制：进入太平洋通道受阻、极端严寒的气候条件、缺乏前沿基地。苏联在寻求进入海外基地之前，重点加强对远东占领岛屿军事基地的建设。苏联太平洋舰队的主要海军基地在符拉迪沃斯托克，司令部则迁至堪察加半岛的彼得罗巴甫洛夫斯克。这主要因为：可以有效地监听美国"北极星"潜艇潜进北冰洋的活动；可以使阿拉斯加和美国西海岸基地处于苏联潜艇导弹射程之内；可以迅速截断美日运输船行经的航道；避免使用日本和韩国之间易被封锁的对马海峡。

苏联太平洋舰队从符拉迪沃斯托克出发，有三条航路可以到达太平洋。第一条是向北转东，穿过苏联萨哈林岛和日本北海道之间的宗谷海峡；第二条是直接东驶，穿过日本北海道与本州岛之间的津轻海峡；第

---

① 《海军·回忆史料》编委会编著《海军·回忆史料》，第 413—415 页。

三条则是直接南驶，穿过日本与朝鲜之间的对马海峡。日本呈细长的弧形，在太平洋的东北角包围着苏联的太平洋沿岸地区，美日在这三条航道上设置一连串水声测位仪，用于侦察苏联潜艇的活动。苏联为提升对这三条通道的控制能力，不断强化在南千岛群岛的军事部署。

南千岛群岛南接太平洋，北面是鄂霍次克海，东北面是得抚岛，西南与北海道之间隔有根室海峡和珸瑶瑁海峡，扼日本海通往太平洋的航道。苏联在伊图鲁普岛（日称"择捉岛"）的单冠湾和希科坦岛（日称"色丹岛"）的斜古丹港口停泊大量舰艇，并在这些岛上修建雷达基地、喷气机机场等。单冠湾是苏联军舰的集中地，其军舰飞机短时间内便可深入日本内地，威胁日本的国家安全。库纳希尔岛（日称"国后岛"）、伊图鲁普岛两岛是苏联远东和太平洋战略体系中的重点。苏联将南千岛群岛与符拉迪沃斯托克等远东基地连接起来，太平洋舰队和军用飞机以此形成对宗谷海峡、津轻海峡和日本海的控制，确保进出入太平洋的通道安全。

这个时期，苏联军事基地建设和海军军事力量仍主要集中在东北亚地区，充当苏联在远东地区乃至太平洋的地缘政治工具，服务于苏联的外交政策和政治军事目标。这主要因为东北亚地缘政治的重要性，地理邻近、大国关系紧张、军事同盟和利益冲突等，要求苏联将外交、军事关注点集中在该地区，强化太平洋舰队和海军力量建设。当时东亚成为苏联全球战略的重要一翼。苏联的太平洋舰队主要目标就是挑战美国在远东的海空力量，威胁美日的海上运输通道，增加对苏联太平洋小型舰队的支持。① 即便如此，苏联太平洋舰队的制海能力仍不及美国。

---

① Foreign Broadcast Information Service, People's Republic of China, "Beijing Views Soviet Intentions in East Asia," February 19, 1981, p. C3, 转引自 Joseph M. Ha and Laura Heard, "The Building of the Soviet Pacific Fleet: An Indication of Foreign Policy in Northeast Asia," *Asian Perspective* 7, no. 2 (1983): 275–316。

第二节　美国对苏制海竞争态势与东亚海洋安全

20 世纪 30 年代末之前，美国在世界舞台上扮演的是次要角色，苏联则由于意识形态差异受到国际孤立。在整个 30 年代，美国与苏联的关系淡漠且疏远，两国之间既没有重要的共同点，也没有迫在眉睫的利益冲突。世界反法西斯战争促使其团结合作形成强有力同盟。从 1945 年至 1950 年朝鲜战争爆发，美国和苏联都在追寻它们的世界秩序梦想，在实现目标的过程中探寻着合作的可能性，在追求其独享目标的时候考验着对方的忍耐限度。[①]

然而，在美国看来，当任何形式的合作需要同时应付苏联扩张的领土控制，以及美国拥有其他国家也会很快获得的这种可怕新式武器时，所有人都相信未来世界和平所赖以存在的一个关键性基础的有效大国合作将难以产生了。[②]

从地缘政治角度审视战后秩序，苏联通过共产主义意识形态领导了从东欧连接到太平洋西岸中国的心脏地带的陆权势力；美国则通过资本主义意识形态领导了从大西洋、印度洋直到太平洋的海权势力。然而，当海权势力以海制陆介入陆权势力范围内的地区事务，而陆权势力予以反制并力图成为海洋大国时，这两种势力在陆海不同方向必然发生利益冲突与军事对立，进而构成二战后的世界历史发展进程的一部分。

---

① 孔华润主编《剑桥美国对外关系史》，第 219 页。
② 孔华润主编《剑桥美国对外关系史》，第 196 页。

一、冷战前期美苏东亚制海权竞争

20世纪40年代末，随着美国杜鲁门主义的出台，反苏反共遏制战略推动美苏两极对抗格局形成。美苏形成资本主义与社会主义两大阵营，在全球范围内展开政治、经济、军事等层面的对峙。美国海军面临二战后国内财政紧缩和裁军的压力，军事力量在国内政治争论和军种间竞争中遭遇削弱。为确保海军军种的独立性和二战中形成的海军航空力量得以存续等目标，美国海军必须表现自身在冷战时代的作用和价值。其中之一便是将对抗苏联"威胁"视为其实现目标的有利工具。

战后初期，苏联水面舰队不足以对美国制海形成威胁，其水面大型舰只仅为15艘，且没有航空母舰，苏联舰队仅是一支近海防御性军事力量，缺乏战略机动性和深入大洋的实力，美国便将苏联潜艇部队作为美国海军的"威胁"。1948年，苏联拥有约250艘潜艇，能够"威胁"美国的前沿海上行动，并切断盟军的海上交通。美国海军作战部副部长弗利斯特·谢尔曼（Forrest Sherman）被誉为新海军战略缔造者，他成功地保持了海军功能和兵力的多元化。他建议应对苏联潜艇的方式，就是派遣海军航空兵攻击停靠在港口的潜艇，摧毁为潜艇提供补给和维修的基地，最后采取海上巡航切断潜艇补给线。①

1. 朝鲜战争与美苏东北亚制海权的较量

海军试图在美国遏制战略中争取到存在位置，应对苏联潜艇"威胁"是美国欧洲军事计划的重心，其政治军事战略主要是应对苏联"威胁"的"总体战"。然而，朝鲜战争的爆发打乱美国军事战略制定与重

---

① 乔治·贝尔：《美国海权百年：1890—1990年的美国海军》，第332—335页。

心部署，且朝鲜半岛也不在美国最初确立的"第一岛链"防线上。美国的欧洲盟友担心亚洲战事升级，会减少美国对欧洲的注意力，并且美国会卷入亚洲事务引发第三次世界大战，甚至核大战。[①] 于是，所有参战国家都倾向于将战争范围控制在朝鲜半岛。美国海军具备从海上执行干涉主义政策的能力，这为海军应对朝鲜战争，支撑美国外交政策的军事化提供战略价值。

朝鲜战争期间，美国海军在海上拥有强大机动性能，将可能出现的苏联轰炸机和潜艇视为目标。苏联在西太平洋符拉迪沃斯托克部署70艘潜艇，但实际情况是苏联海军采取沿海防守姿态，没有动用其潜艇和轰炸机力量攻击船只或切断对方海上交通线，以影响联合国军的战斗。苏联为朝鲜在元山港部署水雷提供帮助，这给美国海军作战造成障碍。由于美军在扫雷装备和经验方面不足，海军军舰慑于水雷攻击无法靠近海岸，无法发挥制海优势，影响了美军在元山战役中两栖攻击行动的推进。

尽管如此，美国在朝鲜半岛的制海权优势仍远超过苏联太平洋舰队。首先，海军将军舰部署在特定地区附近水域，发动猛烈空袭支援地面部队登陆作战，利用制海优势帮助美军在仁川、元山和兴南开展大规模两栖行动。其次，实现攻势制海确保海上通道安全，维持军队人员输送和物资补给的可持续。战争期间，登陆朝鲜半岛的人员80%以上来自海上，通过船只向太平洋运送的物资有4400万吨干货和220万吨燃油。[②] 最后，凭借制海权阻止对手利用海洋。美军派遣军舰对朝鲜实施

---

① James L. Lacy, *Within Bounds: The Navy in Postwar American Security Policy* (Alexndria: Center for Naval Analyses, 1983), p. 145; Rosemary J. Foot, "Anglo - American Relations in the Korean Crisis: The British Effort to Avert an Expanded War, December 1950 - January 1951," *Diplomatic History* 10, no. 1 (1986): 43-57.

② Malcolm W. Cagle and Frank Albert Manson, *The Sea War in Korea* (Annapolis: Naval Institute Press, 1957), pp. 491-492.

近岸封锁，切断朝鲜海上运输线，削弱朝鲜战斗能力。

在1950年9月的仁川登陆行动中，美国海军通过狭窄通道运送13000名陆战队员和70000人部队登陆作战，从侧翼进攻打乱朝鲜军队南进补给系统，解除退守釜山的联合国军压力。同年12月，中国出兵迫使韩国和联合国军从兴南撤退，海军和陆战队动用飞机中队发动1700架次火力攻击，4艘攻击性航母、1艘战列舰、22艘驱逐舰等进攻兴南海岸，运用193艘舰艇撤离196000名军事人员和难民、350000吨货物和17500辆运输工具。[①]

自1951年7月启动谈判到1953年7月停火协定签字，南北双方经历前线战斗与后方谈判的拉锯战，坚守阵地、护守防线成为双方间的常态。为防止对方突破防线南下进兵，美国海军和陆战队航空兵飞行275000架次，占总突击任务的41%，一半执行阻截任务，另一半则提供空中支援并进行防空作战。1953年7月，美军航空兵为阻止中国军队突破防线而出动战机达7571次。[②]

可以说，美国海军在朝鲜战争进程中发挥着重要作用。苏联作为陆上强国采取沿岸防御，在东北亚地区没有形成强大的制海优势，更没有运用有限的制海能力，直接参与朝鲜战争，抵御美国的海军攻势。苏联为朝鲜提供的军事援助远不足以影响朝鲜战场形势，其太平洋舰队的军事威慑力和应对力都较为有限，没有能够彰显作为社会主义阵营领导者的实力。炮舰外交已成为美国和平时期军力展示和危机时刻干预的手段。[③]

2. 越南战争与美苏东南亚制海权的较量

朝鲜战争之后，美国没有停止在亚太地区的军事干涉。在同多国签

---

① 乔治·贝尔：《美国海权百年：1890—1990年的美国海军》，第378、381页。
② 乔治·贝尔：《美国海权百年：1890—1990年的美国海军》，第384—385页。
③ James L. Lacy, *Within Bounds: The Navy in Postwar American Security Policy*, pp. 206-212.

署防御条约构筑针对东亚大陆国家包围圈的同时，美国又将军事干预触角伸向印度支那，海军的作用再次得以发挥。1954 年 3 月，越南人民军对奠边府法军发起攻势，法军 1.3 万余人被越军包围。4 月，法国向美国求援。美国参谋长联席会议主席海军上将亚瑟·雷德福（Arthur W. Radford）担心法军失败将导致东南亚共产主义化，积极主张运用海军重振美国的亚洲声望，并向总统通报东京湾航母编队做好战斗准备，可实施大规模空袭解救法军。

然而，陆军参谋长马修·李奇微（Matthew B. Ridgway）和海军作战部长卡尼（Carney）反对之，认为单边空袭并不足以取胜，介入越南事务需要美国巨大的军事投入，这将严重分散美国有限的军事能力。美国国务卿杜勒斯也反对单边行动，认为东南亚的殖民地和主权国家应当给出集体回应。[①] 同时，杜勒斯更为关注在欧洲建立防御共同体。[②] 这些都没有能够阻止美国对于越南战争的军事介入，美国海军在这场旷日持久的越南战争中扮演着重要角色。

在整个越南战争期间，美国派遣海军顾问支援南越海军力量的发展。1950 年秋，美国海军顾问进入南越地区，帮助发展南越海军力量。1959 年，南越海军仅有 5000 名士兵、122 艘舰船。至 1972 年，南越海军规模已经达到42000 人，舰船 1500 艘，成为当时世界第五大海军力量。1964 年 8 月 4 日，美国炮制"北部湾事件"，时任总统约翰逊（Lyndon Baines Johnson）宣称美国军舰在北部湾国际海域遭越南民主共和国（简称"北越"）鱼雷舰袭击，之后美国国会通过《东京湾决议》，批准采取所有必要措施抵抗针对美军的武装袭击。美国海军对北

---

① George C. Herring, " 'A Good Stout Effort': John Foster Dulles and the Indochina Crisis, 1954-1955," in Richard H. Immerman (ed.), *John Foster Dulles and the Diplomacy of the Cold War* (Princeton: Princeton University Press, 1990), pp. 213-233.

② Frederick W. Marks Ⅲ, "The Real Hawk at Dienbienphu: Duller or Eisenhower?" *Pacific Historical Review* 59, no. 3 (1990): 297-322.

越展开空中和地面轰炸。

越南战争中，美国海军在空军针对北越发起的多项行动中发挥关键作用，如"滚雷""中后卫"行动。海军水面舰队通过沿岸封锁阻止北越获得海上物资补给，并对北越沿海地区的目标进行火炮支援打击，为海军陆战队提供两栖运输。在内河地区，舰队保护商船运输，协助美军陆上力量，拦截北越军队和物资向内陆水域行进。后勤方面，美国海军在南越地区建设和管理沿岸设施，为美军军事行动提供医疗物资支持等。

1972 年，双方以打促和的谈判方式没有取得进展。巴黎谈判举步维艰之际，美国发动两次空袭行动，海军首当其冲。同年 4 月初发动的有限作战行动"后卫行动Ⅰ"（Linebacker Ⅰ）旨在截断北越在南越作战部队的陆上补给线。海军平均每月飞行 4000 架次，占到整个飞行架次总数的 60%。水面舰船对北越沿岸目标发射炮弹达 11 万发。不过，这次行动没有能够推动谈判取得进展。1972 年 12 月，美国发动"后卫行动Ⅱ"（Linebacker Ⅱ），目标直指河内与海防之间的所有军事战略目标，海军主要进行空防压制和北越港口的布雷行动。此次行动中，共计 188 架 B-52 战略轰炸机完成 729 架次战斗任务，48 架 F-111A 战斗轰炸机和 800 多架其他机型进行多达 33 次打击。[①]

据统计，美国海军在"后卫行动"中击落 24 架北越苏式米格战机，自身损失战机 4 架。相较于美国空军击落对方战机 48 架，自身损失 24 架的比例看，海军在协助空军争夺制空权方面发挥了重要作用。同时，不同于以往海军作战区域主要集中在海上，陆上也成为海军投送力量、影响战场态势的重要空间。1972 年底，北越空军在美国猛烈的战略轰炸后，基本失去升空作战能力。1973 年 1 月，美越签署《巴黎和平协定》。

① 王宏亮：《"滚雷"战败五十载：一场蛇吞象的空中对决》，澎湃新闻，2018 年 7 月 15 日。

越南战争期间，尽管美国海军利用制海优势执行多项有效军事行动，但终究没有能够改变输掉战争的结局。这再次表明制海权对于陆上战事影响的局限性。同样苏联出于全球战略的考量，在外交和政治上给予北越声援，并秘密派遣多达万余名军官（6359 人）和士兵（4500人），并提供军事装备、技术和经济援助。军事援助主要着眼于陆地战场，这也反映出苏联军事力量的强项是在陆地而非海上。20 世纪 70 年代后期，太平洋舰队规模迅速扩大，成长为苏联四大舰队中最大的舰队，并且苏联将其作为向亚太地区投送力量的主要工具。[1] 美国因越南战争而实力大损，转而推行亚太战略收缩，美国撤出越南留下权力真空，北越全面倒向苏联，于是越南成为苏联 20 世纪 70 年代南下的重要桥头堡，苏联太平洋舰队大幅向南海和印度洋地区延伸，确立起对美在该地区的优势地位。

二、冷战后期美国在对苏守势中重振制海力量

20 世纪 60 年代末 70 年代初，美国面临的国内外形势均发生重大变化，美国全球性海权霸主地位越来越受到苏联的挑战，深陷战争泥潭、经济危机和现代武器系统与远程打击能力的提升，使美国制海权优势面临挑战，存在衰退风险，要求美国采取较为务实的态度审视新的环境，调整海军战术以满足国家的安全战略需求。双方在海军力量发展和对外关系调整方面均发生重大变化，美苏间的军事平衡及其结构与内容发生某种程度的变化，特别是在兵力规模上，苏联超过美国，还具有了影响美国海上通道安全的能力。[2] 为此，美国需要同敌手改善关系，以建立

---

[1]　Amitav Acharyat, "The United States versus the USSR in the Pacific: Trends in the Military Balance," *Contemporary Southeast Asia* 9, No. 4 (March 1988) : 282–299.

[2]　草地貞吾：《自衛隊史—日本防衛の歩みと進路》，日本防衛調査協会，1981，第 297 页。

一种较少敌意的关系并重新评价美国对盟国的安全责任。[①]

在东北亚地区，苏联利用美国深陷东南亚的越南战争之机，对美国的海上活动发起挑战。美国海军行动均处于苏联监控之下，遭到袭扰的现象更是普遍。[②] 1966 年，美日在日本海进行反潜联合军事演习，苏联海军进入演习海域挑战美国海权，苏联舰艇与美国驱逐舰"沃尔克"号发生两次碰擦，苏联轰炸机多次在 100 海里以内接近美国航母特混编队，美国则在 200 海里以外拦截苏联飞机，追踪苏联的舰艇编队。尽管美国依然占有海上优势地位，但美苏在东北亚地区的海上互动，还是展现出美国制海能力由攻势转为防御的态势。

即便如此，苏联的海上力量发展和攻势行为，并不足以抵消乃至使苏联取代美国的海洋强国地位，但这种态势的转变却使得美苏寻求和平共存有了可能。相较于冷战前期美攻苏守不平衡态势引发的对抗性特征，冷战后期则呈现出双方政治缓和与危机管控的协调性特征。美国在试图重振海上力量与盟友信心的同时，开始利用有限手段推行自己的外交战略，在海洋安全方面探索美苏协调，缓解双方制海权竞争可能引发的地区冲突。

1. 重振海上力量建设

20 世纪 60 年代末 70 年代初，面对苏联海军的严峻挑战，为维护其海上霸主地位，美国制定了长远的海上战略，扩大美国的海军舰队以期与苏联的全球海军战略相对抗。1974 年 3 月，美国前国防部长詹姆斯·施莱辛格（James R. Schlesinger）宣称，美国正在大力执行海军现代化计划，以应对苏联海军在同美国有利害关系的地区的任何挑战，决心在

---

① 方连庆、刘金质、王炳元主编《战后国际关系史（1945—1995）》，第 464 页。

② Bruce W. Watson, *Red Navy at Sea: Soviet Naval Operations on the High Seas, 1956 - 1980* (Boulder, Colorado: Westview Press, Inc, 1982), p. 134.

世界范围内维护美国的海上交通线，并确保海军力量对比不会发生对美不利的情况。1976 年 2 月，美国国防部长拉姆斯菲尔德（Donald Henry Rumsfeld）在众议院预算委员会上表示，美国国防部有三个主要目标，其中之一就是"保证美国海军略微占有优势，原因是美国比苏联更多地依赖海上交通"。①

在海军经费方面，美国用于扩建海军的经费比率高于其他军事力量方面的开支。从 1976 年至 1980 年，美国海军军费每年增长 6.2%，但战略力量则增加 5.6%，地面部队增加 3.3%。因此，海军经费实际增长率为 7%。1977 年度预算计划中，国防预算为 1060 亿美元，这是美国国防预算首次突破千亿美元。其中，包括海军陆战队在内的海军拨款总额达 374 亿美元，较前一年增加 16%。经费部分用于建造"三叉戟"导弹潜艇和核动力攻击巡洋舰在内的大型作战舰只。

在造舰计划方面，美国扩大舰艇建造总吨位和排水量。1973 年，美国防务部门一项研究报告说，美国海军部拟在 10 年内使用 500 亿美元建造、改装 271 艘舰只。美国预期在 10 年中将有 233 艘舰只下水，总排水量为 171 万吨。1975 年，美国海军 8 艘新主力舰下水，总吨位达 130120 吨。1976 年 2 月，美国海军部长威廉·米登多夫（J. William Middendorf）表示，美国海军拥有 477 艘战舰和 13 艘航母。至 1979 年，美国舰艇总数为 479 艘，而苏联海军舰艇已增至约 1700 艘。尽管美国舰艇总吨位数仍超过苏联，美国官方也认为美国海军拥有整体优势，但在海军看来，数量上的差距削弱了美国的海上优势。

20 世纪 70 年代的美苏海军军备竞赛重点是核动力导弹潜艇。70 年代早期，美国重新进行"巡航式"精确制导导弹的研发。射程达 1000 英里的"战斧式"巡航导弹就是发展于该时期的通用巡航导弹。导弹可

———————————

① 周海文主编《苏联在海上的扩张》，香港：朝阳出版社，1976，第 41 页。

以在潜水艇、轰炸机或装甲运载工具上发射，可利用光学和电子传感器将导弹飞行途中的地形特点、需要纠正的航向数据传输至电脑，确保准确地击中目标。美国还在 31 艘"北极星"潜艇上安装了分导多弹头"海神式"火箭，美国水下战略核弹头超过苏联拥有的战略核弹头总数。

20 世纪 80 年代，里根政府对苏联推行全面遏制强硬路线，将实力威慑、前沿防御和盟国团结作为美国军事战略的三大支柱，将海军建设放在优先地位，以遏制苏联的全球扩张。为保证美国自由使用海洋，确保美国海洋运输贸易不受阻碍，里根政府提出重建海上优势，应对来自苏联的海上挑战。美国海军部长约翰·莱曼推出的海上战略重视发展海上威慑能力与控制能力。和平时期所有武装部队的根本任务就是威慑以维护国家利益。海上战略要求美国海军战时掌握海上控制权，足以同苏联展开对抗；平时掌握海上控制权，保护涉及美国发展的海外运输线。海上战略体现的是美国控制全球海洋的制海权和巩固美国海洋霸权的思想，其核心是重获美国海上优势①，即美国海军具有相对于世界任何国家海军的优势，为美国重新夺取海洋控制权、振兴美国海权奠定基础。

海军部长莱曼提出，美国实施前沿进攻的海军战略目标，是建设一支包括 15 个航母战斗群的 600 艘舰艇的海军。为此加强军费的投入和武器装备性能的升级，海军军费由 1979 年的约 379 亿美元猛增到 1988 年的 1002 亿美元；舰艇数量由 1980 年的 479 艘增至 1988 年的 570 艘，航母由 13 艘（含核动力 3 艘）增至 14 艘（含核动力 5 艘）；1988 年，美国拥有 37 艘战略导弹核潜艇，携带弹道导弹数由 1980 年的 416 枚增

---

① 莱曼认为，海上优势原则是里根重建海军计划的主要目标，是指在利益攸关的海域受到敌方联合军事威胁时，美国可以战胜挑战并保护世界上任何区域内的海上贸易和航运的安全。美国必须握有确信无疑的海上优势，海军势均力敌就意味着巨大灾难，海军均势会造成相持局面，这就意味着"自由世界联盟"无法利用海洋。为此，美国必须拥有一支海军和海军陆战队，能从军事上挫败阻挠美国达到目的的任何战争企图。小约翰·F. 莱曼：《制海权》，刘倩等译，海潮出版社，2016，第 144—153 页。

至 528 枚；1981 年至 1985 年，美国海军航空兵的战备能力提高了 42%；美国海军宙斯盾巡洋舰的能力比以往提高 4 倍以上；新型反潜机及声呐基阵的部署使用使水面舰艇的反潜能力增加了 10 倍以上；攻击潜艇的综合作战能力提高了 1 倍多；携带巡航导弹的新型飞机以及水下监视系统的作战能力提高了 50%；海军的战时海运能力提高了 30%。[①] 美国逐步具备前沿存在、快速反应、远距离投送和强大的海上进攻能力。

20 世纪 80 年代后，美国海军以苏联海军为假想敌，不断调整海上部署，形成 600 艘舰艇的兵力规模，以 15 个航母战斗群、4 个战列舰水面作战群和 100 艘攻击型潜艇为主，在最重要的大西洋和太平洋战区进行海上部署。美国在太平洋战区部署着第七舰队和第三舰队，控制着北太平洋以南至印度洋、西南非、波斯湾等大片海域，并对在平时和战时的力量进行调配，以利于美海军执行任务，实施海上控制、兵力投送和应对危机。此时，控制海峡水道和海上航行自由是美苏制海权争夺的焦点。1986 年，美国海军提出控制世界上 16 条海上咽喉航道。这些都是世界上最具战略价值的海上通道，其中沟通太平洋航道的枢纽主要是朝鲜海峡、巽他海峡、马六甲海峡等。美国认为，在盟国海军的配合下，美国通过少量兵力扼守一些重要海峡，就可以有效地控制海洋。

因此，美国军事战略收缩并没有从根本上制约其在海军力量方面的投入，特别是经历 20 世纪 70 年代低速发展之后，80 年代美国更加注重海上战略能力的提升，试图维持对苏联的相对力量优势，确保其在全球各大海域的军事存在和对海上交通线的控制。美国海军正式完成以"前沿部署""海上威慑""联合作战"为三大支柱的全球性海洋战略。[②] 美国强化对苏海上力量优势成为研判双方制海能力的标准之一，而切断与反切断海上交通线则是双方制海权竞争的主要表现。

---

① 张炜：《大国之道：船舰与海权》，北京大学出版社，2011，第 261—263 页。
② 施昌学：《海军司令刘华清》，长征出版社，2013，第 96 页。

2. 推进美日海上安全合作

冷战时期，美国将日本打造为其亚太遏制战略的桥头堡。20 世纪 70 年代，美国尼克松政府在亚太地区实施军事力量收缩，施压地区盟国承担更大的责任，并从韩国撤出部分兵力。这极大地影响了美国对于盟友安全承诺的可靠性。苏联在远东地区呈现进攻性态势，日本防卫厅就此不断表示，苏联太平洋舰队实力日增，构成对日更大的"威胁"。① 日本媒体也发文称，由于苏联舰队的扩张，日本海正在变成"苏联之海"。② 美国要求日本大幅增加防卫预算，允许为美国提供防卫相关技术知识。1981 年，日本首相铃木提出"防卫 1000 海里海上运输线"，将中太平洋的关岛、南部的菲律宾纳入海上通道防卫范围，美国则承担 1000 海里之外的海域防卫。③

1973 年以来，苏联加强在日本周围海域的活动，包括军事射击演习、导弹试验和环岛侦察等。苏联舰队进出宗谷海峡、津轻海峡和对马海峡的次数越来越多，以收集日本沿岸的军事情报。同时，在抵近侦察的飞机中，大部分是苏联海军的电子侦察机和反潜巡逻机。日本媒体不断渲染苏联太平洋舰队活动对日本"安全威胁"的增大，对苏联在远东增强的海上力量保持较高警惕，以此塑造日本民众对于"苏联威胁"的安全认知，转而支持政府增加防务预算，并推动美日防务合作在 70 年代后半期的迅速发展。

1976 年，美日安保协商委员会决定设"防卫合作小委员会"为其下属机构，具体研究美日防卫合作。该小委员会就"武力进攻日本以及

① Randy Shipp, "Japan Warns of USSR in Far East," *Christian Science Monitor*, August 6, 1980, assessed October 8, 2022, https://www.csmonitor.com/1980/0806/080623.html.

② "Soviet Spy Ship Stays Nine Days off Tsugaru," *Daily Yomiuri*, July 30, 1980.

③ Richard Halloran, "U. S. Aide to Stress Japan Arms Outlays," *New York Times*, March 27, 1982.

武力进攻的可能"问题，以及远东发生影响日本安全的重要事态时美日间合作方法等问题进行反复讨论，并于 1978 年发表了首份《美日防卫合作指针》。按照防卫合作指针，如发生对日本的武力攻击的海上作战，美国海军部队将承担援助者角色，协助海上自卫队实施击退侵略力量的作战，包括使用拥有机动打击力的部队进行作战。海上自卫队在保卫日本重要港湾、海峡，以及在周围海域的反潜、保卫船舶的作战中发挥主要作用。同时，美日在情报、后方支援等作战活动上相互援助。

根据防卫合作指针，美日进行共同作战计划和有关工作的研究。1984 年，驻日美军司令部与日本统合幕僚会议在共同研究之后，形成首份《美日共同作战计划草案》研究报告。该报告规定，作战计划涉及问题范围为：作战计划的前提、背景；主要威胁的分析；美日对付危机所需兵力的预测；共同作战要领的探讨和制定。[①] 此外，该指针还要求美日实行联合军事演习，以确保双方能有效地进行协同作战。1979 年，美太平洋联军司令部指出："美日两国联合演习的次数和规模会更多更大，武器操作和战术面上的合作关系也会变得更强。"[②]

20 世纪 80 年代，里根政府认为，"美国要用全球观点看待亚太地区和美苏在该地区的争斗。面对着苏联的'威胁'，美国要在该地区发挥独特作用——加强同苏联的抗衡"，[③] 提出亚洲大陆边缘战略以应对苏联的扩张。在此政策指导下，美日海上安全防务合作不断深化，主要体现在双边海上联合演习的内容、规模与质量方面。1980 年，日本开始参加美国主导的"环太平洋演习"，美、日、澳、新、加五国以西北太平洋为假想战场进行大规模的攻势作战演习，主要内容为假想敌奇袭并切断

---

① 日本基地对策全国联络会议主编《日美军事同盟的新阶段》，新日本出版社，1988，第65 页。

② 西泽优：《日美共同作战》，新日本出版社，1987，第 52 页。

③ 刘金质：《冷战史》（下册），世界知识出版社，2003，第 1209 页。

西太平洋的海上补给线、假想敌利用轰炸机和潜艇对美航母进行攻击，以及美军基地防御等方面的作战演练。1982年，在"环太平洋演习"中，日本参加了对美航母的护卫作战演习，还加入美海军陆战队进行强袭登陆作战演习，并与美在反潜战、导弹防空战方面开展战术性配合行动。双方还以日本海为合同演习海域，由日本海穿过宗谷海峡，进入鄂霍次克海，在北海道纹别冲对千岛群岛进行登陆作战演习，演习直指苏联的太平洋舰队。

1983年，美日在日本周边全域举行战后最大规模的海上自卫队演习，内容包括海上交通线防卫、海峡封锁作战等。1984年，美日在组织联合反潜演习外，还在以夏威夷等地为中心的中部太平洋举行"环太演习"，规模超过前两次演习之最。有报道称，演习包括进攻苏联的科目。同年10月至12月，美太平洋舰队举行战后最大规模的"85舰队演习"，美国太平洋舰队下属的第七舰队、第三舰队共5个航母战斗群联合开展演习，作战海域为美国西海岸到北西太平洋、印度洋的广大区域。在演习的第二阶段，美日以1000海里防卫作为总体目标，进行对苏海上攻防战演习。日本新"八八舰队"的2个战斗群参加了此次演习。演习科目有反潜战、防空战和电子战。在第三阶段，美国3个航母战斗群自冲绳近海沿小笠原诸岛北上，开展打击假想敌国航母的演习，美国战略空军、战术空军进行摧毁假想敌远东基地的作战演习。

在1955年至1986年，美日开展的海上联合演习数量达164次，20世纪80年代的演习规模和实战化水平均达到前所未有的程度。美国通过加强美日海上联合军演，提升两军之间的协同战术能力，不仅有助于美国减轻对日本的安全负担，而且日本强大的海上力量和作战能力可以有效地配合美国，在地区内建立起强大的对苏威慑力量，协助美国保持对亚太地区重要海区的控制权。日本也借助美日海上安全合作，将海上自卫队打造成亚太仅次于美国的重要海上力量。

3. 美国战略界对苏联海军战略和太平洋舰队的认知

冷战期间，美国战略界对于苏联发展蓝水海军必要性存在着争论。有的观点质疑苏联发展蓝水海军的合理性，认为作为大陆国家的苏联在原料上可以实现自足，且不受海外同盟牵绊，在世界各大洋也没有重大利益。拥有大规模海军的国家一般是大的殖民帝国或有重要的海外同盟责任的国家。① 另一种观点则认为，这是对苏联海军与国际影响之间关系的片面解读。苏联拥有强大的海军力量，可能是要利用其舰队对依赖海外贸易和同盟的西方国家实施"破坏干扰"。② 第三种观点则认为，美国太平洋舰队与苏联发生冲突，苏联地理上的脆弱性和技术上的有限性，会使其在冲突期间无法得到充分支援。美国太平洋舰队在多数海上战术行动中拥有优势，如反潜战、防空反舰和早期预警方面。③ 这些都决定了苏联的蓝水海军是防御性的。

对于苏联"均衡舰队"中重视水面舰艇的发展，他们认为在苏联总体战略威慑力量中，水面舰艇对于保护战略导弹潜艇的重要性在上升。④ 因为苏联将战略核打击放在海军任务的首要位置，舰队弹道导弹潜艇是利刃，海军航空兵和水面力量则构成利刃的防护盾。为此需要打造一支真正均衡的公海舰队，兼具攻防能力且能够执行近岸与远海任务。⑤ 美国海军在局部战争中的作用也对苏联重视水面舰艇产生重要影响。在越南战争中，美国动用航空母舰和巡洋舰执行海上封锁和运输等任务，不

① J. William Middendorf Ⅱ, "American Maritime Strategy and Soviet Naval Expansion," *Strategic Review* 4 (1976) : 20.

② John M. Collins, *American and Soviet Military Trends since the Cuban Missile Crisis* (Washington : Georgetown University, 1978), p. 237.

③ Alan Hinge and Ngok Lee, "Naval Development in the Asia-Pacific Region" (Paper presented at the Asia Studies Association of Australia Biennal Conference, Sydney, 1986), pp. 12-16.

④ J.S. Breemer, "Rethinking the Soviet Navy," *Naval War College Review* 34, no. 1 (1981) : 4-12.

⑤ Michael MccGwire, "The Rationale for the Development of Soviet Sea Power," *Proceedings* 106, no. 5 (1980) : 179-180.

但没有对苏联构成安全威胁，还将冲突水平控制在常规武器层面。无论在东南亚还是中东地区、地中海区域，都能看到苏联越来越多地利用水面舰艇开展军事外交活动，服务于本国的海外政治、军事利益。

　　然而，就苏联军事战略特性而言，从全球视角看，美国战略界同样认为苏联海军战略是防御性的，其特征更体现为海上拒止，而非西方意义上的，要控制大片公海海域的制海权。海上拒止表明苏联并不需要控制海洋，而是具有阻止对手绝对控制海洋的能力。[1] 通常情况下，就是阻止对手控制苏联沿海的作战区域，并确保本国海军在公海的四处活动不会遭到敌方的严重阻碍。[2] 拒止能力达不到西方攻势制海的程度，其目标也就是挑战、威慑海权强国以确保海洋不会成为美国的"内湖"，被美国用来发动针对苏联的进攻性军事行动。苏联不同武器系统的打击范围决定了苏联从沿岸向外扩展的区域限度。[3] 同时，苏联的前沿部署基本上也是防御性的。为应对美国"北极星"潜艇威胁，苏联有必要拓展海上防御圈。[4]

　　此外，苏联海军通过发展"均衡舰队"向西方展示其足够强大，以发挥拒止西方海军控制海洋的作用。苏联由不同舰船组成的"均衡舰队"是其实施海上拒止的必要工具。在潜艇无法发挥效能的情况下，水面舰艇就可以对敌方形成有限威胁。苏联领导人希望避免发生核战争。"均衡舰队"能够通过展示拒止能力增强军事灵活性，可以为苏联获得相对于对手的外交优势，拒止对手政治操弄，将冲突升级至军事行动。[5]

　　① 　John Erickson, *Soviet Military Power* (London: Royal United Institute for Defense Studies, 1971) , p. 55.

　　② 　Bernard Brodie, *A Guide to Naval Strategy* (New York: Praeger, 1965) , p. Ⅳ.

　　③ 　Robert W. Herrick, *Soviet Naval Strategy—Fifty Years of Theory and Practice* (Annapolis: U. S. Naval Institute, 1968) , pp. 137-139.

　　④ 　Michael MccGwire, "The Evolution of Soviet Naval Policy: 1960-74, " in Michael MccGwire, et al. (eds.) , *Soviet Naval Policy—Objectives and Constraints* (New York: Praeger, 1975) , pp. 512-514.

　　⑤ 　George E. Hudson, "Soviet Naval Doctrine and Soviet Politics, 1953-1975, " *World Politics* 29, no. 1 (1976) : 108.

苏联展示水面舰艇力量就可以提升苏联威望和实力。1967年以后，苏联舰船在第三世界冲突中抵消美国军事存在方面极为突出。[①]

美国战略界认为，制海权有其积极意义，它是打造合理海军力量的必要前提条件，是国家力量的海外延伸，无论是以护航形式还是两栖进攻形式。海上拒止则有较强的消极意义，它除了破坏对手合理利用海洋之外，其海军也没有与美国同等的制海能力。虽然苏联海军舰艇数量超过美国，但它没有航母打击力量，这就与美国存在着根本性差别。詹姆斯·凯欧（James W. Kehoe）指出，苏联海军的任务需要解释了它军舰设计的特征。苏联海上拒止任务就是阻止其他国家完全（absolute）利用海洋，舰艇设计强调重火力，拥有对空、对海、反潜威胁的首次打击能力，强调全天候的适航性和高速机动性。[②]

总之，美国战略界看到了苏联实施海军战略能力和意图的有限性，认识到苏联舰艇在可居住性、装备维护、持久性和载弹能力方面都达不到高标准。此外，苏联舰艇总体上后勤能力不足，无论是海上补给舰还是海外基地都无法满足后勤需求。苏联攫取的世界影响力主要是经济、政治和意识形态的，这与传统海洋国家强调海军价值并追求海军总体优势是相对立的。在苏联看来，东北亚地区的同盟影响其政治目标的实现，需要利用太平洋舰队充当和平时期的政治、外交工具，形成对苏联有利的形势，并将太平洋舰队作为胁迫性（coercion）军事工具，威慑任何未来可能对苏联发起的军事入侵计划。[③]

正是因为东北亚地区大国利益冲突和军事紧张可能激化至军事对抗，苏联总体上重视太平洋舰队和海军力量的发展。其军事目标是保护

---

① Barry M. Blechman, *The Changing Soviet Navy* (Washington: Brookings Institution Press, 1973), pp. 22-23.

② James W. Kehoe, Jr. , "Warship Design: Ours and Theirs," *Proceedings* 88, no. 1 (1975): 64.

③ Joseph M. Ha and Laura Heard, "The Buildup of the Soviet Pacific Fleet: An Indication of Foreign Policy in Northeast Asia," *Asian Perspective* 7, no. 2 (1983): 276.

自身战略打击能力，接到命令时可以进行战略战区核打击。[1] 苏联海军可以进行战略防御、战略进攻、支持外交政策目标、保护海外陆空力量、拦截海上交通要道和海上持续作战。这些因素驱动着苏联太平洋舰队的发展。[2] 此外，苏联太平洋舰队对印度洋展现兴趣，这主要源于美国、西欧石油运输通道的脆弱性。对美国而言，亚洲最大的危险就是苏联海军对美国海空通道的威胁，该通道主要从美国西海岸至夏威夷、关岛、菲律宾至迪戈加西亚，以及印度洋区域。

第三节　苏联对美制海竞争态势与东亚海洋安全

大陆国家发展海权往往受制于地理条件和相关的政治、文化和社会矛盾的制约。它们的政治目标是抵御入侵，为此陆权国发展海权主要从防御的角度出发，以有效应对海权国家的威胁。陆权国制海权秉持的原则是，扩大沿岸防御纵深，将敌舰驱离至大陆周边以外，不与强敌直接发生对抗，或者选择袭击敌方商船，切断对方海上交通线，或者选择在近海区域建立强大的防御性、惩罚性力量，威慑并阻止敌人攻势并支配本国近海水域。

陆权国海权面临的最大挑战在于，它的对手是强大的海权国。20 世纪 60 年代起，美苏在全球范围内的霸权争夺逐步由陆上扩展至海上，苏联在戈尔什科夫海权战略理论指导下，加强远洋海上力量的建设，并在全球重要海域展开对美攻势。在亚太地区，苏联不断加强太平洋舰队

---

[1] U.S. Department of Defense, *Soviet Military Power: Prospects for Change, 1989* (Washington, D. C. : US Government Printing Office, 1989) , p. 112.

[2] Barry Blechman, *The Changing Soviet Navy*, p. 32.

的实力，强化苏联海军掌控太平洋的能力，频频对美国的地区海上力量优势发起挑战，以服务于苏联的外交政策和地区大国间力量的竞争。

一、苏联太平洋舰队扩大对美制海攻势军事活动

20 世纪 60 年代，美苏双方冷战对抗呈现加剧态势。苏联海洋战略由近岸防御转为远洋进攻，苏联逐步建立起现代化的远洋海军，并与美国在全球展开海上对抗之势。在太平洋地区，苏联逐步发展出抵御海上进攻的地区沿岸防御能力，实现对日本海部分的有效控制，并对一些海上枢纽点进行巡逻。70 年代，苏联在亚太的海军活动平稳快速地增加，同东南亚国家越南和印度洋国家印度军事关系发展尤为突出，这为苏联在太平洋、印度洋的制海攻势提供了前沿基地。

1. 加大在太平洋地区的军事部署及海上活动

二战后，东南亚地区摆脱西方殖民的解放运动为苏联介入武装冲突对抗西方提供契机。印度尼西亚苏加诺当政时期，苏联向印尼援助巡洋舰、驱逐舰、巡逻艇、潜艇和多艘鱼雷艇，并派出军事专家对印尼海军进行培训，1962 年派遣人数达到 1740 人。为支持印尼与荷兰争夺新几内亚岛的西伊里安，苏联海军派出太平洋舰队潜艇支队抵达印尼港口，准备参加印尼海军的作战行动，部分兵力在西伊里安沿岸阵地展开，苏联潜艇则负责实施战斗巡航，并对经过该海域的战斗舰艇及尾随船只进行打击，阻止货物和设备从岛上运出。最终，荷兰同意进行和平谈判，才避免了军事冲突的发生。苏联军事存在与威慑力的展示，表明苏联此时避免同美国发生直接军事对抗，而是通过军事支援东南亚国家对抗殖民者将军事能力投送至东南亚地区。

此后，苏联舰队的"活动范围逐渐扩大到太平洋中部和西部，并向

东太平洋纵深扩张，向南还进入了印度洋"。① 1971 年，苏联太平洋舰队核动力弹道导弹潜艇巡逻穿过津轻海峡，经阿留申群岛沿阿拉斯加湾南航，穿过夏威夷群岛，还举行切断美国本土与东亚海上交通线的海上军事演习。1973 年以后，苏联海空军在日本列岛周围频繁活动，舰只多次驶经日本海周围海域，进行军事射击演习和导弹试验。苏联驱逐舰和扫雷艇则在对马海峡进行海上监视活动，注视着驻日美军和自卫队的飞机、舰艇的动静，并搜集雷达情报，等等。

1974 年，苏联的间谍船在南太平洋珊瑚海窥探澳大利亚、新西兰等国的联合军演，并试图同澳大利亚建立联合科学基地获取有价值的海港，作为苏联海军活动基地。1975 年，苏联海军举行有史以来规模最大的全球性海军演习，在太平洋海域的演习范围北起堪察加半岛，包括日本以东和以南海域，向南一直延伸到加罗林群岛东北一带，演习包括反潜、反舰、封锁海上交通线、护航和两栖登陆等。通过大规模军演，苏联海军表现出能够在任何时候在全球任一海域执行战略任务的能力，能够对敌国重要陆上目标实施战略核突击、消灭海上和基地内的敌国海军兵力、破坏敌方和保护己方的海上交通线、支援陆军部队在大陆战区的作战、遣送登陆兵和实施反登陆作战的能力。②

越南战争结束后，苏联利用同越南同盟关系获取进驻金兰湾的权限，逐步将金兰湾打造为苏联在海外最大的军事基地。1976 年，美国海军力量撤出越南海军基地后，苏联太平洋舰队派出"分遣队"进驻越南金兰湾，新建潜艇基地和导弹基地，之后又扩建金兰湾基地码头和机场用于大规模驻军、部署战斗机，为苏联军舰提供加油、补给与维修服务，修建卫星通信站并配备侦察设备和人员开展情报收集。1983 年之后，苏联以金兰湾为基地在南海开展演习、训练和侦察活动。1985 年，

---

① 　山东大学历史系编写《海洋争霸史话》，人民出版社，1976，第 162 页。
② 　王生荣：《海权对大国兴衰的历史影响》，第 258—259 页。

苏联和越南成立金兰湾联合军事基地司令部，配备各种侦察设备和人员。苏联海军从此可以东进至吕宋岛西南的苏比克湾以监视美国海军在菲律宾的军事活动，南下穿过马六甲海峡可以进入印度洋。

对于金兰湾军事基地的实际价值，美国根据当时拍摄的卫星图片指出，苏联在金兰湾部署的军事装备中，没有最为现代化的舰船或潜艇。先进舰船只是会定期访问金兰湾并参与军事演习，也没有部署大量的战斗性人员。苏联海军副总司令西莫诺夫（N. Smirnov）表示，苏联在金兰湾的基地主要负责为从太平洋至印度洋过境的船只提供燃料、食品、水和小规模维修等后勤支持。尽管苏联还有确保在地区内拥有有限的力量投送能力，可以对地区紧急事态作出反应的目的，但也深知苏美发生冲突时基地作用有限，故没有强化金兰湾基地的军事功能，特别是将其打造为停泊先进舰船、潜艇的母港，以降低美国的警惕性。[①]

不管怎样，苏联利用金兰湾军事基地还是对地区国家造成一定的威胁认知。苏联加强西伯利亚地区开发为太平洋海军提供原料供应，并强化太平洋舰队运输和供应基地建设，特别是苏联在苏日争议的南千岛群岛领土上建立军事设施，以及在日本周边海空开展军事活动，导致苏日关系恶化。苏联利用了日本经济的脆弱性。日本对波斯湾石油依赖程度高达90%，苏联在马六甲海峡建有军事基地，可以动用太平洋舰队切断日本海上交通线。苏联还试图利用对日制海威慑分化日本同中国、美国的外交关系，但这反而加剧了日本对苏联安全威胁的负面认知，推动东亚协作抗衡苏联格局的形成。

2. 苏联制海能力扩张至印度洋地区

南下印度洋是俄罗斯自立国以来长期追求的地缘战略。[②] 苏联在越

---

① Amitav Acharya, "The United States versus the USSR in the Pacific: Trends in the Military Balance," *Contemporary Southeast Asia* 9, no. 4(March 1988) : 288.

② 刘中民：《印度洋与南亚、西亚沿海的海洋战略角逐》，《海洋世界》2018 年第 12 期。

南建立基地之后，其在太平洋的行动能力获得提升，并得以向印度洋方向扩张，以控制连接南亚、波斯湾及苏伊士运河的海上交通线战略枢纽。早期苏联意识形态在印度的传播也为苏联进入印度提供基础。20世纪初，苏联的共产主义思想在印度的传播，影响着印度具有共产主义理念的左翼领导人。1947年印巴分治，印度实现独立后，苏联加快发展同印度的外交、军事关系。

印度在苏联印度洋战略中的作用非常重要。海军是两国军事合作最为紧密的领域。苏联印度洋战略的目的是挑战美国在该区域的海军力量、控制敏感海区和海峡、军事施压亲美政权、威胁西方在印度洋的石油供给线。印度则因为美国在印度洋迪戈加西亚建立海军设施，影响印度的海权战略，损害印度海军形象，阻止印度和平时期动用海军力量追求其战略利益等，希望将美国海军存在从印度洋驱离。① 这为苏联通过双边海上安全合作在印度洋地区扩张海权提供有利条件。

20世纪60年代初，中苏关系恶化，中印边境发生冲突，苏联将印度作为对抗中国和西方的战略伙伴，向印度转移武器、军事装备、重工业与核开发技术等。1961年至1971年，苏联向印度运送超过10亿美元的军事装备，包括轰炸机、飞机、坦克等，帮助印度扩大飞机组装和生产线，并建立潜艇基地和造船厂等。苏联舰队不但可以访问印度港口，还通过秘密协定获得在印度潜艇基地驻扎的权限。

1965年，苏联调停印巴克什米尔冲突时明显偏向印度，以向南亚地区扩张影响力；鼓吹美国在印度洋迪戈加西亚建立海军基地具有针对印度的军事意味。印度也认为其沿海地区面临美国海军力量的威胁。1968年后，海军硬件装备占据苏联向印度运送装备的首位。印度为重建强大军事机器，从苏联采购了大量武器装备，其中海上装备包括水面舰艇、

---

① Imroze Sagar, "Indo-Soviet Strategic Interests and Collaboration," *Naval War College Review* 34, no. 1 (1981): 13–33.

潜艇、导弹艇等。[1] 1968 年至 1970 年，第一批四艘潜艇加入印度舰队。第二批四艘潜艇则在 1973 年至 1975 年入列。[2] 1968 年，苏联太平洋舰队进入印度洋举行首次军事演习。1969 年，苏联向印度洋正式派出分舰队。

两国高层政治军事领导人互访促使双边关系急速提升。1971 年，苏印签订为期 20 年的具有军事同盟性质的《和平友好条约》。此后，苏印关系越发密切，即便印度德赛政府时期改善同美国关系也没有影响到苏印之间的合作。尽管美国在战后对印度提供近 20 年的核技术援助，涵盖印度核工业起步阶段需要的物力、财力、技术、人员、关键的核材料等，[3] 卡特政府在美印相关国际监督条款存在分歧的情况下，依然向印度提供核电站需要的核燃料，美国的举动也没有能够起到分化苏印关系的作用。1980 年 5 月底，苏印间仍达成高达 16 亿美元的军事协议。

苏联向印度洋的扩张旨在同美国争夺印度洋，以获得东通太平洋、西达大西洋的海上交通线控制权，包括波斯湾的控制权。随着苏美海上争夺的加剧，苏联间谍活动愈加频繁。[4] 1973 年，苏联发射一颗间谍卫星，从太空监视美国军舰在印度洋和阿拉伯海的活动，并侦察南海和西太平洋的第七舰队的其他分队。苏联亚太战略就是将印度拉进其设定轨道，形成共同的利益和威胁认知，从美国手中抓住主动权，提升自身综合实力和地区影响力，在美国全球影响力衰退过程中急速填补权力真空，同美国争夺世界领导权。

---

① 据美国《纽约时报》报道，1961 年至 1971 年，苏联为印度提供的武器装备价值超过 10 亿美元。1965 年，印度宣布从苏联采购 6 艘潜艇，之后增加至 8 艘。1968 年后，海军硬件位居苏联向印度提供的军事装备的首位。

② Raymond V. B. Blackman (ed.), *Jane's Fighting Ships, 1966 – 1967* (New York: McGraw – Hil, 1967), Section India.

③ 吴彤、张利华：《美国与印度进行核合作的动因》，《国际政治科学》2009 年第 4 期。

④ 周海文主编《苏联在海上的扩张》，第 36 页。

印度洋沿岸集中着许多第三世界沿海国家，它们对于苏联同美国争夺大洋主导权至关重要。因此，苏联在印度洋的军事存在与对美制海攻势的发挥，削弱了美国对于海上通道的控制能力。

二、苏联太平洋舰队制海攻势力量的发展

在 1966 年苏联海军节上，时任海军司令戈尔什科夫宣称，要结束由传统海军列强完全控制海洋的局面，建成一支可以执行进攻性战略任务的远洋潜艇和火箭导弹舰队。1967 年，戈尔什科夫表示，美国将认识到自己对于任何海洋都没有丝毫的控制能力，苏联海军旗帜正自豪地飘扬在各大洋之上。苏联海军实力逐渐增强，其拥有的兵力不但使得苏联能够制止帝国主义的侵略，还能够在远洋和深入敌方领土的地区给予敌方毁灭性打击。苏联开始引入更新的水面作战力量和潜艇以扩大太平洋舰队规模。1968 年，苏联在太平洋舰队组建第 10 分舰队，在印度洋则组建第 8 特种舰艇分舰队。

从 20 世纪 60 年代中期起，为发展庞大的现代化海军，苏联海军经费在国防预算中所占的比例不断增加，从赫鲁晓夫时代的大约 15% 增加至 1976 年的 30%。舰艇的数量和总吨位均得以极大的提升。1970 年，苏联的作战舰艇总数已超过美国，为 1575 艘。[①] 其中，苏联的潜艇数量相当于美国的 3 倍，当然美国潜艇在技术上仍占有相对的优势。苏联还开始加强对航母建设的投入，试图摆脱陆上基地的羁绊，真正成为走向远海的全球性海军。

截至 1975 年，苏联太平洋舰队的舰只增加了 30% 左右，火力较之前增强 3 倍。太平洋舰队水面舰只达 71 艘，潜水艇达 100 艘，其中核动

---

① 张炜：《大国之道：船舰与海权》，第 247 页。

力潜艇为40艘。同时，支援舰艇共有263艘，其中扫雷艇75艘，巡逻艇65艘，登陆艇40艘。[①] 在舰艇质量方面，相较于美国舰艇强调续航时间、先进的电子装置和舒适的生活条件，苏联军舰则注重舰体较小、航速快，可配备较重型的装备和火力等优势。至1981年，苏联太平洋舰队已是四大舰队中最强的一支，在人员规模方面也是全球最大的海军力量。[②] 美国海军的调查报告指出，这种差别是由其执行的任务不同形成的。

苏联军舰的任务是阻止其他国家对海洋建立排他性绝对控制，这要求军舰设计的重点必须是具备强大的火力、第一次打击能力、高速度和良好的续航能力。其中，强调第一次打击能力表明苏联为在对敌首次攻击中取得压倒性优势，重视速战速决和先发制人能力。美国海军任务的重点是维持对海上航道的控制权和依靠航母来运用打击力量。这就要求美国海军舰船设计强调续航时间，以便在无法依靠陆地基地的情况下活动和扩大部署，并强调先进的电子设备以使护航舰只为航母提供防空反潜保护。

20世纪70年代，苏联在"远洋进攻"的战略思想支配下，逐步建立起一支能够在世界海洋任何地区完成进攻性任务的舰队。苏联舰队已从执行沿海行动的海军，变为一支拥有航母、核潜艇和飞机的远洋海军，足以对付以航母为中心的美国舰队。在部分美国战略人士看来，苏联要建立一支凌驾于美国的、可以绝对控制全球海洋的舰队，把制海权从美国手中夺过来。[③] 1975年苏联举行史上最大规模的全球海上军演，表明"苏联在西太平洋方向足以摧毁美国的空军基地，切断美国太平洋

---

① 周海文主编《苏联在海上的扩张》，第78页。

② Bruce W. Watson, *Red Navy at Sea: Soviet Naval Operations on the High Seas, 1956 - 1980* (Boulder: Westview Press, 1982), p. 143.

③ 周海文主编《苏联在海上的扩张》，第14页。

舰队通往日本和其他亚洲国家的海上通道，并且苏联海军舰船可以自由出入朝鲜海峡、东海和日本周边海域"。①

苏联将绝大部分陆战队集中在太平洋舰队的主要基地符拉迪沃斯托克附近地区，在每年数次的假想敌演习中，都会进行各种环境下的两栖抢滩演习。为发展强大的远程两栖登陆力量，巩固苏联在世界各地扩张的成果，苏联还重视发展海军陆战队、海上补给能力与海上补给技术，设计建造新型补给舰，为其他舰艇输送各种燃料。这些补给舰有效地解决了苏联海军在外国建立基地受到的束缚，也标志着苏联海军远洋进攻战略的实施取得更大的进展。这些补给舰可以支援远离本土作战的海军力量，极大地扩展了苏联海军的海洋活动空间和战略投送能力。

随着科技的飞速发展，弹道导弹潜艇和攻击性航母的应用，苏联海军武器装备也大幅改善，不但使苏联海军拓宽了海上方向的威胁范围、海军的作战范围，也增加了海上防御纵深和海军进攻的范围。② 1981年，太平洋舰队几乎是四大舰队中最强的力量。舰队拥有更多的水面战斗舰、两栖舰、布雷舰和海军飞机库存总量28%的战机。在人员配置上，舰队人员达121000名，可谓四大舰队之首。苏联如此重视太平洋舰队，也与它对美国在太平洋地区的力量发展认知相关，即美国对苏联的安全与领土完整构成重大威胁。苏联军事战略家们认为，美国海军的前沿攻势态势在它的扩张主义政策中发挥主要作用。

即便如此，一些美国分析人士认为，苏联海军在战时的首要任务仍是保护战略核潜艇堡垒的安全和保护通往苏联的通道的安全。苏联海军在大洋上的作战能力有限，它仍是一支防御性力量。③ 苏联通过军事上

---

① Jae Kyu Park, "Soviet Naval Forces in Asia and the Pacific: A View from Seoul," *Asian Perspective* 2, no. 2 (1978): 185–196.

② 张炜：《大国之道：船舰与海权》，第253—254页。

③ John F. Lehman, "The 600-Ship Navy," *Proceedings* 112, no. 1 (1986): Supplement.

的大量资源投入，以及对外经济和军事援助获得在亚太国家的港口使用权并扩建海军基地，加大了苏联海军与陆、空军资源竞争的矛盾和海外维持军事存在的成本。其太平洋舰队实力发展在威慑地区国家的同时，也对地区国家的军事战略产生重大影响。进入 20 世纪 80 年代，日本走上重新武装的道路，美国转向重振海上力量的进攻态势，中国则提出"近海防御"战略，开启军事现代化进程。这些反而加剧苏联的地区安全困境，损害了其大国国际形象。苏联解体之后，俄罗斯海军力量不得不从全球主要海域撤离。太平洋舰队分遣队从越南金兰湾撤离，其主力舰队退守至符拉迪沃斯托克港。俄罗斯远东海军重回"近海防御"战略。

第四节　美苏海上分歧管控规范与海洋安全秩序

冷战时期，美苏双方进行着激烈的核军备竞赛，发展用以威慑甚至摧毁对方的能力，并以此为根本目标，双方将核运用于海上力量的发展，据此形成庞大的海上核力量，但是核动力装备和核打击能力没有能够阻止对方停止发展装备，而是促使双方加快新一轮的武器发展，海上对抗的主要形式包括："危险机动；抵近空中侦察；模拟攻击；演习中的意外射击；其他形式的骚扰。"[1]

---

[1]　张愿：《1972 年美苏〈防止海上事件协定〉档案解读——兼议其对中国的启示》，《边界与海洋研究》2017 年第 1 期。

一、美苏推动海上分歧管控的动因

二战后，美苏发生海上事件的数量不断攀升，由 1945 年至 1960 年 20 多起增至 1960 年至 1968 年的约 160 起。从美国的角度看，美方指责苏联海军在 20 世纪 60 年代中期开始前沿部署，挑战美国在全球各大洋的军事存在。苏联舰船通过武器瞄准、发射照明弹、用探照灯致盲和进行危险的机动，骚扰进行飞行和补给行动的美国航母战斗群。[1] 双方对抗也由军机间对抗发展至舰船或舰队之间的碰撞。1965 年至 1971 年，美国记录苏联指挥官没有尽早采取积极行动，危及美舰安全或阻碍航行的事件达 46 次，其中 5 次导致碰撞，16 次促使美国提出抗议。[2] 苏联动用大量舰船监视美国与盟国的海上演习，其驱逐舰和拖网渔船冲进美军舰航行编队之中，或者与美国舰只擦舷而过，有时甚至向美国舰只迎面开来。[3] 1967 年就连续发生两起美苏军舰在日本海相撞的事件。

对此，美苏各执一词。美方对苏联在公海海域发起攻势的解读是苏联要确立军事存在，挑战西方主导地位，彰显社会主义大国的实力，表达苏联对西方在其近水海域的不满。[4] 苏联认为，美国以"航行自由"掩人耳目，利用战机非法尾随苏联商船进行恐吓，不断采取侵扰策略阻碍苏联船只在公海的航行并威胁使用武器等。美方不但没有认识到自身行为不妥，有时还会采取攻势阻止苏联"观察"其敏感性行动，或阻止

---

[1]　Robert P. Hilton, Sr. , "A Confidence-Building-Measure at Work: The U. S. -USSR Incidents at Sea Agreement" (paper presented to the United Nations Seminar on Confidence—Building Measures in the Maritime Domain, Helsingor, Denmark, June 13-15, 1990) .

[2]　David F. Winkler, *Cold War at Sea: High-Seas Confrontation between the United States and the Soviet Union* (Annapolis: Naval Institute Press, 2000) , pp. 177-190.

[3]　唐纳德·W. 米切尔：《俄国与苏联海上力量史》，朱协译，商务印书馆，1983，第 573 页。

[4]　Sean Lynn-Jones, "The Incidents at Sea Agreement," in Alexander Dallin, Philip J. Farley, and Alexander L. George (eds.), *US-Soviet Security Cooperation: Achievements, Failures, Lessons* (New York: Oxford University Press, 1988) , p. 485.

苏军"侵入"其舰队阵型，利用制空优势对苏形成压制。由于美苏海上摩擦事件分布地域广，规模大，涉及武器更为危险，也更加难以预见和管控。这种情况下，双方发生擦枪走火、战略误判和危机升级的可能性上升。[1] 对抗可能演变为热战乃至核大战。

美国在越南战争后期开始推行战略收缩，要求盟友承担更大防卫责任的同时，也着力调整外交战略，缓和同苏联等大国的关系。1968 年，美苏签署《不扩散核武器条约》，并就战略武器限制、海上关系等议题进行谈判。同年 2 月，美国太平洋舰队司令海兰德（John Hyland）就苏联在日本附近海上侵扰事件不断，呼吁尽快采取外交行动应对。3 月，太平洋军区总司令夏普（Grant Sharp）提出，如果放任苏联的骚扰行动不受惩罚，公海"航行自由"的基本权利必遭侵犯。4 月，美国主动向苏联提议进行海上安全磋商，以减少此类事件，防止两国海军发生严重的对峙，但是美国的目的是制约苏联的"危险操作"，而不是限制美国及其盟友的海军行动。[2] 苏联起初对美提议也并没有理会，双方海上对抗与互不相让仍在继续。

直至 1970 年 11 月，苏联才同意就如何防止两国舰船及飞机发生海上事件举行双边会谈。对于苏联同意谈判的原因，海军史专家大卫·温科勒（David F. Winkler）则认为：第一，随着现代科技推动海战革命化，苏联蓝水海军建设需要大批掌握最新武器系统的青年军官，但部分军官欠缺经验和驾驶船舶技能，这可能引发不想要的后果；[3] 第二，20

① Mark E. Redden and Philip C. Saunders, *Managing Sino-U. S. Air and Naval Interactions: Cold War Lessons and New Avenues of Approach* (Washington, D. C. : National Defense University Press, 2012), pp. 12–13.

② David F. Winkler, "US – Soviet Maritime Confidence—Building Measures," in Jill R. Junnola (ed.), *Maritime Confidence Building in Regions of Tension* (Washington: The Henry L. Stimson Center, 1996), p. 7.

③ U.S. Office of the Chief of Naval Operations, *Understanding Soviet Naval Developments* (Washington, D. C. : University of Michigan Library, 1978), p. 51; Norman Polmar, *Soviet Naval Power: Challenge for the 1970s* (New York: National Strategy Information Center, Inc, 1979), p. 57.

世纪70年代初苏联商船吨位达到1300万吨，位居世界第六，但商船缺乏保护的脆弱性致使美国得以运用打着"自由航行"的幌子，在公海非法拦截苏联商船通行和威胁使用武器等侵扰战术；① 第三，苏联寻求同美国建立新的规则规范，通过双边协定寻求同美国的平等地位，在改善苏联海军在本国军事等级体系内长期地位不高的境况外，提升苏联及其海军在世界舞台上的合法性与信誉度（legitimacy and credibility）。②

此外，双方多次发生海上事件也给苏联造成不同程度的损失和安全威胁，采取谈判对话防止不必要的损害，而非任由事态上升至政府间对抗，符合苏联自身利益。同时，苏联已经与美国具有同等的核地位，也希望实现美苏超级大国间关系的缓和（detente）。协定签署后可为双方指挥官在公海的行为规范提供保证。然而，美国在实际谈判中着力于从自身利益出发，采取限制对方行动自由为己方谋取更多好处的做法。例如，美国不愿就地理上限制潜艇活动制定规则，对于苏联提出保持固定距离的要求，也只倾向于使用模糊性词汇表述，主张将国际认可的海上避碰规则适用范围扩大至公海的海军行动。

二、美苏《关于防止公海及其上空意外事件的协定》的达成与意义

双方经过讨价还价之后，1972年5月，苏联海军总司令谢尔盖·戈尔什科夫与美国海军部长约翰·W. 沃纳共同签署《关于防止公海及其

---

① Sean Lynn-Jones, "Incidents at Sea Agreement," in Alexander L. George, Philip J. Farley and Alexander Dallin (eds.), *U. S. -Soviet Security Cooperation: Achievements, Failures, Lessons* (New York: Oxford University Press, 1988), pp. 498-499.

② Hilton, "The U. S. -Soviet Incidents at Sea Treaty," *Naval Forces* 6, no. 1 (1985): 37.

上空意外事件的协定》。[①] 协定以保证双方海上军用舰船和飞机在公海以及公海上空的航行安全为宗旨，分别建立了舰船和飞机避免意外事件的基本规则，规定军用船舶在行驶中相互接近、相互监视、在互见距离内机动、在潜艇操演时的规则和应采取的安全措施。双方船舶在接近时应"保持适当距离"，舰船在舰队附近活动时应"避免妨碍舰队编队队列的行动"，不允许舰队在"交通分道计划"生效的交通密集区域采取行动。

该协定规定，监视舰船应避免危及或使被监视舰船窘迫的行动；飞机在接近对方船舶时保持最大谨慎，不得妨碍另一方正起降的飞机及行进补给中的舰船，不得使用枪炮、导弹发射器、鱼雷发射管或其他武器瞄准他方船舶，不得对对方船舶进行模拟进攻，发射其他物品，以及使用过强的探照灯或其他强光照射航行中的舰桥，各方船舶在互见距离内活动时要发出其开始降落或起飞飞机意图的信号，不得在舰船上空做特技飞行，或以危害舰船及其航行的方式投掷物品。夜晚在公海上空飞行的飞机要显示航行灯。双方还建立了相互通报制度和通信方式方法，以及两国武官直接沟通的渠道和对协定的检查制度。

该协定不仅对于美苏两个超级大国来说意义重大，对于当时的国际和平与稳定亦有着重要战略价值。不过，从协定中的获利比较情况看，有观点认为美国是协定最大的赢家，原因如下：该协定将海军辅助舰船纳入约束范围且要求监视舰船承担主动规避风险的责任，满足了美国约束苏联监视舰船"骚扰"行动的愿望；重申了《国际海上避碰规则》，并赋予正起降飞机及行进补给中的舰船特殊地位，保障了美国舰船、飞机安全和行动连续性；要求飞行员"在接近起降飞机中的舰船时"保持最大谨慎，从而给航母以额外的保护，符合美国关于限制军机靠近从事

---

① "Agreement Between the Government of The United States of America and the Government of The Union of Soviet Socialist Republics on the Prevention of Incidents On and Over the High Seas," May 25, 1972, assessed November 28, 2022, https://2009-2017.state.gov/t/isn/4791.htm.

空中行动的舰船的主张；关于禁止舰船以探照灯照射对方舰桥，以及使用国际信号表明意图等条款也是美方提出的主张；协定并未妨碍美军在苏联关切的特定区域、针对苏联目标的抵近侦察及其他惯用的战略战术行动，保障了美军行动自由。①

相较于美国而言，苏联的政治和军事意图没有得到充分实现，但在增进自身舰船、飞机安全与危机管控方面的目标基本达成。1973 年 5 月，两国又签署《关于防止公海及其上空意外事件的协定的议定书》，协定适用范围得以扩大至非军用舰船、飞机，禁止舰船、飞机对民用船舶和飞机进行模拟攻击，或以对其航行构成危害的方式发射、投掷物品。这对于苏联来说是有利的。即便如此，协定仍然存在着不足。协定没有涉及潜艇的航行安全及行动规则，协定条款中多采用美方主张的"适当距离""最大谨慎"等模糊词语，这需要双方现场人员自行判断，容易造成彼此间的误判，引发纠纷。协定主要适用于双方在公海海域及上空，领海、专属经济区等水域并不适用，但是双方在这些海域的海上意外事件并不罕见。因此，协定在涉及复杂敏感议题方面的不足有时也会弱化其功效。

然而，防止海上意外事件协定是现代国际社会第一个具有合作性质的海上军事安全协定，它是美苏以海上核威慑为核心的竞争对抗至极其危险境地，而谋求核军控的产物。同时，它也是美国和苏联为防止海上偶发事件导致两国冲突而签署的协定，属于建立信任措施性质。② 协定成功地规范了双方海空人员近距离时的行动，为两军通过年度磋商进行直接沟通提供了有效渠道，也为苏联与其他国家采取此类措施实现关系

---

① 张愿：《1972 年美苏〈防止海上事件协定〉档案解读——兼议对中国的启示》，《边界与海洋研究》2017 年第 1 期。

② 萨本望：《中国军事百科全书军事历史卷》，http://gfjy.jxnews.com.cn/system/2010/04/16/011354276.shtml，访问日期：2022 年 9 月 21 日。

缓和建立信任确立典范。签署后，20世纪70年代双方发生海上意外事件的次数确实在不断下降。这也表明协定在防止意外冲突、实施危机管控方面发挥着积极作用。即便此后发生中东阿以战争、苏联入侵阿富汗、击落韩国民航客机等事件，协定都没有因此而失效。

进入20世纪80年代，美国里根政府展开对苏强硬战略，这对美苏履行协定造成更多政治挑战，双方发生海上意外事件的次数再次上升。1983年发生海上事件达40起，之后戈尔巴乔夫执政后美苏关系缓和，1986年至1987年仅有1起海上事件，苏联解体后就没有发生过碰撞或蓄意骚扰等事件。① 不过，以武器系统锁定对方的事件大幅上升，所占比例由5%增至30%。陆基飞机引发的海上事件及在两国领海内发生的海上事件数量也在上升。② 即便如此，双方仍然每年如期举行年度审议磋商。这也为美苏累积互信并推动《美苏关于防止危险军事活动协定》的达成创造了良好氛围。

1988年至1989年，美国国务院和苏联外交部主持召开一系列由海军参加的海洋法讨论会，双方从海洋法的角度寻找海上碰撞事件的根源。1989年6月，美国参谋长联席会议主席威廉·克劳（William J. Crowe）和苏联武装部队总参谋长塞格莫伊谢那夫签署了《美苏关于防止危险军事活动的协定》，主要内容为：双方采取必要措施保证不诉诸武力或以武力相威胁，以和平手段迅速终止或解决任何由于危险军事行动造成的事件；从相互安全出发，一方武装人员在邻近对方领土的区域行动时应特别注意，避免出现因意外情况进入对方领土、以激光辐射损害对方人员或装备、以可能造成损害的方式阻止对方人员或装备的行

---

① Jamgotch Nish, *US-Soviet Cooperation: A New Future* (New York: Praeger, 1989), p. 168.

② Albert H. Geis Jr. , "Chinese Involvement in Maritime Agreement within the Asia-Pacific: Reducing Risks and Providing Reassurance" (Monterey, California: Naval Postgraduate School Thesis, 2008), pp. 22-24, 29-31.

动，以及干扰对方指挥控制网络等危险军事行动；协商成立"特别谨慎区"，双方武装人员和装备进入该区时须采取协商一致的特别措施；两国军队之间建立通信联络交换有关情况，美参谋长联席会议主席和苏军总参谋长可分别通过对方驻该国的国防武官转达上述情况；设立联合军事委员会以保障本协定的执行。

该协定是美舰机频繁在苏联管辖海域活动，特别是领海活动时容易引发危险军事活动的情况下签署的，表明两国从战略高度改善两国关系，加深相互理解与和平解决问题的基调。协定实现了两国武装力量之间的全方位通信，并制定了《与进入领土有关的意外事件的处理程序》。同年9月，美苏又签署了《与〈美苏关于防止危险军事活动的协定〉相关的共同声明》，强调坚持自由航行权利和军舰无害通过的权利。此后，美国方面尽可能远离苏联主张的领海，对于有领水争议的海域，双方以建立"特别谨慎区"的方式解决。海上安全协定的签署有效地规避了美苏对抗性制海权竞争带来的严重后果，将双方的制海权竞争置于共识规范之中并更具可预测性。这为近代以来大国制海权争夺以战争方式解决提供了替代性选择。

三、美苏制海权竞争的时代意义

可以说，冷战时期，双方在军事领域中核技术的应用，将海军舰船及武器装备带入核时代。由于战争的潜在破坏力巨大，任何一场超级大国参与的冲突持续时间过长，就必然会产生太多的风险。于是，拥核大国直接发生战争的可能性下降，但仍渗透着大国围绕制海权建设和行使的竞争。当然，美国在二战后的制海权优势是苏联无法企及的，除非冒着发动核战争的风险。

美苏海上战略的核心是制海权问题，获得制海权的一方能自由利用海洋实现自己的目的，阻止对方同样的企图。一方面，美苏海上争霸具有传统海权的性质，只是双方制海权争夺方式更多地表现为以核威慑为核心的冷战态势下，美苏大力强化海上力量发展与关键海域的力量部署，特别是重要咽喉要道的控制来遏制对方行动的能力与范围。苏联侧重打破封锁向海上突破，同美国在亚太地区展开战略对抗和海上对峙。这在本质上与传统制海权争夺并无太大的差异。另一方面，技术的发展增加了制海权竞争的难度，也缩短了有效维持制海权的时间。导弹、鱼雷、水雷和岸基飞机等对水面舰艇构成安全威胁。同时，有关海洋的政治、法律的形成也对大国间制海权竞争造成一定的制约。

此外，冷战时期的美苏制海权竞争表现出不同于以往的特征。对抗反映出美苏制海权竞争的现实，但冷战后期为防止激烈的海上对峙升级为意外或军事冲突，双方试图利用与海洋相关的国际规范，通过海军外交、安全磋商等方式签署系列海洋协定，以大国协调方式管理制海权竞争。和平时期的海军外交也成为制海权竞争的重要组成部分，成为国家对外传播海洋强国形象，扩大影响和威望，施压对手不要采取威胁或诉诸武力，进而实现国家战略目标的有效手段。

冷战时期大国制海权竞争表明，制海权是发展变化的，不再是传统的排他性的绝对概念，在时间、空间和程度上出现更多时效性、相对性、有限性特征。这从西方学界对于制海权的定义与认知中亦能读出。有学者认为制海权强调不同国家间海军的相对力量，认知伴随着权力的非对称性，且存在于和平与战争时期。[①] 二战后，美国确实在全球海域拥有无可争议的制海权。然而，美苏在 20 世纪 60—70 年代的海上争霸过程中都没有能够获得全面绝对性制海权，只是建立起动态的、暂时的海上控制区。这也意味着实现绝对控制（absolute control）的制海权时

---

① Robert C. Rubel, "Command of the Sea: An Old Concept Resurfaces in a New Form," *Naval War College Review* 65, no. 4 (2012): 24.

代终结，能够享有较高程度海上行动自由的海上控制时代开启。

在这个时代，海洋主张/利用和海上拒止成为大国追求海上控制的两大维度。海上控制涉及特定时间、空间里的军事形势，关乎舰船是否能够得到有效保护或会否受到攻击。美国的海上控制目标就是"确保工业物资的供应、为海外部队提供增援再补给、向盟国提供战时的经济军事支援，以及为实施对岸作战的海军部队提供安全保障"。①

相较于此，苏联商船队、渔船规模和海洋经济重要性增大，其海上利益拓展与脆弱性要求苏联在海洋利用方面加大海军力量的保护，免遭西方帝国主义的侵犯。尽管如此，苏联海上力量还是限制了其海洋利用的雄心，它更侧重于海上拒止而非海洋利用战略。正如戈尔什科夫所言："苏联海军舰艇要经常出现在大洋上，包括北约主力舰队盘踞的那些海区。我们的战舰在这些海区的存在能够束缚帝国主义者的手脚，剥夺他们干涉人民内部事务的自由。"② 其中，加强导弹核潜艇战略威慑、破坏或切断敌方军事交通线、实施海上封锁与战略轰炸、对敌岸基作战等是苏联实现海上控制的方式。

---

① Stansfield Turner, "Missions of the U. S. Navy," *Naval War College Review* 27, no. 2 (1974): 8.
② 转引自杰弗里·蒂尔：《海上战略与核时代》，第244页。

第五章

制海权博弈的理论内涵与发展趋势

近代以来的东亚地区沦为西方列强殖民侵略与利益争夺的区域，也处于英美海洋霸权确立的西方海洋自由秩序之下。列强对东亚国家掀起的瓜分狂潮，充斥着激烈的利益竞争和血腥战争，地区制海权的易手影响着国家间实力地位的变化。可以说，制海权博弈都是为利而谋、为利而战的过程，构成不同国家间制海权博弈史的重要组成部分，也影响着地区国家的历史发展进程。历次的战争、科技的发展和海洋法的演变等，都赋予不同时期制海权博弈和地区海洋秩序特征以不同的时代内涵和发展样式，其军事本质属性从未发生改变。制海权博弈贯穿地区海洋安全秩序的变迁，任何利用海洋谋求发展与安全的国家，既要受制于海洋安全秩序主导国的权力威慑，又要依据秩序主导国发起的海洋行为规范来决定本国制海权的运用方式等。

第一节　大国制海权博弈的特征演变

制海权产生之初便具有鲜明的时代性。制海权博弈历经不同海洋秩序时代的演变，呈现出不同的形式，但其依据军事实力博弈的内核从未发生改变。这种博弈有时是一系列惨烈的海战，有时是一场场惊心动魄的海上对抗，有时也是一幕幕有惊无险的军事威慑，也会有一次次以军事为支撑的法理博弈。可以说，制海权运用是否得当与一个强国的地位兴衰紧密关联。任何一个海上强国必然拥有强大的海权和制海能力优势。

一、制海权博弈内在动力由决定向影响陆地事务的转变

正如科贝特所言，海权的要义不是海上发生了什么，而是海上发生的事情如何影响陆上事件的结局。[①] 自地理大发现以来，海洋成为人类探索外部世界的媒介。早期的殖民者通过海洋通往太平洋，从而获取进入亚洲大陆的通道，商业利益的驱动促使他们在陆地建立殖民统治，掠夺资源，划分势力范围，等等，从而为本国发展提供源源不断的资源。现实主义的权力政治是主导该时期西方列强关系发展的基本理念，各国在扩张本国海外利益的过程中，都将别国利益的扩展和军事力量的发展视为对本国的利益侵占和安全威胁，进而采取排他性方式来应对竞争对手。

19世纪中期至20世纪初，亚太地区制海权博弈主要以军事争夺的方式，决定着陆地领土的变更和殖民地、势力范围的重新界定。中英鸦片战争的结果是中国香港等陆地领土的割让；中日甲午海战导致中国台湾及澎湖列岛、钓鱼岛等领土的丧失；日本在日俄海战胜利后加快对朝鲜半岛领土的控制；美国通过美西战争从西班牙手中夺取菲律宾，将其作为进驻东亚大陆的跳板；美国也是在西太平洋赢得大规模海战，最终

---

① 杰弗里·蒂尔：《21世纪海权指南》，师小芹译，上海人民出版社，2013，第27页。

实现对日本本土的占领。这表明，陆权国没有制海权，就没有国家领土完整与主权独立。海权国没有制海权，就无法攫取对手陆上领土。

此外，海洋中还分布着战略性岛屿，以及由此形成的重要海峡，是海洋国家通往陆地的主要通道，为此争夺海上战略要地、重要海峡和海上通道成为大国制海权争夺的主要目标。太平洋战争中，美国通过系列海战占据太平洋上的主要岛屿，为最终战胜日本，建立美国治下的海洋安全秩序奠定基础；日本采取先发制人方式偷袭珍珠港，南下占领东南亚至南太平洋国家，并与美国进行大规模的海战，其最终目标也是实现对亚太地区岛屿国家的排他性统治，构筑其"大东亚共荣圈"地区秩序。这种以制海权争夺决定他国领土归属的方式，随着美国海洋霸权治下秩序的确立，以及战后殖民地国家获得民族独立而发生改变。

冷战时期，大国制海权博弈则表现为以美苏为代表的海上军事力量竞逐来影响陆地事务的"以海制陆"方式。美国在亚太地区则是通过构筑海上"岛链"战略对大陆国家进行遏制与围堵，而苏联与美国展开海上制海权竞逐，冷战前期是通过近海防御抵制美国利用制海权优势对苏形成陆上威胁，扩大苏联陆上纵深防御范围。冷战后期苏联则由被动转为主动，发展远洋能力以突破美国在太平洋构筑的防卫线，确保苏联在该海区的通行自由，并对美国及其盟友形成一定的威慑，从而将制海权争夺的区域推至太平洋、印度洋。海军的地位不再是从属于陆军的附属性军种，也不再单纯地解决国家面临的陆上威胁，而是可以在海外建立军事存在，独立开展海上军事行动，通过对重要海域和海上运输通道的控制，扩张本国的海洋权益和海外利益。

进入20世纪80年代，苏联海上力量的削弱促使其重回近海防御战略，美国则在太平洋地区恢复其绝对的制海权优势，不但控制着全球主要的海上战略通道，还依据由海向陆的海军战略，将争夺的"战场"重新推至亚太近海海域，在陆地国家近海建立起强大的安全包围网，对陆地国家走向海洋形成强有力的威慑与牵制。美国重获"制海优势"对冷战终结后的东亚安全秩序与美国海洋军事霸权产生重要影响。

二、制海权博弈主体由大国主导向多国参与的转变

自大航海时代以来，东亚地区就见证着西方大国的海权崛起与力量消长，近代以来该地区逐步沦为西方殖民主义、帝国主义的竞技场。可以说，大国制海权博弈构成东亚地区的海洋安全史。从世界海洋史来看，葡萄牙、西班牙、荷兰、英国在各自时代称霸一个世纪左右，体现出绝对的大国主导海洋秩序的特征。然而，这种特征在不同地区存在着差异，这些称雄一时的海洋霸权国将海上势力拓展至东亚地区，但没有列强能够在该地区确立起绝对支配性地位。英国在东亚地区至多拥有海洋优势地位，但没有能够对崛起的美国、俄罗斯和日本形成绝对的制海优势，更没有能够阻止它们之间的势力范围与话语权的争夺。可以说，近代的东亚海洋秩序表现为英国海洋自由秩序下的多国利益矛盾与军事冲突。

其中，美日最为典型，东亚地区成就了它们海权的崛起，也成为它们海权战略决战的主要场域，而其他西方列强和地区多数国家则分别成为美日争夺地区控制权和扩张殖民利益的协助者和受害者，特别是那些受害国，没有制海能力维护领土主权，却是美日制海权争夺能力的体现。制海权争夺的结果决定着地区力量格局和海洋安全秩序的塑造。这个时期的东亚制海权博弈呈现出多极均势格局，但争夺的行为主体则是美日两大强权最为突出。第二次世界大战结束后，美苏为代表的不同意识形态大行其道，世界分化为两大对抗阵营，东亚制海权博弈的主要行为主体也发生变化。尽管没有从根本上改变大国主导海权竞争的现实，但是随着东亚地区民族解放运动的推进，越来越多的国家获得主权独

立，取代此前西方列强成为参与东亚制海权博弈的众多行为体之一。

冷战时期，美苏在全球海域展开激烈的制海主导权争夺，而衡量地区制海能力强弱的标准之一，就是能否在具有重要战略意义的国家建立军事存在，并在地区范围内将这些军事存在相联系，形成有效的区域制海能力。因此，弱国、小国成为超级大国极力争取的对象，不得不参与到超级大国的制海权竞争之中。不同于二战前的情况，这些国家拥有相对的选择自由，它们要么与超级大国缔结安全条约结为同盟，以为其提供军事基地或与其开展军事合作等牺牲战略自主方式，获取安全保护、经济利益并提升本国的海上军事能力，如美日、美韩、美国与东南亚、中苏、苏越等安全条约，要么选择不结盟方式拒绝加入任何对抗性阵营，构成第三方国际政治力量，维护本国的领土主权与国家安全，如印度游走在美苏之间赚取好处，要么采取准结盟的方式抗衡单一超级大国的安全威胁，以缓解本国陆地和海洋方向的安全压力。

经济全球化和国际海洋法的发展也为美苏两极格局下的亚太地区各国提供了更多自主选择的机遇，1982 年通过的《联合国海洋法公约》为地区国家拓展海洋疆土，维护海洋权益提供国际法理依据。多数国家开始将海洋法作为弥补弱势制海权的工具之一，但这也在全球范围内掀起新一轮海洋圈地运动。领土归属、专属经济区划界和海洋资源分配等争端就此出现，使权益声索国越发重视制海权建设。有些沿海国家为实现本国海洋权益的最大化，通过强化与美苏的军事同盟关系并利用国际海洋法作为主张海洋权益的合法外衣，获取安全保护并提升海洋维权能力，参与侵占他国的海洋权益的争夺。

可以说，东亚制海权的博弈不再是传统大国的专利，而是融合传统大国之间、大国与小国之间，甚至小国之间多元交织的竞逐。地区国家之间围绕岛屿主权、海上划界和海洋资源的竞争日趋激烈，将制定国家海洋战略、海军战略和提升海上力量现代化置于重要地位。这意味着，东亚海洋力量格局和海洋安全秩序的塑造，不再是过去单纯由某些大国全面主导，而是由包括大国在内的众多国家共同参与，围绕区域主导权和海洋权益展开制海权博弈的过程。这将是长期、复杂而又深刻的变革过程，这也促成地区海洋安全秩序演进趋于复杂。

三、制海权博弈目标由绝对优势向相对优势转变

纵观历史，多数海洋强国在国力达到一定阶段后，均表现出在地区乃至全球追求海洋主导地位的强烈意愿。从大航海时代的葡萄牙、西班牙、荷兰到近代的英国、美国、日本、德国和苏联等，都曾为获取海洋强国地位和海上主导权展开激烈的争夺。尽管处于不同的历史时期，但由于大国地缘政治竞争的时代本质没有发生根本性变化，有些海洋强国重视海权建设，保持对他国形成压制与威慑，必要时以海战方式夺取制海权，凭借制海优势成为海洋霸主。可以说，海洋霸权国要夺取海战胜利，就必须形成相对于竞争对手的制海权优势，而且此后霸主地位的巩固与维系也有赖于这种优势的存在。由此可见，制海权优势重要性不言而喻。作为全球性海洋霸权国典型代表，海洋国家英美的海权崛起过程始终重视制海权优势的夺取与运用，从而成功地确立并巩固了它们的海洋霸主地位。日本则存在着陆海路线之争，苏联在近岸防御与远洋进攻之间徘徊，重视海军建设却没有形成强大的制海权优势，在大国竞争中走向覆灭或衰败。

在英国走向海洋霸权国过程中，英国的海洋战略明确清晰，就是通过正面战争夺取制海权优势，打败拥有"无敌舰队"的西班牙、"海上马车夫"荷兰和陆上强国法国，最终确立海洋霸主地位。16世纪末，英国对西班牙展开战略攻势，通过海战获取制海优势，截断西班牙的贸易通道，毁灭西班牙的战舰商船，侵占西班牙领土及其殖民地。西班牙

失去制海权优势，海上霸权走向没落，英国由此跃升为海洋强国。17 世纪，英国积累起雄厚的海军实力，商业立国的荷兰在当时大国中的军事实力最弱，于是在英国与荷兰争夺海上霸权及殖民利益的 3 次战争中，荷兰由于没有强大海军力量夺取制海权，也就无法保护其海外贸易，最终丧失海洋强国地位，将英国推向海洋霸主地位。18 世纪，英法展开争夺殖民霸权的战争，经过 4 次主要战争之后，英国不再有海外竞争对手。直至 1922 年五国在华盛顿签订《限制海军军备条约》，英国与美国的主力舰吨位之比相同，开启英国海洋霸主地位向美国的"和平转移"。

从 19 世纪末马汉海权论诞生起，美国就将其作为军事指导思想与建军原则，推行攻势制海战略，通过舰队决战保护美国利益。与英国追求海洋霸主地位不同，美国不是通过多次海战去挑战英国霸主地位，而是利用英国卷入海外战争，特别是两次世界大战之机。在美国为霸主国提供军事援助，赚取军需利润提升军力的同时，战争削弱了海洋霸主英国和其他海洋强国的制海能力。在面对实力弱于美国的海洋强国时，美国会通过制造事端促使对手就范，或签署条约限制对方舰船吨位。这些方式遭遇挑战之后，美国就会以舰队决战方式夺取制海权优势打败对手，如在东亚地区的美西战争和美日太平洋战争，最终确立海洋霸主地位。在和平时期，美国通过构建军事同盟网络，建立海空军基地进行驻军，运用制海优势威慑地区对手挑战，进一步巩固海洋霸主地位。

日本则从明治政府时期确立"海军建设为当今第一急务"的建国纲领，效仿西方展开大规模造舰和购舰计划，以此建立现代化海军舰队。在西方马汉海权论影响下，日本认为制海权是海洋发展的关键条件，作为岛国的日本，海军战略的关键是掌握制海权，大力增强海军力量，通过舰队决战击溃敌方。① 日本复制了英美追求海洋霸权的路径，通过甲

---

① 高兰：《世界主要海洋国家四种海权模式的特征及其对中国的启示》，《中国海洋大学学报》2021 年第 2 期。

午战争和日俄战争确立了在东北亚地区的霸主地位，但此后在"陆主海从"的大陆扩张政策指导下，"日本利用在东亚海陆两方面拥有相当大的投送能力，全面挑战欧美列强在东亚的地位"。[①] 日本主动挑战海洋霸主，却没有取得制海权优势，走向失败。从二战后苏联与美国争夺霸权的过程来看，冷战后期苏联在海洋方向将海洋战略从守势转向攻势，但对美国海洋霸权的挑战没有转化为持久的制海权优势，它也没有能够取代美国成为海洋霸权国，反而由于过度战略扩张与资源消耗，且缺乏战略力量的合理分配等原因，不得不进行战略收缩，终结海洋霸权之路。

四、制海权博弈内涵由排他性向共存性利用海洋转变

从早期古代的制海权斗争开始，海洋国家便认识到保护本国的海洋运输线安全事关国家繁荣之根基，也是实现海洋强国之实力基础。它们将维护己方海上行动自由、阻止敌方行动自由作为制海权争夺的主要目标，具有明显的扩张性和排他性特征。

葡萄牙与西班牙都是最早进行远洋探险的殖民主义大国，但在全球扩张中，西班牙通过制海权争夺终结了葡萄牙的全球海洋霸主地位，成为最强大的殖民帝国和海洋霸主；英国发展海军实力并向西班牙海上霸权发起挑战，两国制海权争夺最终使得西班牙丧失强大的舰队和大量殖民地；荷兰、法国都在与英国的制海权争夺中败北，海上实力被严重削弱。日本在东北亚进行两场战争后积蓄起强大制海权，便对美、英、荷等西方列强在东南亚和北太平洋、中太平洋、西南太平洋地区展开军事攻势，试图在东亚地区建立排他性"大东亚共荣圈"。可以说，相当长

---

① 张景全：《欧美列强的东亚地缘及海军战略（19—20 世纪中叶）》，《东北亚论坛》2007年第 1 期。

时期内，排他性利用海洋成为大国制海权争夺的直接目标。

英美霸权易主为实现海洋强国由排他性向共存性利用海洋模式转变提供可能。美国在走向海外扩张之后，不断发展用于远海作战的现代化海军力量，采取进攻性行动削弱英国、西班牙在太平洋的排他性控制，逐步崛起为世界海洋强国。在经历同欧洲大陆国家的两场世界大战之后，英国失去其全球霸主地位，美英特殊伙伴关系确保英国继续拥有自由利用海洋的权力，在与美国实行权力和平转移之后，美英形成稳固的安全同盟，以及共存性利用海洋的关系。冷战时期，美苏在全球范围内展开争夺世界霸权的战略，并将战略核武器运用于制海权争夺战，20世纪70年代的苏联建成远洋导弹核舰队，在全球各大海域与美国展开全面的势力范围竞逐。基于核武系统开发的美苏竞争不但对双方制海权争夺的限度形成一定制约，也促使双方为共存性利用海洋寻找出路。

冷战后期，在经济全球化的浪潮下，海洋成为全球贸易、能源运输的重要通道，也是维系各国间人员经贸往来的关键纽带。此外，各国海军现代化建设不断制约着大国排他性控制海洋的能力。尽管国家间存在着海上军事活动较量、海洋权益争端、海上力量对比变化，以及彼此间的战略猜疑与竞争，但总体上并没有影响国家间共存性利用海洋谋求发展。

中日邦交正常化之后，围绕钓鱼岛领土主权、海上专属经济区划分和渔业资源纠纷等的争端没有解决，但双方采取"搁置争议"的做法，避免争端给两国政治大局和经济合作带来重大负面影响，在东海形成共存性利用海洋的基本格局。这表明，纵使国家间存在着激烈的利益竞争关系，但通过战略沟通与妥处分歧的方式，在利用海洋方面可以实现共存性发展，以缓解国家间的制海权竞争烈度。

第二节　海洋霸权国追求制海权优势的动力

自古代制海权诞生以来，随着大国海上力量的发展，制海权的建设、争夺和行使，以及现代武器系统的技术突破和规范海洋秩序的海洋法等外在因素的影响，制海权的内涵不断历经变化与发展。然而，在地缘政治主导国际关系的时代，传统海洋强国将夺取海洋霸权作为孜孜以求的战略目标，为此追求制海权优势成为它们实现霸主地位的主要路径。在霸权主导下的海洋安全秩序中，以宣言、公约和条约等形式对利用海洋作出的诸多规范性要求也是协助霸权国构建制海权优势的基础。美、日、苏海洋强国追求制海权优势，就是要为其实现本国目标提供权力支撑。

一、经济角度追求制海权优势——控制海上交通线

古代制海权争夺起源于海上贸易活动的兴起。随着海上贸易的扩大，为保护海上运输通道、争夺彼岸贸易市场和获取海上商业利润，各国认识到建立海上武装和控制海上运输线的重要性。[①] 马汉在论述海权论时就提出，控制海上要道是一国实现繁荣富强的纯物质性因素中的首要因素。海上要道分布着具有重要战略价值的海上交通线，这对于确保海上商船贸易运输和军舰"航行自由"、安全，特别是对严重依赖海上通道发展的海洋国家来说极具重要性。海上交通线素有"海上生命线"

---

① 刘一建：《制海权与海军战略》，第41页。

之称。

正由于其战略价值，海上交通线成为战时必争的战略空间。古往今来，海上交通线作战经历从以水面舰艇在航线上攻击敌方商船和保护己方商船，发展到寻求舰队决战，歼灭敌方海军力量或将其封锁在港内，夺取某一海域制海权，以保障己方海上交通线安全和破坏敌方海上交通运输，再到冷战时期对重要咽喉要道的控制，制海权均在其中发挥决定性作用。只有在制海权争夺中获胜，才能够行使制海权维护海上通道为己所用。

日本在全面侵华战争中，其海军对华采取封锁的"C作战"计划，以切断外国对国民政府的物资补给，破坏中国沿海的海上交通线，不但对中国东南沿海完全封锁，还占领越南和缅甸，彻底关闭中国的海上通道，致使中国无法获取抗战救援物资。日本正是通过在中国周边海域确立起制海权优势，持续行使制海权配合陆军占领了中国的半壁江山。

然而，太平洋战争中，日本却在行使制海权保护己方海上交通线方面受到重挫，美国在通过系列海战掌握日本近海制海权优势之后，运用潜艇攻击日本商船，阻断日本自东南亚向本国运输资源和军队的海上通道。这无疑切断了日本战争机器得以运转的资源供应线，加剧了日本战败投降的进程。可以说，海上交通线在战时的作用至关重要，可以决定一场战争的结局和一个国家的命运。

冷战后期，美国凭借其在全球主要海域确立的制海权优势，将极具战略重要性的海上交通线置于美国主导的多国同盟体系控制之下，并提出控制全球16条海上咽喉航道，其中地处太平洋的枢纽主要是朝鲜海峡、巽他海峡和马六甲海峡等。美国在这些海域的军事存在有效实现了对亚太海上交通线的控制，在保障美国及其盟友对交通线利用的同时，亦足以对其竞争对手或敌对国家形成军事威慑，必要时阻止对方对海上交通线的经济与军事利用。

二、军事角度追求制海权优势——获取战场主动权

千百年来，海战都是大国制海权争夺中较为常见的形式，也是解决大国间不可调和矛盾与冲突的必然途径，其对战争的进程、结局都会产生重要的影响。这种影响程度的差异也会决定一个国家的命运和国际地位的兴衰。最低程度是失败一方出让部分利益以满足获胜者的要求，暂时结束战争但仍处于竞争制衡之中；最高程度则可能导致失败国国内发生颠覆性政治动荡与变革，或者国力就此衰弱并最终退出大国竞争的舞台。为此，各国为避免成为海战的失败者，都推崇发展强大的海上力量优势，并采取进攻性战术以夺取重要海区的制海权。拥有制海权优势就意味着具备强大的控制海洋能力，可以把握海区战场的主动权，能够在海战中确保本国舰船行动自由，同时阻止或限制敌国海上行动自由，最终摧毁敌国舰船取得战争胜利。

日本在海权崛起过程中就极为重视夺取制海权优势，这对于其实现在东亚的海权崛起和在日美最初制海权争夺战中的胜利有着重要意义。日本联合舰队采取突袭手段和舰队决战以抢占战场主导权是日本夺取制海权优势的主要方式。甲午战争中，丰岛海战、黄海海战就是确立日本制海权优势的关键之战，日本通过这些战役控制了中国的海上门户；日俄战争中，作为决定性战役的对马海战以俄国海军舰队保卫陆上要塞战略失败而告终，日本控制了渤海、黄海和日本海的制海权。为争取对美战场主动权，日本通过突袭珍珠港和采取"南进政策"等，抢占制海权优势，夺得海战的最初胜利。制海权优势不但使得日本迅速崛起为亚太海权强国，也助长了它在地区内行使制海权，协助陆军展开对东亚大陆国家侵略的气焰。

同样，美国也是一个重视制海权优势的海权强国。从争取国家独立

到走向海洋霸权，美国正是通过无数的规模不等的海战来实现的。美国前国防部长小约翰·莱曼曾指出，制海权的实质是优势，而不是与对手平等的分享，即均势。[①] 从中可以看出，美国始终将夺取制海权优势视为维持海洋霸权的关键。在决定美国西太平洋海权崛起的美西战争中，美国的舰船数量、火炮射程和精确度等都强于西班牙舰队，这种优势确保了美国能够重挫西班牙舰队。

太平洋战争时期，美国不但在海军实力对比方面远超日本，而且在支撑战争的生产、造船等能力上也强于日本。这种优势可以确保美国具有持久作战的能力，使日本可能因陷入战争泥潭而最终战败。冷战时期，美国支持台湾当局在大陆沿海海域频繁进行军事挑衅，军事干预台海危机，从事分裂中国的活动，就与美蒋当时拥有相对于大陆的海空力量优势有关。因此，拥有强大的制海权能够在军事上确立起优势地位，并确保在海战或军事对峙中占据有利地位，给对手造成极大的安全压力。

三、政治角度追求制海权优势——维护领土主权与海洋权益

曾担任苏联海军总司令的戈尔什科夫认为，海洋不仅是伟大的通道，也是人类赖以生存的资源宝库。海上威力的实质就是为了整个国家利益而最有效利用世界大洋的能力。长期以来，人们对于海洋的认识和利用并不充分。海洋更多是保护陆权的天然屏障。大国在海外抢占殖民地、瓜分海上势力范围和争夺海上优势，都是为获取对陆上资源的独占性控制，而对海洋资源的利用能力比较弱。随着人类对陆地能源和矿藏

---

① 小约翰·莱曼：《制海权：建设 600 艘舰艇的海军》，海军军事学术所译，1991，第 158 页。

的勘探、开发，资源蕴藏量在消耗中逐步减少、枯竭。人类将目光转向贮藏大量矿藏的海洋，认识到海洋蕴藏着丰富的油气资源、矿产资源、生物资源等，也是维持人类可持续发展的重要战略空间。

有统计数据表明：全球海洋专属经济区内蕴藏着世界已探明石油储量的87%，提供着世界渔业产量的94%。[①] 各国纷纷出台海洋发展战略，展开一场海洋资源权益的争夺战。自20世纪70年代起，东亚各国开始重视岛屿主权的归属，海洋资源的保护、开发和利用，为此不断主张本国对于海洋领土和管辖海域的要求，甚至动用海上军事力量兵戎相见。这导致地区领土主权、海洋划界和渔业纠纷等争端出现，而海洋资源的开采、分配权只掌握在少数具备开采能力和海上军事实力最强的若干国家。[②] 这就突显出掌握制海权对于维护领土主权与海洋权益的重要性。

20世纪70年代初，日本已崛起为世界第二大经济体和地区强国。美国在日本冲绳大规模驻军，确立起美日在东海、台海方向的海上军事优势。在南海领土主权争端上，中国正是及时动用海军力量，在西沙群岛和南沙群岛展开军事行动，运用海军力量将越南从我国领土中驱离。中国在两次海战中获胜。

四、安全角度追求制海权优势——维护海外利益与海防安全

19世纪末，东亚地区在帝国主义瓜分世界狂潮中分割殆尽，列强凭借包括制海权优势在内的军事力量，控制着该地区的殖民地或势力范围。地区内国家则在列强的殖民掠夺和剥削中不断走向衰弱，丧失制海

---

① 宁凌主编《海洋综合管理与政策》，科学出版社，2009，第10页。

② 杨鸿玺：《新世纪的新命题：为什么是海洋，还是海洋?》，http://gb.cri.cn/18504/2008/07/16/2185s2148311.htm，访问日期：2023年11月28日。

权的国家面临外国列强的海上入侵，而且没有任何抵御侵略的能力，最终只能任由列强霸凌。自 1840 年至 1895 年，晚清遭受五次海上入侵，海防体系建设转为以防御外国入侵为主，修筑军港组建三大水师以重点防守海口和内河，但这些与西方列强的海权战略相比仍是落后消极的。①西方列强得以控制中国沿海重要港口，并逐步将势力从中国近岸延伸至内水、内河。

在亚太实现海权崛起的美国通过美西战争打败老牌的欧洲列强，占领菲律宾作为其进入东亚的立足点，但其渐渐意识到它在东亚的商业、安全利益不但不能得到有效保障，还在遭受同样通过战争实现海权崛起的日本的挤压。美国在东亚没有建立起强大的制海权优势，在面对日本企图独占东亚野心膨胀过程中，更多的是采取妥协和克制的方式以维持其在地区的利益，这反而助长日本的扩张野心，使其加快走向对抗美国的步伐。珍珠港遭突袭后，美国认识到制海权优势的重要性。太平洋战争中的系列海战奠定美国的亚太制海权优势。

冷战时期，美国发挥在亚太地区的制海权优势，先后在朝鲜战争、越南战争中，通过将舰船飞机开进对方国家近海，进攻重要的港口、机场及补给线等，为陆军开辟陆上战场运送兵员、输送战略物资等，以此影响正面战场的形势。朝鲜战争初期，朝鲜人民军势如破竹，收复 95% 的领土，联合国军则被推至朝鲜半岛最南端洛东江地区。然而，在麦克阿瑟指挥的仁川登陆战中，美国第七舰队负责运送登陆部队并提供必要战场支援，配合其他兵种展开侧后登陆，而朝鲜人民军则疏于在仁川港的军事布防，没有形成抗美的制海能力，加之兵力、火力、机动和补给诸方面都处于劣势，始终无法突破洛东江防线，进而导致前期所有胜利

---

① 王宏斌：《晚清海防：思想与制度研究》（上卷），商务印书馆，2005，导论。

化为乌有。① 海防线的失手致使朝鲜半岛再次回到分裂的局面。

同时，在美苏冷战对峙前期，苏联"陆主海从"的近海防御战略和美苏争霸主要集中在欧亚大陆，这制约了苏联太平洋舰队力量的发展。在东亚地区，美国通过建立防御"岛链"封锁苏联进出太平洋，并频繁在苏联远东近海开展军事演习、海上和水下侦察活动等，威胁苏联远东地区的海防安全。这种状态在 20 世纪 70 年代发生改变，苏联舰队开始主动出击，不但驱离、碰撞在其近海海域的美国舰船，还开展远海军事侵扰活动，甚至邻近美国近海彰显苏联的海军实力。

尽管美国仍拥有相对于苏联的制海权优势，但苏联通过本国军力结构形成不对称制海权优势，维护了本国海防安全，维护了苏联在地区内的商业和安全利益。20 世纪 70 年代，美苏谈判达成《关于防止公海及其上空意外事件的协定》就是美国海洋霸权遭遇苏联制海权崛起的实质性挑战后，美国同苏联展开谈判同意军事安全合作的结果。该协定本身也是苏联制海能力提升的反映。

基于上述分析，制海权优势对于海洋强国海权力量体系应用以及国家领土主权、海防安全与海洋权益维护等都是至关重要的。长期以来，海权事关国家的兴衰，它们凭借强大的海权与对手争夺制海权，海战的胜负意味着制海权的易手，也将对一国海上行动自由、海上交通线，乃至国家的领土主权安全与海洋权益维护等产生影响。为冲破传统海洋强国在海洋方向的围堵遏制，争取更多海洋行动自由，二战结束后各国都纷纷重视制海权建设以及同他国间的海洋权益竞争。由于制海权的军事本质没有发生变化，尽管各国发展制海的能力存在着差别，但依赖海洋发展经济的外向型国家大多认识到拥有相应制海权的重要性。和平时

① 《麦克阿瑟为什么选择仁川——从军事地理角度解读仁川登陆》，澎湃新闻，2020 年 10 月 26 日。

期，制海权可以发挥有效军事威慑，维护本国海上航道安全，为地区和平稳定提供公共产品，危机时期可以转化为军事调动能力，以最短时间、最小代价应对局势变化，避免局势升级引发更大的军事冲突。

当然，对于奉行不同军事战略的国家来说，谋求制海权优势的意义和目的也不相同。奉行进攻性军事战略的国家追求制海权优势就是举全政府之力，动员大量资源建立相对于对手全面、绝对的力量优势，通过对抗与军事遏制等方式，维系其主导下的排他性秩序。奉行防御性军事战略的国家追求制海权优势则更多是调动有限资源发展区域性、非对称性力量优势和军事反制能力，同时主张通过建设性对话等方式管控分歧，构建各国平等利用海洋、实现共同发展的包容性、共存性秩序，体现更多的协作性和多元性要素。

值得关注的是，近代以来，列强间因追求制海权优势而引发相互间猜疑、误解和误判，进而陷入军备竞赛的"安全困境"和敌对性的海上对抗，最终酿成以海战为形式的制海权争夺。美日、美苏片面追求制海权优势，酿成的战争或危机给予世人深刻教训。因此，一味追求不受制约的制海权优势，在实现本国对诸多利益控制的同时，也会侵蚀其他国家的海洋安全与发展利益。如果不改变秉持现实主义权力政治构筑交往规则的状况，以负责任方式构建一种超越海战或对抗方式争夺制海权的新范式，将制海权博弈置于长效互动、战略协调、分歧管控之中，亚太大国制海权争夺的历史悲剧还将重演。

第三节　冷战后时期美国制海权运用与影响

冷战结束后，大国制海权竞争进入新的发展阶段。雅尔塔体系下的两极格局崩溃，美国的实力达到全盛，成为真正全球性的海洋霸主，没有任何国家在制海权行使方面可以与其相抗衡。国际力量格局呈现一超多强的局面，美国在全球范围内确立起由其主导的国际海洋安全秩序。美国为独霸对全球海洋的利用，以"航行自由"为名执行"由海向陆""以海制陆"的整体方针。

1994 年《联合国海洋法公约》生效，时代由"控制海洋为己所用"向"使所有人都能利用海洋"转变，海上控制多了些监督或管理的意味。这对美国等西方国家仍以"航行自由原则"为由对别国行干预之事形成法理制约。此外，科技革命蓬勃发展，新兴国家群体性崛起，维护海洋权益能力上升，对美国滥用海洋权力侵犯合法权益的做法进行反制，也对美国在冷战后时期的制海权行使构成权力约束。美国在新的国际海洋安全环境下，表现出重夺制海权优势的倾向。

一、冷战后时期的制海权发展趋势

冷战后时期，影响制海权概念和内涵的关键要素就是高科技的军事应用带来现代战争形态和方式的转变。信息化战争时代，需要从传统领域延伸和拓展来把握新时代制海权的概念和内涵。海洋依然是全球通达、开展快速打击的重要平台。量子通信的发展对于未来战争形态的改变、巩固战争中海权的决定性地位有着重要价值。尽管海战已经从制海拓展至制空、制天和制网权的协同作战，但制海权对战争的决定性影响的本质没有改变。[①] 这些要素都推动着冷战后时期的大国制海权竞争朝着新的方向发展。

在理解冷战后时期制海权内涵时，都会涉及带有全域性特征的制海

---

① 宫春科、梁东兴：《制海权在网络时代的拓展延伸》，《中国社会科学报》2019 年 2 月 21日，第 5 版。

权，它是在排他性海洋秩序和海战中产生的概念，也是我们理解冷战和平时期局域性制海权的重要基础。冷战后期又出现海上拒止概念，即在选择的时间和空间内排斥对手利用海洋空间，它本质上是针对其他各方利用海洋空间的企图或愿望。威慑（deterrence）和强制（compellence）又是实现海上拒止战略的两种方案。威慑拒止是迫使对方放弃原本想要采取的行动，运用于海上就是迫使对手放弃挑战利用海洋空间的特权。强制拒止则是迫使对方做最初不想采取的特定行动，运用于海上就是维护在一定时间内利用海洋空间的特权。[1]

传统制海权主要由海权攻势国积极主动地对外施加影响推进，海上拒止概念则是海权弱国阻止敌国在某一区域内利用海洋的制海战术。对此，美国海军上将斯坦斯菲尔德·特纳（Stansfield Turner）表示，"追求拒止性制海权一方的指挥官在选择时间和地点上可以达到最大突袭效果，无须与敌国争夺阵地。处于弱势的海军可以运用这种方法成功地挫败敌国"。[2] 对美国海军而言，海洋的整体性是美国海基力量和海军投送到世界上最遥远的大洋角落的先决条件。如果海军不能在全球海洋自由机动，海军在执行外交政策上反应迅速、不受限制和能够最大限度地接近对手的优势将会丧失。[3]

进入 21 世纪，海上拒止概念逐步演变为海权防御国的反介入/区域拒止（A2/AD）战略，即采取军事与非军事措施，延迟海权攻势国的军事力量投送至本国特定海区的时间，使对方无法使用重要基地开展军事行动，以及尽可能将本国力量投送至远离本国海岸的区域，进而达到对该海区的控制。同时，有限制海权概念也成为现代条件下制海权的新形

---

① Ching Chang, The Nature of Sea Control and Sea Denial, Center of International Maritime Security (September 12, 2018).

② Stansfield Turner, "The Naval Balance: Not Just a Numbers Game," *Foreign Affairs* 55, no. 3 (1977): 339–354.

③ 师小芹：《论海权与中美关系》，第 15 页。

式。制通行权（controlled access）则是当前制海权发展中面临的现实问题。它是沿海国向海一方扩大主权和管辖权区域，对海权强国自由通行、不受限制的权利予以限制的能力。这对于以美国为首的西方海权强国强调"航行自由原则"最大限度应用于全球海洋来说构成制约。

传统上大国重视发展制海权优势与其称霸海洋联系在一起。在世界大洋上自由地航行是其海上霸权的基本保障，且这种自由航行本质上是垄断性的。[①] 对海洋霸主国来说，反介入/区域拒止就是最大的"威胁"。早在 2003 年美国战略界发表的《应对反介入和区域拒止挑战》报告中，首次提出反介入/区域拒止概念。起初，美国军方主要从技术层面关注反介入/区域拒止概念。2009 年以后，美国军方开始从战术上应对反介入/区域拒止"威胁"。2010 年，美国国防部发布《四年防务评估报告》，其中表示美军主要任务之一就是要慑止和击败对手反介入/区域拒止"威胁"。2012 年，美国《21 世纪国防的优先任务》提出"提高联合行动介入、维持水下战优势、发展新的隐形轰炸机、加强导弹防御、提升重要太空平台的生存能力和效率"。其间，美国提出"空海一体战""第三次抵消战略"等作战概念应对大国反介入/区域拒止"威胁"。

美国如此解读并忧惧他国的反介入/区域拒止，与它自身对冷战结束后形成的美国单极主导地位在下降的认知相关，更是与美国对他国对美国"由海制陆"的制海权使用形成"威胁"的认知有关。从 2015 年美国《21 世纪海上力量合作战略》来看，美国认为大国构建和部署的反介入/区域拒止能力已经挑战美国全球海上进入能力，美国的海上主导地位和海洋控制能力面临"威胁"，其他大国凭借精确制导等尖端武器形成的海上力量，可以转化为海上拒止能力，以夺取和维持制海权。濒海地区正成为最危险的地缘空间，美国在地区内行动自由受限必然使

---

① B. Mitchell Simpson Ⅲ（ed.），*The Development of Naval Thought: Essays by Herbert Rosinski*（Newport: Naval War College Press, 1977），p. Ⅰ.

其失去制海权。反介入/区域拒止已成为国际重大战略问题，也将塑造今后大国制海权博弈的环境、对象和方式等。

可以预见，濒海地区将是美国与地区大国之间制海权激烈博弈的重要区域。能否通过海上力量对濒海地区的关键区域进行有效控制，将成为美国达成有效军事行动目标的根本。然而，当今的制海权博弈涉及水面、水下、水上、太空和网络等全领域一体化较量，这不仅对海上控制的目标，而且对海上控制的能力也提出更高的要求。这也意味着，两大海洋强国进行较量，完全控制海洋为己所用或完全阻止对手使用海洋的情况，在未来都很难实现。

二、美国制海权从"由海向陆"向"重回制海"

东亚地区是美国海权崛起的重要场域，也是美国夺取、保卫和使用制海权，维护美国全球海洋霸权利益的关键地区。近代以来同日本联合舰队和苏联红海军两大海陆挑战性力量的博弈，丰富和深化了美国对海权之于其国家安全利益与国际地位的意义的认识，也迫使美国不断根据其外在环境的变化调整其海军战略，制海权运用方式则是这种海军战略调整的具体体现。

1. 由海向陆：由"使用"向"保卫"制海权的回归

冷战后，全球化对大国安全防务与海军战略等产生不同程度的影响。美国海军战略由冷战向冷战后时期转型，制海权运用方式也出现重大变化。海权专家杰弗里·蒂尔（Geoffrey Till）表示，对多数后现代海军来说，海上控制更有可能发生在濒海地区，而不是在大洋上对抗敌对舰队。为此，在濒海地区行动的部队需要得到防护，不受海上拒止能力的攻击。相应地，针对大洋常规海军力量的高烈度威胁较少被强调，强调较多的是低烈度的近岸威胁。[①] 查尔斯·科布格尔（Charles W. Koburger）则指出，大海军已经不符合美国面临的现实，应建立小规模的濒海海军，[②] 并且认为在作战空间由大洋转向濒海的情况下，美国海军不仅要满足实现传统制海权的要求，而且要具备前沿存在、危机反应、战略威慑和海上运输的能力。[③]

美国海军的战略转型也由此展开。从 20 世纪 90 年代至今，美国海军发表多份战略指导性文件，提出许多新的作战概念。在不同的国际安全环境之下，美国对于制海权的理解与要求也不断发生变化。依据英国海权学者科贝特关于制海权的三阶段论，即夺取制海权、保卫制海权和使用制海权，冷战结束之前，美国同日本、苏联处于夺取和保卫制海权的阶段，冷战结束后美国制海权进入第三阶段。在这个阶段，占据绝对性优势地位的美国没有任何海上安全威胁，享有完全的海上行动自由，可以执行对陆上事务施加重要影响力的"由海向陆"[④] 方针，这体现在美国在进行阿富汗和伊拉克两场局部战争时，就是利用制海权优势辅助陆军完成战斗任务的。

然而，进入 21 世纪前 10 年，新兴大国崛起、非传统安全威胁上升、军事科技发展等因素导致美国海军实力相对衰退。美国认为对于一个海洋国家的安全与繁荣来说，最大的危险就是海军没有能够适应不断变化的安全环境挑战。作为主导性海军力量，美国不能失去海权优势。

---

① Geoffrey Till, *Sea Power: A Guide for the Twenty - First Century* (Portland, OP: Frank Cass Publishers, 2004).

② Charles W. Koburger, *Narrow Seas, Small Navies and Fat Merchantmen: Naval Strategies for the 1990s* (New York: Prager Publishers, 1990).

③ Charles W. Koburger, *Sea Power in the Twenty-First Century: Projecting a Naval Revolution* (New York: Prager Publishers, 1997).

④ 20 世纪 90 年代，美国先后于 1992 年发布《由海向陆——为美国海军进入 21 世纪做准备》战略白皮书和《2020 海军远景：未来——由海向陆》，1994 年发布《前沿存在——由海向陆》战略白皮书。这些战略文件认为美国海军作战环境将由冷战时代的公海向大陆濒海地带转变，作战对象将转为威胁美国霸权的亚欧大陆国家海军等，作战理念将由夺取制海权向使用制海权方向转变。

于是，2017 年 1 月，美国海军发布《重返制海权：水面舰艇部队战略》，重点提及制海权，认为制海权是海军做任何其他事情的先决条件，提出回归制海权和"分布式杀伤"（Distributed Lethality）获取与维持制海权的作战和组织原则，并将此次战略转型分为三个阶段：近期（2017—2021 年）、中期（2022—2030 年）、长期（2031—2040 年）。① 这个战略的最大特色就是将马汉的海权论与英国科贝特的海上战争理论相融合。

传统上，美国海军的首要任务是获取海外利益，英国海军则是防御来自欧洲大陆的侵略。为此，美国海军战略目标是采取攻势达成己方目的，英国则注重阻止对手达成目的。此次发布的《重返制海权：水面舰艇部队战略》提出发展对海洋进行局部控制的能力，以在需要的时间和地点实现各种目标。同时，海军水面舰队司令罗登（T. S. Rowden）表示，要"通过提供更为强大的威慑力，吓阻侵略行动于萌芽之中，如果吓阻失败，将不惜代价作出回应，强制（compel）敌方停止敌对行动，使其丧失继续进犯之能力"。② 这表现出与以往主动出击获取利益的海军战略不同，美国海军更加重视在前沿军事部署基础上，突出在实力有限的情况下，保持局部强大威慑力与反击力为一体的攻防特性。这是要运用科贝特的方式达成马汉的目的。

美国"分布式杀伤"概念就是将此前前沿基地部署由集中转变为分散，提供前沿中小型分散基地的作战适应能力，进而在战时加大对手攻击美军前沿基地的数量与成本，提升美军前沿军事生存与作战能力。这种理念与科贝特的"分散舰队"理论相吻合，即分散的舰队能够使对手

---

① U. S. Ministry of Defense, "Surface Force Strategy: Return to Sea Control," accessed January 9, 2017, https://media. defense. gov/2020/May/18/2002302052/-1/-1/1/SURFACEFORCESTRATEGY-RETURNTOSEACONTROL. PDF.

② U. S. Ministry of Defense, "Surface Force Strategy: Return to Sea Control," accessed January 9, 2017, https://media. defense. gov/2020/May/18/2002302052/-1/-1/1/SURFACEFORCESTRATEGY-RETURNTOSEACONTROL.PDF.

不敢进行军事冒险，因为进攻只能摧毁部分己方海军力量，己方仍有剩余兵力可以进行有效防御，甚至保护本国商船使用的海上通道。所不同的是，美国海军还拥有庞大的舰队规模、作战能力和导弹射程优势等，可以对敌方形成有效战斗力。报告认为，在可靠战斗力支撑下的持续前沿存在，可以遏阻侵犯防控地区危机演变为全面战争。

美国海军战略的转变体现出制海权逐步回归至科贝特提出的保卫制海权阶段，即处于优势地位的海军采取分散部署的战略方针，通过控制海上交通要道进而控制海上交通线，向敌方施加强大的物质和心理压力迫使其屈服，或者引诱敌方海军在对己方有利的情况下进行海上决战并歼灭之，将所受威胁和损失降到最低限度的"战斗舰队"战略。美军此次水面部队战略旨在在"分布式杀伤"作战理论统筹下，提升单舰攻击力、防御力和空天电网的综合能力，确保美国海上优势。美国海军战略转型面临的本质问题是，美国不再能够如冷战结束后那样自由使用制海权，美国通过增强水面舰艇部队打击能力来完成对制海权的争夺，也只能是夺取因疏忽或自满而忽视的局部制海权。①

然而，美国海军分布式作战体系存在着严重短板。首先，该体系依赖卫星、网络、分散的基地和复杂的后勤保障通道。对手可以对卫星、网络和通道进行重点打击，那样美军就会面临断网、断路的安全风险，还会危及分布在"印太"前沿基地和作战平台的安全，进而使其无法持久作战夺取制海权。其次，分散式前沿部署需要获得基地部署国家的支持与配合。东亚地区的前沿部署需要得到当事国的配合，毕竟前沿部署进攻性武器在战时会使得这些国家成为对手进攻的目标，但多数国家忌惮卷入美国同地区国家的战争。最后，新的作战体系对军事预算提出更高要求。2017 年特朗普政府提出 2030 年前军舰建造数量由 274 艘增加

---

① 马尧：《重夺制海权：美国海军新战略向"马汉"回归》，澎湃新闻，2017 年 3 月 3 日。

至 350 艘。这对美国军费规模增加势必构成更大财政压力。

2. 以陆制海：从"保卫"向"夺取"制海权的转变

拜登政府上台后，加快了海军陆战队任务、编制和功能的转型。2020 年 3 月，美国海军陆战队公布《美国海军陆战队规划指南》和《2030 年部队设计》[①]（Force Design 2030）的 10 年转型计划，提出未来将把海军陆战队打造为专注于海上作战、更加机动灵活的战斗力量，提高智能装备和远程武器比重，以适应未来在多个岛屿开展协同作战的环境。主要任务是取得制海权、发挥区域拒止能力和确保美军行动自由。该计划的核心是建立一支濒海战斗团，使用两栖舰艇向各岛屿运送兵力，减少飞机、火炮和坦克等重型装甲装备，增加反舰导弹和无人机作战对目标的打击。

目前，美军在 2022 年和 2023 年分别在夏威夷和冲绳建立两支海军陆战队濒海作战团，2027 年之前还将在关岛建立第三支濒海作战团。根据战略构想，未来在战争场景下，这三支濒海作战团可以从常驻地迅速前出，沿"岛链"动态分布式部署，构筑多层远征前进基地，在濒海地区夺取和控制关键地域、通道和海峡，为两栖登陆舰实施前沿海域控制作战奠定基础。作战团还将对敌方海上目标进行侦察监视和远程精确打击，挫败对方海上作战企图。因此，改编后的濒海作战团在作战任务、作战方法和编制装备等方面与传统的美国海军陆战队表现出极大不同。

美国海军陆战队的转型计划，反映出美国对于地区大国军事力量增强，以及美军在太平洋地区军事优势面临重大挑战的担忧。同时，由于地区国家区域拒止能力逐步增强，特别是反舰巡航导弹和中程战术导弹

---

① U. S. Marine Corps, "Force Design 2030," accessed March 2020, https://www.hqmc.marines.mil/Portals/142/Docs/CMC38%20Force%20Design%202030%20Report%20Phase%20I%20and%20II.pdf? ver = 2020-03-26-121328-460.

的发展，美国海军陆战队传统军事对抗优势被削弱。此外，日本西南诸岛由一系列岛屿组成，这为日本同美国的濒海作战团协同进行作战演练提供有利环境。美日领导人认为，作战团是"优化美国驻日力量，增强日本自卫队在西南岛屿等地区的能力和态势的关键，将极大地强化同盟威慑与应对能力"。①

尽管如此，海军陆战队的转型也会影响未来美国军事战略的推进。第一，从濒海作战团的建立到最终全面形成战斗力仍需时日。濒海作战团有赖于轻型两栖运输舰、新型雷达、无人机和反舰导弹等，这要求为此配备大量的军事装备。② 第二，濒海作战团只是美军正在打造的海上多兵种一体化作战新体系中的重要节点，目前作战新体系仍在建设之中。③ 第三，为实现海军陆战队的转型而全部裁撤坦克部队，以及大幅削减炮兵数量的做法，引发对海军陆战队恐将失去关键能力的质疑。第四，美国将亚太地区作为濒海作战团主要部署地区，同地区大国展开军事对抗，可能会导致美国全球战略部署失衡。美国前海军部长吉姆·韦伯（Jim Webb）就表示，"军事战略没有比为了应对一组特定的突发事件而改变一个国家部队的结构有更大的危险"。④

未来，美国濒海作战团对美国制海权建设应用和大国制海权博弈的影响值得关注。如果美国不能在保卫制海权阶段获得成功，继续秉持海洋霸权主义思维，无法与其他地区大国在海洋利用和权益维护等方面形

---

① Ministry of Foreign Affairs of Japan, "Japan-U. S. Security Consultative Committee (Japan-U. S. '2+2')," accessed January 11, 2023, https://www.mofa.go.jp/na/st/page4e_001338.html.

② 转型计划要求采购更多机动性强、支持精确打击和新兴技术含量高的智能化、无人化装备。基于此，可发射火箭弹和弹道导弹的"海马斯"远程火箭炮将从1个增加至3个；为增强无人侦察和打击系统，美军将大力发展无人装备，如无人机、无人舰艇和具有远程攻击系统的无人地面车辆等，以此夺取对岛屿的控制权并建立"远征前进作战基地"。

③ 梁永春：《驻日美军组建新的作战力量 全面形成战斗力尚需过程》，央广网搜狐号，2023年1月15日，http://www.roll.sohu.com/a/630422191-362042。

④ Jim Webb, "Momentous Changes in the U. S. Marine Corps' Force Organization Deserve Debate," *Wall Street Journal*, March 25, 2022.

成共识或共同管控，国际格局就会是冷战后时期的终结与大国竞争的回归，世界将不得不再次面对传统大国式的制海权博弈。这对于未来海洋安全秩序和国际和平与稳定都将产生极为消极的影响。

三、制海权博弈复杂性与东亚海洋安全秩序

国际海洋秩序演变反映了国际权力与利益结构的变化。当前，国际海洋形势正在发生深刻变化，主要表现为世界海洋大国加强和调整海洋政策。美国仍然坚持传统现实主义的海权思想，深刻影响着国际海洋秩序的转型，使其始终没有完全摆脱大国的控制。在东亚海洋秩序中，美国强调基于规则的秩序（rules-based order），作为对抗他国的国际话语叙事，维护美国的海洋霸权地位，但是"这种规则观损害了国际法在国际秩序中的作用，违背了完善全球治理和推动建立更加公正合理的国际秩序的时代要求"，[①] 也"破坏了东亚规则秩序的雏形，在东亚海洋区域内形成大国竞争的复杂态势，地区内国家的对外战略选择深受影响"。

以中、俄、印为代表的地区性强国位于东亚区域的中部、北部、南部三大区域，也对应着西太平洋、北太平洋和印度洋方向的海域。它们作为后发的海上强国在各自区域内的海上力量和地区影响力，直接不同程度地对美国的制海优势形成制衡，也推动东亚地区朝着多极化的海洋政治格局转变。其中，中国提出"以国际法为基础的国际秩序"，即以《联合国宪章》为核心的国际体系和以国际法为基础的国际秩序是调整国际关系的权威规则体系，《联合国海洋法公约》则是海洋秩序的"共识性规则"。

---

① 蔡从燕：《论"以国际法为基础的国际秩序"》，《中国社会科学》2023 年第 1 期。

　　同时，东亚地区内诸多中等强国涌现，它们对于发展海上力量和维护海洋权益的重视程度上升，也以不同形式参与大国间制海权博弈。它们在追求战略自主性的同时，也选择性地同地区大国发展安全合作关系，影响着地区海上力量格局的平衡。美国海上优势地位相对衰落，便寻求在地区内建立海权联盟与伙伴关系网络，将地区中小国家和域外国家势力引入东亚。东亚地区历史上首次出现这种多极、多强博弈的混合局面，相互间有竞争、有对抗亦有合作的关系。这既彰显了地区海洋权力格局的多元性，也突出了地区海洋安全秩序转型的复杂性。

　　东亚海洋安全格局的变化表明，美国要在东亚地区展开制海权博弈，已经无法成为绝对的主导者。美国当前的海上战略要求确保对所有海域的控制和战略优势，完全不考虑已经变化了的力量对比。目标与能力之间的缺口将会越来越大。① 美国要维系其主导的自由主义海洋霸权秩序，将更多的资源和能力投入同地区国家的竞争乃至对抗之中，这既与和平发展合作的时代潮流相违背，也会将战后和平与繁荣的东亚地区置于地缘政治风险中。因此，美国未来仍将是影响东亚海洋安全秩序深刻调整的最大变量。

　　然而，东亚地区内海洋强国的崛起，也为地区海洋安全秩序转型注入确定性和稳定性。对于地区国家来说，东亚和平与发展符合多数国家的愿望，它们曾是西方殖民主义的受害者，也是大国制海权博弈的受害者，没有能力和话语权参与地区海洋安全秩序的塑造，而只能是海洋霸权秩序之下的被动接受者。地区和平稳定的安全环境仍是东亚国家发展最大的外部保障。参与地区海洋安全秩序的重塑，在确立新的海洋规范方面拥有充分话语权，如和平解决海洋争端与地区海洋治理，以及最大限度确保自身对于海洋的自由利用等，都要求地区国家抵制传统的大国

---

① 胡波：《美军海上战略转型："由海向陆"到"重返制海"》，《国际安全研究》2018 年第 5 期。

制海权对抗冲突模式。

同时，随着人类发展从陆上走向海洋，危及海洋安全的问题也越发广泛。海洋环境污染威胁生态安全，海盗猖獗危及重要航道安全，海上恐怖主义和跨国犯罪、海洋资源勘探开发过度等非传统海洋安全问题影响着人类对于海洋的可持续利用和人与海洋的和谐共生。这些问题既源于部分国家的治理能力不足，无法充分保障航行船只的安全活动和海洋商业能源设施安全，不能有效防止海洋资源的非法开采和环境破坏等，也有各国追逐私利促使国家间缺乏共同协作的原因，如美国拒绝加入《联合国海洋法公约》，就是因海底开发的限制规定不符合美国的国家利益，并且《公约》没有赋予美国尚未享有的海上权利或自由，反而会削弱美国国家主权和利益，增加不必要的成本和负担。

这些全球性问题呼唤全球海洋治理体系的产生，但"海洋治理理念滞后、治理制度存在多重缺陷，以及治理体系仍是中心-边缘结构等，致使全球海洋治理成效不足"。[1] 东亚地区同样如此，各方亟须在海洋治理中形成共识，突出"合作共赢""共同利益""公平正义"的价值理念，并在此基础上形成制度性海洋治理机制。另外，话语作为一种博弈方式，以其在参与利益分配中的"低成本与高合法性"成为国家在新一轮地缘关系和区域秩序建构中的主要依凭。[2] 由此可见，未来东亚制海权博弈不再是过去纯粹的军事实力的较量，而是包括海上力量、海洋治理、话语叙事和海洋法规等为一体的竞争。建立公正、合理与包容的东亚海洋新秩序，有赖于各国利益的协调、妥协与平衡，但这注定不会是一帆风顺的过程。

---

① 金永明、崔婷：《"海洋命运共同体"对全球海洋治理体系困境的"三维"超越》，《社会科学》2023 年第 10 期。

② 王雪：《百年大变局下中国海洋话语权的提升：目标定位、限制因素与策略选择》，《国际论坛》2022 年第 3 期。